Rosemarie Esser: Ein Paradies ist kein Geschenk
Jugendzeit in Hanau
ISBN 3-937774-20-3

Umschlaggestaltung Monika Scharf
Bildnachweis:
St. Vinzenz-Krankenhaus Hanau S. 39, 133, 156, 157
Dr. Kurt Leipold S. 139
St. Josef-Schule Hanau-Großauheim S. 151

Erschienen im CoCon-Verlag Hanau 2005
In den Türkischen Gärten 13, 63450 Hanau
Tel.: (0 61 81) 1 77 00, Fax: (0 61 81) 18 13 33
E-Mail: cocon-verlag@t-online.de
www.cocon-verlag.de
ISBN 3-937774-20-3

Mit freundlicher Unterstützung durch den

DRUCK & VERLAG

Rosemarie Esser

Ein Paradies ist kein Geschenk

Jugendzeit in Hanau

.... eine weitere Zeitreise ...

Januar 2006

Inhaltsverzeichnis

Mein Paradies

    Das Album 8
    Mein Vater 10
    Meine Mutter 14
    Der Erste Weltkrieg 18
    Heirat in der Wirtschaftskrise 20
    Familiengründung 21
    Gluckstraße 3 26
    Alles ganz anders als heute 29
    »Vom Nützlichen durchs Wahre zum Schönen« 33
    Mit den Geschwistern 34
    Freundschaften und Missgeschicke 38
    Durchgeackert von Kopf bis Fuß 40
    Mit Kinderaugen gesehen 44
    Unsere Supermutter 48
    Festtage 49

Inferno . . . .

    Krieg 56
    Hitlerjugend 57
    Warum hat keiner »Nein!« gesagt? 63
    »Kristallnacht« 64
    Schellenbäume und Kasernen 67
    Singsang neben Spitzelwesen 70
    Unsere schöne Stadt 74
    Unterkohlraben und Kaninchen 75
    »Heimatfront« 77
    Unsere letzten Juden 80
    Erste Bomben 82
    Mutterkreuz 84
    Geschwister in Uniform 85
    Fegefeuer 90

Ziegenmilch und dünne Beine 92
Kindererholungsheim 93
Wehrlose auf dem Schlachtfeld 98
Sei immer treu und edel 100
Kanonenschüler 103
Jugend im Wettlauf mit dem Tod 104
Miralago – ein Wunder 108
Vierertreffen 110
Hunger 112
Angst und bleierner Regen 113
Ein Ende 115
Hainchen im Krieg 117
Erbarmen und Donnergrollen 120
19. März 1945 121
Inferno 121
Karwoche und Erlösung 124

Zum fernen Eden ....

Ostersonntag. Zurück nach Hanau 130
Neuanfang im Chaos 131
Leben in den Trümmern 133
Trauer 137
Kapitulation und doch kein Ende 141
Trost in Ruinen 142
Ein neues Kapitel 143
Ein Fettauge auf der Suppe 144
Hunger und andere Menschenfeinde 147
Nachkriegserscheinungen 150
Gefühlskontraste 150
Beginn einer neuen Ordnung 156
Schatten und Lichtblicke – die Währungsreform 159
Nachhollust ohne Ende 165
Zurück zur Kultur 168
Schritte ins Leben mit Hindernissen 174
Aufwärtsfahrt 180
Wir haben es gut 183

Mein Paradies

Das Album

Ist es nicht wunderbar, dass wir nicht nur sind, was wir sind, sondern dass wir kleine Depots in unserem Kopf haben, in denen alles lagert, was wir einmal waren? Und ist es nicht großartig, dass die Welt nicht nur ist, was sie ist, sondern dass von uns allen gelernt und aufgehoben wird, was sie einmal war?

Besonders aufregend ist natürlich das, was die Welt war, während man schon da war. Mir selbst ist alles strahlend hell vorgekommen, als ich auf der Erde ankam. Der erste Abschnitt war der blütenweiße in meinen schwarz-weiß-roten Jugendjahren. Dann kam die schwarze und schließlich die blutrote Zeit unter dem Zeichen der Hakenkreuzfahne. Bei meinem Blick in die Vergangenheit soll das Album den Anfang machen: das umfangreiche Fotoalbum von enormem Gewicht. Es muss eine Sonderanfertigung gewesen sein für eine Familie, die sich, es kann nicht anders sein, für eine Sonderanfertigung hielt, und das ist ja auch jede Familie. Das geschichtsträchtige Buch ist noch da. Die dunkle, weiche, tiefgenarbte Krokodilpappe mit Lederrand ist so elektrisierend unter den tastenden Fingern wie damals, als meine Hände noch klein waren. Wenn der schwere Deckel sich mit einem Luftzug öffnet und auf dem Tisch mehr als ein Meter von der kostbaren Dokumentensammlung eingenommen wird, dann sehe ich vor mir einen ablaufenden Film. So war schon meinen Kinderaugen das Leben der gesamten mir anverwandten Menschheit vorgeführt worden.

Überspringen wir zunächst eine Reihe von historischen Seiten. Jetzt fährt mein Finger auf zwei Bilder in der linken unteren Ecke eines der schwarzen Blätter. Da sieht man einen schlanken jungen Herrn, hochmodisch bekleidet mit einem wohlgerundeten steifen Hut, den man Hartmann, Koks oder hier wohl Melone nannte; mit einem hohen, hartgestärkten Hemdkragen, einem »Vatermörder«, der aus dem Gehrock ragt. Man kann auch eine Uhrkette auf der Weste und ein rankes Stöckchen mit Metallknauf erkennen. Mein Vater, Georg Clormann.

Daneben, auf einem Bild aus demselben ersten Jahr des vergangenen Jahrhunderts, haben wir das Röschen auf Plüsch in entzückender grübchengeschmückter Halbnacktheit; so eben, wie man die erste fotografische Aufnahme eines Neuankömmlings machte. Meine Mutter. Nach wenigen Seiten folgt das große Hochzeitsfoto. Der Bräutigam mit feinem querverlaufendem Oberlippenbärtchen neigt sich zu seiner kindhaften, grippeverschleiert dreinschauenden Braut hin. Von da an sprudeln Kinderbilder über die Seiten hin, wie der Schaum aus einer entkorkten Sektflasche. Als ich anfing, die Welt zu studieren, war aus dem Röschen eine aufgeblühte Rose geworden, mit einem Duft von Liebenswürdigkeit, der ihre Daseinsform vielfach zu vergrößern schien. Man konnte schon erkennen, dass ich auch einen Vater hatte. Er war ein vielverehrter Mann. Und es gab drei wundervolle Geschwister. Sie waren viel früher da als ich, und ich könnte nur raten, wie sie zu den interessanten Individuen geworden sind, die ich vorgefunden habe. Ich selbst will hier auch mitspielen, will vorab als ein Prisma das Licht unserer Friedenszeit in seine schöne Farben zerlegen.

Hochzeit meiner Eltern Rose und Georg Clormann 1923. Die Braut kämpft tapfer mit ihrer Grippe.

Mein Vater

Werfen wir noch einen Blick zurück auf die überschlagenen Seiten. Ich finde ihn besonders interessant, den ersten Teil meines Superalbums. Ist es nicht faszinierend, hier eine Direktverbindung zum vorletzten Jahrhundert zu haben, dass ich hier Blickkontakt aufnehmen kann mit den Vorfahren meiner Eltern, die im 19. Jahrhundert gelebt haben? Da erfreut mich die Erfindung von Daguerre und Niepce mit dem Anblick der zeitfernen, wilhelminisch verpackten und in Atelierpose aufgestellten Menschen, die uns vorangegangen sind.

Unser Vater war alles andere als ein Privilegierter – allenfalls in den Augen der drei Mädchen, für die der Bruder das Größte und Geliebteste war. Im Übrigen sah man wohl auf eine frühe Ahnenschaft von Neckarschiffern zurück. Das Familienoberhaupt nun, mein Großvater, war als Lektor bei der Heidelberger Zeitung tätig – und recht arm. Wo heute auf der Seite des Heidelberger Schlosses am berühmten Wolfsbrunnenweg, über Stadt und Neckar schauend, elegante Villen den Hang besiedeln, stand 1883, als mein Vater seinen Lebensraum betrat, eine einzige Wohnstatt: das »Weiherhäusel«. Da wuchs er auf, ohne Strümpf und Schuh, wusch die Kartoffeln im nahen Bächlein und musste zusehen, wie seine Mutter sich mit Rheuma langsam zu Tode quälte.

Gern erzählte er uns, wie damals die vornehmen Damen mit riesigen von Schleiern umwallten Hüten angetan, des Sonntags im offenen Wagen ausgefahren wurden. Als Bub hatte er aus dem Fenster die Landstraße am Neckarufer überschauen und begeistert die neuen Fahrzeuge ohne Pferde, elegante Automobile, auf ihrem Weg ins Grüne bestaunen können. Des Abends seien die Fuhrwerke dann, von zwei Ochsen gezogen, zurückgekehrt.

Das Erbgut der Eltern muss für unseren Vater ein größerer Schatz gewesen sein als ein Bankkonto. Jedenfalls führte sein Weg zum Architekturstudium in Karlsruhe. Der damals weithin bekannte Karlsruher Architekt Emil Deines war ein gebürtiger Hanauer. Er machte den jungen Studenten auf Empfehlung der Dozenten zu seinem Mitarbeiter und Teilhaber, ehe noch das Studium abgeschlossen war.

In unserer Stadt warteten interessante Aufträge, und so ließ sich das Architekturbüro hier nieder. Die erste Arbeit meines damals zweiundzwanzigjährigen Vaters war 1905 die Errichtung der Hanauer Reichsbank im Bogen der Nussallee. Das Gebäude gibt es heute noch. In der Folge wirkte der Architekt Carl Cost als weiterer Teilhaber mit. Nach dem Rücktritt des Seniorchefs verblieb das Büro »Clormann und Cost«, bis die beiden sich 1934 in Freundschaft getrennt und jeweils selbständig gemacht haben.

Der da noch nicht mein Vater war, hat sich sein Leben clever eingeteilt, ehe ihn der Familiensinn angeflogen haben muss wie die Masern. Als das junge Röschen vor seinen Augen erblühte, war er schon ein gestandener Architekt. Aber er war mit seinen vierzig Jahren noch Junggeselle, ein Könner, der sich die Suppe seiner Freiheit nicht einmal von Frauen hatte versalzen lassen. Seine Hobbys waren sein

Georg Clormann 1919

schöner Beruf und Sport. Jeder Tag fing bei ihm mit einem einstündigen Waldlauf an. Sein Körper war so durchtrainiert, dass in seinen besten Jahren sich ein Mann mit Nagelstiefeln auf seine Bauchdecke stellen konnte. Und mit fünfundsechzig Jahren hat er mir noch die große Bauchwelle am Reck vorgemacht, die wir Kinder, alle mit dem Erbe seiner langen Extremitäten behaftet, nie zustande gebracht haben.

Die 1905 von meinem Vater (Büro Deines und Clormann) erbaute Reichsbank in der Nussallee 24 konnte nach dem Zweiten Weltkrieg wieder hergestellt werden. Das Gebäude lag jenseits des Stadtgrabens, der damals neben der Straße verlief.

Architekt Carl Cost bei seiner Arbeit.

Das Architekturbüro Deines, Clormann und Cost befand sich bis 1928 im Hause Pfersdorf in der Frankfurter Landstraße.

Die Mitarbeiter und Sekretärinnen der Büroinhaber auf dem Balkon

Meine Mutter

Meine mutterseitige Sippe stammte aus dem geschichtsgeschüttelten Elsass. Ich besitze die Kopie einer handschriftlichen Ahnentafel. Sie ist voll von französischen Namen wie Voissard, Leroy und ähnlichen. Die Trägerin dieses Erbguts war meine Großmutter, die eine imposante Frau war. Ihr fast bodenlanges Haar lagerte wie eine Krone auf ihrem Haupt. Warum haben wir das nicht mehr? Ihr Mann, und damit mein Großvater, stammte väterlicherseits aus Böhmen, die Mutter war ebenfalls elsässisch. Doch wurde Röschen als echtes Hanauer Kind geboren. Auf alle Fälle muss man etwas über einige Zutaten wissen, wenn man sich die Masse richtig vorstellen will, aus der meine Mutter geformt wurde.

Röschen! Als sie noch im Werden war, was ist mir da entgangen! Aber wenn ich an alles denke, was meine kleinen, was später meine ausgewachsenen Ohren ganz am Rande der Gegenwart über ihre Vergangenheit gehört haben, wenn ich die Bilder betrachte, die das wachsende Röschen zeigen, dann habe ich das alte junge Mädchen doch lebendig vor mir. Wenn ich dann noch einiges dazutue, das ich von meiner lieben Mutter einfach aus ihrem Ich heraus in mein eigenes Wesensbündel hineingepackt und geschenkt bekommen habe, dann ist mir, als hätte ich sie von Anfang an gekannt.

Röschens Kinderzeit, die vor mehr als hundert Jahren begann, kann ich freilich fast nur mit Hilfe der Bilder in meiner Schatzsammlung verfolgen. Eine einzige Ausnahme gibt es da, etwas aus ihrem Kleinmädchenleben, das ich meine Mutter mehrmals habe erzählen hören. So wenig es ist, so bezeichnend ist es aber auch. »Ich hatte einen Onkel, der wundervoll Klavier spielen konnte. Wenn wir bei ihm zu Besuch waren, zog er sich oft zurück und spielte stundenlang. Ehe man die Sache schon kannte, gab es in der Familie eine schlimme Aufregung. Ich war weg – für Stunden verschwunden. Ein Drama. Der Onkel hörte auf mit seiner Musik. Aber erst viel später kam ich, noch völlig aufgelöst, aus dem dunklen Raum unter dem Flügel gekrochen. Der war von einer langen Decke überhangen, und hinter ihr hatte ich gehockt und geheult und geheult, weil die Musik so schön war.«

Ich hatte im späteren Leben noch manche Gelegenheit, an diesen frühen Ausdruck der Gemütslage meiner Mutter zu denken. Das »ewige Mädchen« nannte sie mein Vater. Jedenfalls spricht diese Geschichte dieselbe Sprache wie die der Augen auf den Jugendbildern. Sie schauen uns an aus einem runden Gesicht mit schöner Stirn, regelmäßiger Nase und oft kindhaft leicht geöffneten Lippen. Die Augen waren groß und blau, aber von einem halbdunklen Schatten umhüllt, der ihnen eine ungewöhnliche Tiefe gab. Nur ein fein angedeuteter Zug um den Mund lässt auf Bildern erkennen, was für ein schallendes, ansteckendes Lachen zum Hervorstechendsten dieser Persönlichkeit gehörte, ein Lachen, für das sie »berühmt« war.

Sehen wir uns die früheren Bildchen an. Am schönsten kommt der Augentiefgang zur Geltung, wo Röschen, noch im weißen Rüschenhängerchen, in einer

Meine Mutter Röschen Kirchhoff (Mitte) mit den Schwestern Belk vor der Fasaneriemauer

Röschen (schwanzwärts) mit ihrer Freundin auf dem Hof des Bauern Belk

Das erste Elternhaus meiner Mutter, Hochstädter Landstraße 33 (heutige Gustav-Hoch-Straße). Das Haus wurde im Zweiten Weltkrieg zerstört.

Gruppe von Kindern steht und auffällt durch einen Strohhut, einen hellen, riesengroßen runden Rahmen, der das runde Gesichtchen noch runder macht. Man sieht auch schon das Naturgeschenk voller Locken. Da waren sie noch blond.

Weiter begegnet uns ein Pärchen: Schulter an Schulter meine Mutter als Sechs- und ihre Schwester als Fünfjährige. Auf jedem der zwei Köpfe liegt groß und breit die wohl unverzichtbare Haarschleife. Neben Cillas viel zarteren Zügen fällt Röschens verhaltene Lachlust in besonderer Weise auf, und man fängt schon an, vor ihr angesteckt zu werden.

Als ich aufs Mädchengymnasium kam, erinnerte sie sich noch genau an ihre Schülerin Röschen: Fräulein Schultze! Sie war eine herausragende Lehrerin, und darüber gab es bei gescheiten und dummen, bei braven und frechen, bei fleißigen und faulen Schülerinnen nur eine einzige Meinung: Sie war streng, aber gerecht. Sie war sehr streng und sehr gerecht, darüber waren sich zwei Hanauer Mädchengenerationen einig. Und wir haben sie mit zitternden Knien verehrt – ganz so, wie meine Mutter sie schon vergöttert hatte.

Fräulein Schultze hatte sogar noch eine Einzelheit im Gedächtnis: Als Röschen in die damals noch Lyzeum genannte Schule (später Realgymnasium für Mädchen, seit 1960 Karl-Rehbein-Schule) aufgenommen wurde, stellte sie sich vor als »Rö – s – ch – en«, die Lippen erst gespitzt und dann breit gezogen zu

Das zweite Elternhaus meiner Mutter, Burgallee 192

einer hochgestochenen hochdeutschen Aussprache – um die sich früher kein Mensch bemühte (nicht einmal unsere großen Klassiker, wie wir wissen, zu ihrer Zeit). Ich kannte die Geschichte schon von meiner Mutter, die mit viel Gelächter erzählt hatte, wie meine Großmutter tagelang das Namensagen mit ihr trainiert hatte. Damit geht allerdings das Licht meiner Erinnerung an Röschens Schulzeit aus.

Auch die Domizile der Familie fehlen nicht bei meinen Dokumenten. Röschens Vater war Beamter. Mehr weiß ich darüber nicht. Man wohnte zunächst im einfachen Haus Nummer 33 an der Allee, die damals noch von der Rosenau an Hochstädter Landstraße hieß und durch Wiesen nach Wilhelmsbad führte.

Später zogen meine Großeltern mit ihren beiden Töchtern in die erste Etage des überdimensionalen Bauwerks, das uns heute noch fasziniert mit seinen wilhelminischen Auswüchsen wie Erkern, Vorsprüngen, Türmen, Balkonen und Fenstern aller Größen und Formen. Es stand, es steht noch – der himmelstürmenden Aufbauten beraubt – sich selbst dort fremd fühlend in Wilhelmsbad am Waldrand, Burgallee Nummer 192, aber getröstet von einem parkartigen Garten, der es umhüllt. Immerhin wird der exzentrische Ort, an dem es sich niedergelassen hat, für Röschen eine große, eine sehr große und lebenslenkende Rolle spielen. Und für mich sogar eine existentielle, wie sich noch zeigen wird.

Um mir die Mädchen in ihrem weiteren Biotop vorstellen zu können, habe ich keine überlieferten Unterlagen nötig, weil sich da wenig verändert hat. Der an den bewussten Waldrand grenzende Kurpark Wilhelmsbad mit seinen heiter im englischen Stil bebaumten Anlagen war später ein vielgeliebtes Spielfeld für mich selbst und meinesgleichen.

Ich wollte ja, ich wüsste, wie es den zweitausend jungen Soldaten aus Hanau ergangen ist, die im ausgehenden 18. Jahrhundert unserem Erbprinzen Wilhelm von Hessen-Kassel als Zahlungsmittel für die ganze Kurpracht gedient haben. Sie wurden an den König von England verkauft und erhielten den Auftrag, die Unabhängigkeit Amerikas zu bekämpfen. Ich hoffe, dass sie gleich dort geblieben und alle Millionäre geworden sind. Aber das meiste Große haben letztlich viele Kleine geschaffen für den Geist eines bedeutenden Schöpfers.

Weite an den Park angrenzende Ländereien gehörten zu der bekannten Domäne, dem Wilhelmsbader Hof. Unweit an der Burgallee gab es einen Gutshof; mit einer Tochter aus der Familie Belk war Röschen in enger Mädchenfreundschaft verbunden. Auf von da erhaltenen Bildern sieht man die beiden hoch zu Ross – besser gesagt: auf einem braven Ackergaul sitzend –, bei Vergnügungen in großem Freundeskreis oder beim fröhlichem Äpfelschälen.

Der Erste Weltkrieg

Auf dem ablaufenden Film im Fotoalbum sieht man das Mädchen kindlich rund und plötzlich flott und feminin. Dazwischen liegt der Krieg, der Erste Weltkrieg, 1914 bis 1918. Da war Röschen also mitten in ihren Backfischjahren.

Ihr Vater wurde eingezogen – was für ein Wort. Mit unmilitärischer Milde sehen wir ihn auf unseren Bildern aus seiner Uniform schauen. Mit den Millionen Soldaten opferte auch einer unserer noch dem Elsass verbundenen jungen Verwandten sein Leben – für wen und was eigentlich?

Den Familien zu Hause fiel das tapfere vaterländische Hungern zu. Schließlich war die Blockade, das Aushungern durch Mangel an Einfuhrprodukten, ein wesentlicher Teil der Strategie gegen den Angreifer Deutschland gewesen. »Ihr wisst nicht, was Hunger ist«, höre ich meine Mutter uns vorhalten, die damals von Kartoffelschalen und den Strünken von Kohl hatte leben müssen. Fast eine Million Menschen sind verhungert, nicht zuletzt Kinder.

In den Nachkriegsjahren rafften die Betrogenen, die Jungberaubten, zusammen, was sie an Lebensfreude packen konnten – ganz so, wie wir es später auch gemacht haben. Im alten kleinen Fotobuch der Familie lachen uns Gruppen von jungen Männern und Mädchen an, ohne dass wir den Grund für ihre Heiterkeit erkennen. Oft wird herumgealbert, besonders gern auf den neumodischen Fahrrädern oder beim gemeinsamen Musizieren. Den größten Spaß scheint das Verkleiden gemacht zu haben. Jedenfalls wurden die beiden Schwestern in allen erdenklichen feinen oder närrischen Kostümen fotografiert.

Mein Vater feldmarschmäßig im November 1914

Wegen meines Vaters, der in jenem Krieg Eisenbahnpionier war, brauchte Röschen zum Glück nicht das Herz zu brechen, weil sie ihn noch gar nicht kannte. Vor mir liegt die erste Feldpostkarte ihres zukünftigen Helden, auf der Vorderseite das erste Foto, das ihn feldmarschmäßig mit Pickelhaube zeigt. Der Gruß ist an den Partner Emil Deines gerichtet, in der ungewöhnlichen, breitflächig raumgreifenden Handschrift eines schöpferisch bildenden Menschen: »Eben wurden wir alarmiert. Heute abend 5-7 soll der Zug nach Lille gehen. Humph! – 5. Nov. 14.«

Bald folgte der Einsatz in Serbien. Damals galt es als unehrenhaft für einen Mann, über schwere Kriegserlebnisse zu sprechen, und so hörten wir nur von den Kleider-, Filz- und sonstigen Läusen als den schlimmsten Partisanen an dieser Front. Zu den Eisenbahnpionieren hatte mein Vater sich wohlweislich gemeldet; so war er für Gleis- und Brückenbau und nicht für die Kanonen zuständig. Wenn man bedenkt, dass dieser erste große Materialkrieg zehn Millionen Menschen das Leben gekostet hat, war es ein großes Glück für einen Soldaten, ohne Waffen durchgekommen zu sein. Wie dieselbe Taktik bei der nächsten Generation funktioniert hat, wird man noch sehen.

Heirat in der Wirtschaftskrise

Das Wohnschloss in der Burgallee musste sich mit einer geräuschvollen Umgebung abfinden. Da war also nicht nur gleich gegenüber der kleine Wilhelmsbader Bahnhof – der große Zeiten erlebt hat, als noch die Flut von Vergnügungsreisenden heranrauschte; man hatte auch nahebei ein Stück Wald gerodet und dort den Hauptsportplatz angelegt.

Dieser Teil der Welt erwachte schlagartig aus seinem Dornröschenschlaf, wenn Sportfeste veranstaltet wurden. Vielleicht war es noch ein Restbestand der Belle Époque unseres Kaisers Wilhelm, dass man aus den sportlichen Darbietungen eine große Schau machte. Zum Blaskapellenschall wurde ein Fest gefeiert, zu dem am frischen frühen Sonntagmorgen die mit Sonntagskleidern geputzten Hanauer Sportschaulustigen heraus ins Grüne spaziert kamen. Die folgende Geschichte hat meine Mutter oft erzählt. Für die junge Anwohnerin der Allee war das eine aufregende Gelegenheit, den Vorbeimarsch zu beobachten. Und da geriet er in Röschens Blickfeld, der große, schlanke Herr mit dem feinen Schnurrbärtchen. Sie hatte ihn schon gelegentlich im Turnclub gesehen, aber immer nur flüchtig, den züchtig wurden die Leibesübungen von männlichen und weiblichen Menschen streng getrennt verrichtet. Nun sah unser Sportsfreund ein Röslein stehn. Meine Mutter hatte sich geschickt unter die Festgäste gemischt. Doch, wir kennen es alle, das Leben ist voller Tücken. Man ging schließlich nicht auf den ins Herz geschlossenen Mann zu und sagte: »Hei, ich will die Mutter deiner vier Kinder werden!« So warf sie ihm eine Apfelsine zu und wartete den nächsten Wettkampf für einen neuen Anlauf ab. Aber ach! Was für ein Schlag! Der Auserwählte betrat die Festwiese mit einer schönen und überaus eleganten Dame am Arm. Ihr auffälliges Auftreten, das Flatterkleid nach der neusten Mode und der riesige Florentinerhut ließen alle Anwesenden die Bescheidenheit ihrer Existenz fühlen.

Mein Album soll hochleben! Ich habe ihr Bild vor mir, das meiner fantastischen Tante Helene in ziemlich genau dem Aufzug, den meine Mutter beschrieben hat. Man wird nun schon bemerkt haben, welchem Irrtum unser armes Röschen verfallen war bei dieser ersten Begegnung mit ihrer zukünftigen Schwägerin. Sie lief enttäuscht und unglücklich nach Hause. Dabei war Helene extra von Koblenz angereist und beauftragt, mit einer gewissen jungen Dame Kontakt aufzunehmen –

So hat es noch weiterer sportlicher Aktivitäten bedurft, bis er lief, das Röslein nah zu sehn.

Um so schneller wurden dann die Hürden genommen. Mit der Hochzeit wurde nicht lange gewartet; der Bräutigam hätte am Ende wichtige Zeit versäumen können. Die Hochzeitsreise im Juli 1923 ging an den Bodensee. Die Heirat meiner Eltern war in kühnem Höhenflug riskiert worden, ohne Rücksicht darauf, dass man sich in der schlimmsten Inflation befand. So musste bei den Aufwendungen mit exorbitanten Zahlen gerechnet werden. Das Notizbüchlein habe ich noch gesehen, in dem die Ausgaben aufgelistet waren. Ehe im November 1923 die Währung stabilisiert, die Rentenmark eingeführt wurde, war ein Dollar 4,2 Billionen Papiermark wert. Wir haben noch einige Lappen aus dieser Zeit, Exemplare von Billionen und hundert Milliarden Mark.

Familiengründung

Für den Rest der Menschen in Deutschland waren die Jahre zwischen den beiden Weltkriegen nicht so licht, wie sie mir vorgekommen sind. Keine Ahnung hatte ich von den schmerzenden sozialen Nöten, die eine selbstherrliche Monarchie bei ihrem Tode hinterlassen hatte. Auch ein Architekturbüro schützte nicht vor der Nachkriegsmisere, in der die Mark auf ein Billionstel ihrer selbst zusammengeschrumpft war und für Bauaufträge die Zahlungsfähigkeit fehlte.

Die größte Entwertung von Geld tritt ein, wenn man es nicht braucht. So war am Anfang der zwanziger Jahre mein Elternpaar im Glück der Familiengründung mit einem bescheidenen Heim in der Ostbahnhofstraße zufrieden. Der Zuwachs sprengte bald den Rahmen, und so zog man 1928 in eine der brandneuen Wohnungen an dem Rundplatz ein, der als Straßenverteiler auf der Allee zwischen Hanau und Wilhelmsbad entstanden war. Der Beethovenplatz galt international als beispielhaft für moderne Architektur im Bauhausstil. Mein Vater hatte mit seinem Entwurf dafür ein überregionales Preisausschreiben gewonnen, und das Projekt war bis in die USA bekannt geworden. Die Ausführung durch ihn und seinen Kollegen Carl Cost war gerade abgeschlossen.

Wie noch unverändert zu sehen ist, umgaben die harmonisch geschwungenen, mit umgreifenden Balkonen geschmückten Wohnhäuser die Platzanlage. Über den Straßenring holperte unsere Trambahn, die dort zum Stadtinneren umkehrte. »Be'dooveplatz!« schrien die Schaffner an der Haltestelle durch ihren Wagen. Das Herzstück der Anlage, ein weites Rasenrund mit Blumenflor, war von einer niederen Hecke und einem Weg mit Sitzbänken umgeben.

Wer die Bilder betrachtet, auf denen meine drei Geschwister auf dem Balkon als Nacktfrösche in einer Waschbütte plantschen und sich nicht ohne Tränen um einen nassen Putzlumpen balgen, der sieht ein, dass dieser Spielraum gebraucht wurde. Nebenan, in der Nummer 12, war das Architekturbüro eingezogen, das sich bis dahin im Hause Pfersdorf an der Frankfurter Landstraße befunden hatte. Ein paar Bilder, die 1929 zum festlichen Anlass der Einschulung des ersten Sohnes vor dem Haus Beethovenplatz 11 geschossen wurden, zeigen im Hintergrund noch das Ornament, das ursprünglich alle Haustüren schmückte: Ein Gitter aus Schmiedeeisen ließ die Initialen der Erbauer erkennen. Hier wurden auch die ersten Kinderfreundschaften meiner Geschwister geschlossen, wie mit der lieben Familie Brüggemann und der Familie Krieg – von der noch einiges zu berichten sein wird.

Als westliches Tor der Stadt entsteht der Beethovenplatz.

Die Häuser im Umkreis werden dem Stil des Beethovenplatzes angepasst.

Meine Geschwister beim Badevergnügen auf dem Balkon Beethovenplatz 11

Hans kommt 1929 in die Schule. Hinten der ursprüngliche einheitliche Türschmuck aus Schmiedeeisen am Beethovenplatz: die Initalien der Erbauer Clormann und Cost

Was soll ich sagen? Die Wohnung war auf Dauer nicht erschwinglich für ihren Schöpfer! Auf einer der sternförmig ausstrahlenden Straßen, der Kastanienallee, rückte man hinaus in das seinerzeit noch fast ländliche, zwischen Main, Wilhelmsbad und der Stadt Hanau vor sich hin träumende Kesselstadt. Die neue Unterkunft fand man in der Nummer 16 für 64 statt 102 Mark Monatsmiete.

Etwas Besonderes sind neben den gelben Klinkerhäusern die originellen landschaftstypischen schwarzen Wohnbauten aus Wilhelmsbader Basalt mit roten Sandsteinelementen, die damals noch das Bild des Orts prägten. So gebaut ist auch die mit einem Türmchen geschmückte Reinhardskirche, damals Hauptgebäude der Volksschule, in der unter dem Rektor Schädel meine Geschwister ihr geistiges Fundament erhielten, und zu der ich später eine halbe bis ganze Stunde geradelt oder getippelt bin. Der nahe Main und das weithin die Auen überschauende Landlustschloss Philippsruhe – einst die Idee des Grafen Philipp Reinhard von Hanau-Lichtenberg – waren freilich eine herrliche Nachbarschaft.

Schließlich baute mein Vater für seine Truppe ein geräumiges, wenn auch bei der immer noch nicht ganz ausgestandenen Finanzflaute schlichtes Haus zwischen Rosenau und Beethovenplatz. Neben seinen inneren Vorzügen hatte es rundum einen Garten als Familienüberlaufbecken. Dieses Haus bildete die Bühne für unsere Jugendszenen.

Meine Geschwister Hans, Lotte und Gerhard waren im Zweijahrestakt zur Welt gekommen. Bis man sich auch für mich entschied, dauerte es weitere vier Jahre. Ich hatte gerade noch Glück gehabt: »sieben, acht, neun und du zehn Pfund«, habe ich meine Erzeugerin gelegentlich sagen hören, »das war genug«. Vermutlich habe ich die Freude meiner Existenz der Aussicht auf das Haus zu verdanken, dem ich das gar nicht zu vergelten weiß.

Meinen Eintritt in die Welt machte ich 1932 im St. Vincenz-Krankenhaus mit dem Beistand der vielerfahrenen Hebamme Fräulein Rau, die schätzungsweise vierzig Jahrgängen von Hanauer Bürgern zum Dasein verholfen hat. Wenn man sie in ihrem flatternden Schwesterngewand auf dem Fahrrad über die Hanauer Straßen hetzen sah, dann wußte man, dass die Einwohnerzahl zunahm.

Hans, der Erstgeborene, war alles, was Eltern sich vom Kronprinzen erhoffen können. Er war lieb, gescheit, schön und in allem richtig. Seine und meine Schwester Lottchen war dies alles auch und zusätzlich »Papa sein Augenstern«, wie sie auch jedem versichert haben soll, der nach ihrem Namen fragte. Der nächste Bruder, liebevoll Gerli oder Frohli genannt, hat mit besonderen Leistungen seinen ungünstigen mittleren Platz in der Kette der Geschwister aufgewertet. Vor allem aber fiel er durch seine strahlende Fröhlichkeit auf und – durch Krachmachen.

Die Lebensmelodie, mit der ich vom Familienchor empfangen wurde, war voll Harmonie und ohne Missklang. Ich kann mich an keine einzige Zwistigkeit erinnern. Es war auch keine nötig, denn jeder hatte seinen sicheren Platz in den lieben drückenden Armen unserer Mutter. Sie wurde traurig, wenn andere böse

Hebamme Rau im Garten des St. Vincenz-Krankenhauses bei meinem ersten Auftritt 1932

geworden wären. Das mag die Erklärung dafür sein, dass es bei uns zu keinen Aggressionen kam.

Mein Vater hatte ein voluminöses literarisches Werk über die richtige Aufzucht von Kindern angeschafft, dem wir wohl das Prinzip der straffreien Erziehung zu verdanken hatten. Das Buch durften wir nur von weitem sehen; eine Stelle daraus las er aber gerne vor. Nach allen möglichen geheimen Ratschlägen hieß es da: »Wenn erst einmal das vierte Kind da ist, hat man es geschafft, weil von nun an die Kleinen und die Großen sich gegenseitig erziehen«. Und so bin ich jeder Erziehung glücklich entkommen.

Ich habe die Kosenamen gezählt, mit denen man mich verwöhnt hat, und bin auf dreißig gekommen – vom marzipanverzuckerten Sonnenstrählchen bis zum Äppelbäckelchen. Jedenfalls kann man sich jetzt eine Vorstellung von dem Umgangston machen, der bei uns üblich war.

Gluckstraße 3

Meine früheste Erinnerung: Ich stehe da mit Sonne, Morgenluft und Spielhöschen auf der Haut. Auf Augenhöhe habe ich vor mir breit aufgeschlagen die lichtdurchdrungene eisblaue Blüte einer Schwertlilie. Es ist schade, dass die Lilien nicht mitwachsen.

Der eher kleine Garten war ein Elysium, das mir grenzenlos vorkam. Seitlich zog sich ein breites blühendes Staudenlabyrinth hin. Auf langen Beeten säte und pflanzte meine Mutter alles, was an Grünzeug gebraucht wurde. Überall wuchsen Obstbäume, an den Zäunen wucherten die stacheligen Beerensträucher. Gegen Magenknurren fand sich immer etwas: rotes, blaues oder grünes Obst, eine Karotte, die man aus der Erde zog, ein paar Blätter Sauerampfer vom Kräuterbeet, eine Tomate, ein Radieschen.

Rückwärtig trennte ein Band von Rosensträuchern den breiten Kiesweg vom Rasen. In der Mitte bildete der Weg samt Rosen eine Ausbuchtung, und dort war ein großer, schwerer, weißgestrichener Gartentisch aufgestellt mit entsprechenden grünbeinigen Klappstühlen rundum. Bald war dieses Herzstück des Sommerlebens von Pflaumenbäumen überschattet. Hier wurde von uns und den Wespen der Obstkuchen genossen, da wurde Gemüse geputzt und das Einmachobst geschält. Da versuchte man vergeblich von den Rosen und den Schmetterlingen weg auf sein Schulheft zu gucken.

Unser Haus war dem erst noch heranwachsenden »Musikerviertel« zugefügt worden. Alle Straßen wurden nach Komponisten benannt; aber da gab es zunächst noch viel musikalisches Freiland.

Unsere war die Gluckstraße, nach Christoph Willibald Ritter von Gluck, dem Komponisten der Oper »Orpheus und Euridike« und vieler anderer, benannt. Innerhalb der Wände ging es bei uns glückselig und – laut zu. Das Geräusch von knallenden Türen und beim Herunterjagen erzeugten Donnerschlägen auf der hölzernen Haustreppe war ein individuelles Merkmal des Fluidums. Für die glückliche Mutter waren das anscheinend eine Art Kontaktlaute, wie die zwischen einer Ente und ihren jungen Paddlern. Aber mein Vater kämpfte ernstlich und ohne Erfolg dagegen an.

Nur zum Spaß, und weil es das nicht mehr gibt, erwähne ich, dass damals zu einer anständigen Wohnstätte ein »Herrenzimmer« gehörte. Eine gewisse düstere Gediegenheit erhöhte den ideellen Glanz dieses Raumes. Bei uns enthielt er einen schwarzen Clubtisch, schwarze Clubsessel, einen rot bezogenen Barocklehnstuhl, den großen schwarzen Schreibtisch des »Herrn«, eine Chaiselongue mit den Maßen eines Betts und unseren dicken schwarzen Frankfurter Barockschrank. Was für ein Aufwand für eine Räumlichkeit, wo nur mein Vater sein Nickerchen machte, allenfalls einer von uns mit ihm Schach spielen durfte! Der fleißige Mensch war ja immer in seinem Büro und auf seinen Baustellen. Immerhin konnte da ungestört Besuch empfangen werden.

Die Gluckstraße mit unserem Haus 1934: der Heidelberger Großvater, meine Mutter mit ihren vier Kindern

Ein Haus enthielt aber auch sehr nützliche Einrichtungen, die wir kaum noch haben. So war im ersten Stock neben dem »Fremdenzimmer«, in dem das Hausmädchen wohnte, eine begehbare Schuhkammer mit sechs Regalen. Der Keller enthielt eine helle Werkstatt und ein eingemauertes Regenwasserreservoir, aus dem man das weiche Wasser in den Waschkessel leiten konnte. Das Kernstück, das Leib- und Magenstück, war ein gar nicht so kleiner Raum neben der Küche, der ein eigenes Fenster hatte: die Speisekammer. Hier, auf umlaufenden breiten Brettern, lagerte und duftete alles, wovon man träumte. Der Zauber des Orts wurde noch erhöht durch die strengen Mahnungen der Hausfrau; auf keinen Fall durfte etwas angerührt werden. So schlich man sich also im Halbdunkel hinein, stand da mit prickelnden Fingern, und wenn der Reiz seinen Höhepunkt erreicht hatte, fuhren diese ins Marmeladenglas. Man wurde erwischt und bekam einen Verweis von seiner kichernden Mutter, die nämlich selbst am besten mit der Lust des heimlichen Naschens vertraut war.

Die Verführungen der Speisegoldgrube hätten einmal schlimme Folgen haben können, als der gute kleine Gerhard den »Handkäs mit Musik« für sieben Personen zu nächtlicher Stunde wegputzte. Die besorgniserregende Perspektive dieses

Vergehens kann man ermessen, wenn man – wie jeder echte Hanauer – weiß, dass dieses Gericht aus Harzer Käse besteht, der mit einem Berg von Zwiebeln in Essig, Öl und Kümmel eingeweicht wird. Es ist ihm glänzend bekommen.

Weiter hatten wir im Erdgeschoss einen fast leeren Raum für aufgespannte Regenschirme, Gummiüberschuhe und sporadisch anfallende Haushaltsaktivitäten. Eine ganze Wand war mit unzähligen höheren und tieferen Haken übersät, an die wir um- und übereinander unser warmes Bekleidungsmaterial hängen konnten. Der Dachboden diente, außer den üblichen Zwecken, dem traditionellen »Verstecken im ganzen Haus«. Dazu wurde die Gesamtheit der heranwachsenden Nachbarschaft zusammengetrommelt – sobald unsere Eltern einmal nicht zu Hause waren. Das Milieu der schmutzigen Wäsche, in der meine Schwester mich verstaut und dann vergessen hat, ist mir noch ganz gegenwärtig. Außerdem konnte man auf dem Treppengeländer rittlings im Schuss in die Tiefe fahren. Ganz oben blieb ich einmal auf übernatürliche Weise mit meinem Fuß zwischen den Geländerstäben stecken, das heißt er ging hinein, aber nicht wieder heraus. Als Reiterdenkmal war ich noch eineinhalb Stunden mit dem Mädchen allein im Haus. Ich bestach sie mit dreißig Pfennigen, meinem Gesamtguthaben, und so setzte sie sich auf ein Kopfkissen und las mir Märchen vor. Zum Glück waren es dann die Stäbe, die den Bemühungen meines Vaters nachgaben.

Unsere Wohnungseinrichtung ist mir immer sehr einfach vorgekommen. Erst in der Rückschau habe ich erkannt, dass die alten Sachen Antiquitäten und die Kindermöbel Tischlerarbeiten waren. Die wenigen Bilder waren Originale. In dem leeren Zimmer hing ein eingerahmter, mit Tusche in großer Fraktur geschriebener Spruch:

»Hab Sonne im Herzen,
ob 's stürmt oder schneit,
ob der Himmel voll Wolken,
ob die Erde voll Streit.
Hab Sonne im Herzen,
da komme, was mag,
dann füllt sich mit Licht dir
der dunkelste Tag.«

Wenn es in meinem Herzen finster aussah, führte meine Mutter mich dahin und las mir das vor. Ganz verstanden habe ich es jedoch nie. Es ist ja auch meistens etwas verstecktes Verkehrtes an Sinnsprüchen.

Alles ganz anders als heute

Ich glaube, wir würden große Augen machen, wenn aus den unübersehbaren Friedhöfen der Talente einmal die Toten auferstünden.

Da schauen wir auf die bekannte Tradition zurück: Die Mittelstandsmädchen sahen vor sich nur das hohe Ziel, »der deutschen Hausfrau Ehrenkleid« zu tragen. Die Lebensaufgabe der Frauen aller Gesellschaftsschichten bestand in erster Linie darin, Söhne für Kriege und Erbe zu liefern und natürlich einige Töchter für den weiteren Bedarf an Söhnen.

Wie erschütternd sind in ihren Briefen die Klagen der jungen Luise, die sich plötzlich als Königin von Preußen dramatischen Vorgängen gegenübersah; die sich deutlich der Kraft ihrer Persönlichkeit bewusst war, und die sich verzehrte, weil ihr die einfachsten erlernbaren geistigen Mittel fehlten, ihrer entscheidenden Verantwortung gerecht zu werden. Wir wissen nicht, ob gerade sie mit vernünftiger Bildung den Gang der Geschichte verändert hätte. Aber andere Frauen, die wir gar nicht kennen, hätten es getan.

Meine Mutter war freilich weder eine Königin noch ein Genie. Aber sie hatte Talente. In Schrankestiefen versenkt haben sich schöne Aquarelle von ihr gefunden. Es hat auch Musikgene in ihr gegeben, denn die böhmischen Vorfahren sind Kapellmeister gewesen. Aber ich kann aus eigener Erfahrung beurteilen: Sie muss einen katastrophalen Klavierunterricht für »höhere Töchter« gehabt haben. Wenn sie einmal von uns Kindern beim Spielen erwischt wurde, bekamen wir eine Art Salonmusik zu hören, zu der bittersüße Heultexte gesungen wurden. Der früheren feineren Mode entsprechend hatte unsere Mutter einen verzögerten Anschlag, über den wir uns herzlos kaputtlachten. Das klang etwa so:

»In dem ge – rünen Busch,
in dem ge – rünen Busch,
singt die Na – achtigall
die ganze Na – acht.«

Das Schönste ko – kommt noch. Aber lachen wir Röschen nicht länger aus. Ganz wundervoll war ihr Gesang. Sie hätte mit ihrer großen Stimme Karriere machen können. Singen, lauthals zusammen und mit Klavier, gehörte bei uns zum Alltag. Wir hatten schöne Alben mit klassischen Liedern.

Unsere soziale Welt, unser häusliches Leben, unsere alltäglichen Gebräuche waren bis in die Mitte des 20. Jahrhunderts hinein ganz, ganz anders als heute: Historisches, das nicht in den Geschichtsbüchern steht und doch eine fundamentale Rolle gespielt hat. Die Räder des Hauswesens mussten, als ich das noch mit Kinderaugen sah, von den Händen einer Mutter ohne Unterlass gedreht werden. »Selbstverwirklichung« war als Schlagwort noch nicht erfunden, und die Erfindung hätte unter den gegebenen Umständen auch nichts genutzt.

Eine Frau mit Familie war eine Frau mit Familie und nicht viel mehr. Ihre leibliche Energie, ihre seelische Kraft, ihr ganzes Ich waren gefordert – vom Alltag, könnte man sagen. Weil aber die Liebe die größte aller inneren Antriebskräfte ist, kann der Alltag einen eigenen Glanz bekommen.

Unsere Mütter haben nicht etwa unter Stress im heutigen Sinne gelebt. Wie hat man das geschafft ohne Fertigprodukte, all die Konserven aus dem Supermarkt, ohne Tiefkühlkost, ja ohne Kühlschrank, bügelfreie Textilien, elektrisches Bügeleisen, Geschirrspüler – und ohne Waschmaschine? Friedlich liefen die arbeitsreichen Stunden ab, und jeder Tag brachte Erlebnisse mit sich. Aus vielen Notwendigkeiten wurden Feste gemacht, und alle im Haus waren in sie einbezogen.

Mit dem Auto zwischen eiligen Dränglern zum Einkaufszentrum zu hetzen brauchte man nicht. Auch nicht mit einem Einkaufswagen und einem Riesengebirge von Bissen für Bissen in Plastik verpackten Nahrungsmitteln entnervt in einer Schlange von Entnervten zu stehen. Wir leben jetzt eben anders, man will sein Tempo haben, und ich möchte ja nicht auf meinen Supermarkt verzichten. Denn wir haben unseren Beruf, dem Himmel sei Dank. Aber das frühere menschliche Miteinander, das sich aus dem Fehlen technischer Mittel ergab, habe ich in leuchtender Erinnerung.

Wenn wir morgens aus den Betten krochen, hatte der Bäcker Corvinus schon seine duftenden nächtlichen Werke in den bunten Sack gesteckt, der am Haustürgriff baumelte. Dann wurde auf der Straße die milchverheißende Glocke geschwungen, die verdellerte blecherne Henkelkanne von enormem Umfang mit etwas Gelblichweißem gefüllt, das unsere armen Kühe heutzutage nicht mehr zustande bringen.

Mit dem Pferdewagen vorgefahren wurden auch Kartoffeln für den ganzen Winter, Gemüse- und Obstvorräte, Eisklötze für den Keller (im gelben Kastenwagen von Eis-Günther), im Sommer Eis zum Lecken. Und jedes Fuhrwerk wurde samt seinen lebendigen PS von den zusammengelaufenen Kindern umhüpft, die Frauen hielten ihren Plausch miteinander und mit den geachteten, unabhängigen Händlern. Wenn man Glück hatte, konnten hinterher noch Pferdeäpfel für den biologischen Eigenanbau eingesammelt werden.

Ich ärgere mich heute noch darüber, dass ich gekniffen habe, als in der Haydnstraße meine große Schwester auf dem Milchpferd von Herrn Schmidt reiten durfte und mich mit hinauf nehmen wollte auf den Rücken des braunen Ungetüms. Feuer und Flamme war dagegen unsere blondgelockte liebe kleine Freundin Lilo, die Tochter des Mitarbeiters meines Vaters Fritz Greiß. Mit Neid musste ich sie dann da oben thronen sehen. Freilich habe ich mit meinen drei Jahren dem Tier wenig über seine Fesseln gereicht.

Jeden Samstag morgen kam der rotbackige junge Sohn Wombacher, der aufregend nach einem Gemisch aus allem roch, was in einem Eierbutterkäseladen verkauft wurde. Er hatte auf seinem Rücken eine riesengroße etwas speckige Korbkiepe mit Lederriemen, aus deren Abgrundtiefen die Schätze Arabiens hervorgeholt wurden. Kolonialwaren bekam man bei Nix um die Ecke und bei Kleiss in der Vorstadt. Daneben gab es viele traditionelle kleine Ereignisse wie zum Beispiel Jahr für Jahr das Eintreffen der »Erdbeerfrau« auf ihrem mit Spankörbchen gespickten Fahrrad. Männer mit Bauchläden machten ihre regelmäßige Runde und versorgten alle mit Seife, Bürsten, Knöpfen – wir liefen nicht hinter dem Krimskrams her, sondern der Krimskrams kam zu uns.

»Ist denn die Waschmaschine nicht endlich abgelaufen? Da liegt doch noch der Wäschehaufen für morgen und für übermorgen! Und die Buntwäsche muss auch noch hinein. Das Bettzeug ist dringend an der Reihe – mindestens drei Trommeln voll werden das. Wer bin ich überhaupt?? Wurde ich dazu erschaffen, tagtäglich einer Maschine den Rachen zu stopfen?«

Alle sechs Wochen wurde bei uns ein riesengroßes Waschefest gefeiert. Außer der von Haus zu Haus gehenden dickarmigen und rundum liebeverbreitenden Waschfrau wirkten unser Hausmädchen und vor allem die Frau des Hauses bei diesem Spektakel mit. In der Morgenfrühe wurde man schon von den aufsteigenden Duftwolken geweckt. Wenn man sich allen Verboten entgegen durch die Dampfschwaden auf der Kellertreppe bis in die Waschhölle tastete, konnte man nicht Samuel, sondern meine Mutter, rot und triefend, verschwommen in dem Inferno erkennen. Der riesige brodelnde Waschkessel wurde mit Feuer geheizt, und man wurde mit Recht wieder dahin gejagt, wo man hergekommen war.

Die gemeinsamen Mahlzeiten mit ausgefallener Waschtagskost wurden in allgemeiner überschäumender Waschtagsstimmung genossen. Schon früh am Tag musste der erste Aufzug von weißen und bunten Zeugen der Reinlichkeit an den Leinen segeln. Der ganze Garten war mit diesen im Zickzack überspannt und bald in eine sinnenbetörende Flatterwelt verwandelt. Ich denke, jeder für unbefleckte Schönheit empfängliche Mensch hätte bei diesem Anblick mitgefühlt, wie da meine Mutter mit tief befriedigtem Waschetrieb ihre sonnenbestrahlten, ozongetränkten großen und kleinen Lappen im Wind spielen sah!

Wie jeder gelungenen Großveranstaltung folgte eine Nachfeier, meine Lieblingsfeier: der Bügeltag. Da machte sich unsere Frau Rast, die ebenfalls von Familie zu Familie wandernde Bügelfrau im bewussten leeren Raum breit. Sie brachte immer gute Laune, Geschicklichkeit und viel Tempo mit. Keiner, nicht einmal die Hausfrau, durfte ihr in die Quere kommen, denn die schweren Bügeleisen wurden jenseits des Flurs auf dem Küchenherd erhitzt. Aber ich durfte auf dem Ärmelbrettchen Taschentücher bugeln.

Im bewussten Frankfurter Haus am Hirschgraben wurde 150 Jahre früher drei-, höchstens viermal im Jahr große Wäsche gemacht. Der junge Wolfgang Goethe war zum Studium nach Straßburg mit 267 Servietten, 34 Tischtüchern, 58 Laken, 108 Handtüchern und 276 Hemden gegangen.

Am Abend! Da konnte meine Mutter die Schneegebirge bewundern und mit Genuss ihre geläuterten Schätze horten. Jeder von uns hatte seinen Schrank mit geräumigen Fächern, die mit den frischen Hüllen seiner Leiblichkeit bis oben hin gefüllt wurden. Da reihten sich Stapel an Stapel, ionische, dorische und korinthische Säulen aus Hemdchen, Höschen, Unterröckchen, Schlafzeug. Und jeder hatte eine tiefe Strumpfschublade mit Bergen von stramm aufgewickelten weißen, braunen und bunt geringelten Knäueln, die allerdings gelegentlich ersetzt werden mussten.

Besondere Beachtung verdienen die Winterschmuckstücke für Kinder, die Leibchen. Das waren bis zum unteren Rippenbogen reichende Hemdchen aus festem Wäschestoff, die auf dem Rücken zugeknöpft wurden. Vorn unten gab es rechts und links einen Knopf; an diesen wurde jeweils ein Wäschegummiband mit durchlaufenden Knopflöchern geknöpft. Wo dieses nach unterirdischem Verlauf wieder ans Tageslicht kam, konnte ihm ein zweiter Knopf, am oberen Ende des langen Strumpfes festgenäht, entgegengeführt und so die Gesamtkonstruktion vollendet werden. Es gab dicke Gamaschenhosen für große Kälte, aber noch keine Strumpfhosen.

Wahrhaftig an Arbeit grenzten die Zuwendungen für die Fußböden. Das kastanienbraune Linoleum musste einmal wöchentlich – auf den Knien rutschend – eingewachst und täglich mit dem borstigen Bleiklotz, dem Bohner, zum Glänzen gebracht werden.

Eine reizvolle Sommerveranstaltung war der Latwergetag. Jedenfalls inhalierte man da bis in die hintersten Wohnwinkel den schwersüßen Duft von Zwetschenmus (»Latwersch« sagt ein echter Einheimischer unseres Landstrichs). Von den frühen Morgenstunden an konnte man da eine rasante Intensivierung des Aromas genießen, die am Abend ihren Höhepunkt erreichte und die Lust auf das Mus vorläufig stillte. Zum Kochen wurde im Keller der Aluminium-Waschzuber aus dem gemauerten Gehäuse genommen und durch einen Kupferkessel ersetzt. Reihum musste jeder Mus liebende Hausgenosse vor dem gurgelnden heißen Magma sitzen und mit einem riesigen galgenförmigen Holzruder hin- und herfahren. Wenn dieses bei Anbruch der Abenddämmerung in der auf schwarze Lava reduzierten Masse stecken blieb, war das Latwersch fertig.

Ach, es gäbe noch so viele hochinteressante Geschichten zu erzählen über die Vorratswirtschaft. Die Bohnen und das Kraut für die fast einen Meter hohen Steinkübel oder das Obst zu den Marmeladen und Kompotts: Das alles wurde jeweils an einem einzigen Sommernachmittag am Gartentisch hergerichtet. Die sterile Versiegelung von Gläsern blieb die Kunst der Hausfrau. Da gab es die »Weckgläser« mit Gummiring und Glasdeckel. Geleegläser bespannte man mit Zellophan. Mein Schwesterlein und ich waren bei den fröhlichen Schnippelveranstaltungen ganz selbstverständlich Mitwirkende. Zum Programm bei Gemeinschaftswerken gehörte das Liedersingen mit Ober- und allen möglichen Nebenstimmen. Bei all dem half das Hausmädchen mit, ohne das die Hausmühle freilich nicht ohne Knarren gegangen wäre. Im Verlauf wurden uns blutjunge Absolventinnen der Volksschule zugeteilt. Unter dem Regime dieser Zeit mussten alle vor ihrer Ausbildung ein »Pflichtjahr im Haushalt« oder ein »Landjahr« absolvieren – eine Maßnahme gegen die Jugendarbeitslosigkeit. Doch teilten sie ein frohes Leben mit uns, ganz wie wir mit ihnen.

Hans im Samtanzug (von seiner Mutter aus alten Kleidern genäht)

»Vom Nützlichen durchs Wahre zum Schönen«

Neben allem gab es für die Frauen eine – wenn auch friedliche, familienfreundliche – Tätigkeit, die keine einzige Tagesstunde leer ließ: das Ersetzen und Zusammenhalten der permanent in Auflösung begriffenen Mannschaftskleidung. Ein großer auffaltbarer Nähkasten mit Flickzeug, ein ewig überlaufender umfangreicher Stopfkorb und ein Wollkorb voller Knäuel und Strickzeuge in allen Farben beherrschten allzeit das Feld im Familienwohnzimmer. Unsere ja nur aus Naturfasern gefertigten Strümpfe waren immer voller Löcher, die kunstvoll und dicht vergittert werden mussten, bis man auf seinen Knien mehr Gestopftes als Strumpf hatte. Haltbar waren nur die Socken und die weißen, in sich gemusterten Kniestrümpfe, die meine Mutter selbst strickte – feinmaschige Schläuche aus dünnem Baumwollgarn für vier gnadenlos wachsende Kinder! Wir hatten keine Wollpullover und keine warmen Jäckchen, keine Handschuhe und Schals, die nicht aus ihren Händen kamen.

Ich hatte wenig Ahnung von den finanziellen Verhältnissen unserer Familie. Das kommt daher, dass »Geld« als unfeines Thema galt, dass Verschwendung aus Gründen der Erziehung grundsätzlich verpönt war, und dass es an den wesentlichen Dingen nicht gefehlt hat. Aber heute weiß ich, dass zunächst Notwendigkeit meine junge Mutter zwang, den Kampf mit einem Gerät aufzunehmen: der Nähmaschine. Kleider »von der Stange kaufen« im heutigen Sinne, das konnte man noch nicht. Jedes Stück für die Familienausstaffierung musste von der Schneiderin nach Maß hergestellt und, erst recht als Fertigware im Geschäft, teuer bezahlt werden. Aus dem Müssen wurde Können, aus dem Können bald Gebrauchskunst, »vom Nützlichen durchs Wahre zum Schönen« – um wieder an Goethe zu denken. Ich brauche die vielen alten Kinderbilder nicht hervorzuholen, um mich an die wunderschönen Sachen zu erinnern, mit denen meine Mutter ihre Kinder geschmückt hat: die kleineren und dann größeren Anzüge für meine Brüder, Mäntel und Jacken für alle, Leibwäsche, Nachthemdchen, Werktags- und Sonntagskleider, Ausstaffierungen für Sommer und Winter.

Gern würde ich alle die feinen Modelle beschreiben, wenn ich dabei nicht ins Uferlose geriete: die buntbestickten »Russenkittel«, fantasievolle Dirndlkleidchen, Wolken aus weißen Stoffen für den Sonntag.

Natürlich wurde alles »vererbt«, und der ganze Segen ging am Ende auf mich nieder. Das Erben spielte überhaupt für die jüngste von vieren eine abwechslungsreiche Rolle. Die Schuhe waren schon in unbequeme Richtungen ausgebeult, von meinen Brüdern wurden mir Nagelstiefel mit nach oben geschwungener Nase hinterlassen. Und ich weiß noch genau, wie vertraut das Gefühl am Rücken war, wenn nachts beim Herumdrehen im Bett die Schlafanzugjacke von oben bis unten ganz langsam auseinander ging.

Mit den Geschwistern

Es ist eine Lust, die Kinderporträts meiner Geschwister zu betrachten, Kunstwerke des Fotografen Klenk: Rundbilder auf Postkartenpapier, matt, braun auf beige, wunderschön.

Unsere beiden Buben wohnten mit ihrem Jungenskram zusammen in einem Zimmer. Ob es der im Zentrum stehende (wie es mir vorkam) riesengroße quadratische Tisch war, der über die Altersklippe hin das unabhängige Miteinander möglich machte? Oder der liebevoll-spitzbübische Humor des Großen und der Basteltrieb des Kleinen?

Im Mädchenzimmer mit der fröhlichen Blümchentapete war die Sache ganz einfach. Sechs Jahre war meine Schwester Lotte mir voraus, und so hat sie mich kurzerhand an Kindes statt angenommen. Ich konnte unterschlupfen, bei wem ich wollte, und mir ist ganz so, als ob ich das weidlich genossen hätte.

Bei meiner »Ollo« ging alles wohltuend geradeaus, da gab es nichts Krummes.

Mit unserem lieben Ferienkind Grete aus Wien (im Dirndl)

Sie brauchte nur zu sagen, was sie eben dachte, und schon wusste man, wo man entlang zu steuern hatte. Lotte war die »Patente«. Was sie anpackte, das wurde auch etwas. Sie brauchte die Erde. Schon als ganz junges Mädchen nahm sie die gesamte Gartenwirtschaft in die Hand mit allen Grabearbeiten und dem grünen Lohn. Ihre Freude am Klavierspielen war schon früh von Röschens begabter Schwester Cilla geweckt worden, die eine in Frankfurt am Konservatorium ausgebildete Klavierlehrerin war. Herausragend war Lottchen im Zeichnen und mit den Jahren im Modellieren in Ton.

Unser Erstgeborener hatte die ruhige Überlegenheit des Ältesten. Seine Probleme machte Hans mit seiner Mutter ab; sie hing mit viel Zärtlichkeit an diesem ihrem ersten und ebenfalls zärtlich geprägten Kind. Er hatte das aus ihrer französischen Linie mitgebrachte schöne Profil, die schwarzen Augen und die dunklen Locken. Ohne Mühe brachte er aus der Schule nur Spitzennoten mit. Aus meiner Spatzenperspektive kam mir Hans ausgesprochen unabhängig vor. Er hatte seine eigenen Interessen, ganz außerhalb meiner kleinen Reichweite. Aber Hänschen hat mich am allermeisten verwöhnt.

Die Harmonie drinnen war da, weil jeder auch draußen seine Freundschaften hatte. Meine vielen Spielfreunde in der Gluck-, Händel- und Huttenstraße (jetzige Hindemithstraße) waren mein Kinderleben. Im Sommer war immer ein Ferienkind bei uns, meistens eine der vielen Heidelberger Kusinen.

Aber es waren doch vier. Da war doch noch einer. Da war doch noch ein kleiner Junge, ein Kind, das weder der erste Sohn, noch die erste Tochter, noch auf Dauer das Nesthäkchen war. Auf den alten Fotoaufnahmen sehen wir einen kleinen Blondkopf, der immer jemanden zum Anlehnen findet, und der lachen kann, lachen, dass man lachen muss! Ein richtiger Glückspilz.

Wie bei jedem Kind mit sensiblen Gefühlen war seine kleine Seele aber auch schnell verletzt, wie es scheint, wenn man hier und da die ratlosen Geschwister dem Jammer des zarten Herzchens gegenüberstehen sieht. Sobald ich über den Tisch gucken konnte, wurde ich dem auch noch kindlichen Bruder zugesellt, wenn das Wetter zu regnerisch für mein Freilufttreiben war. Das waren meine besten Lehrstunden für Feingefühl. Ich könnte noch mehrere delikate Verfehlungen verraten (wenn ich wollte), auf die der kleine Gerhard mich leise hingewiesen hat. Ich hatte Respekt vor ihm, und ich habe ihn bewundert.

Natürlich war ich nur als Gegner beim Tischfußball oder anderen nicht zu anspruchsvollen Spielen zu gebrauchen. Gern auch zum Brummen, Aufheulen, Hupen und Bremsenquietschen im finsteren und sauerstoffarmen Motorraum eines aus sechs biegbaren Rosshaarmatratzen konstruierten Autos. Er war dann der Fahrer, und je nach Betätigung seiner Pedale war ich über die erforderlichen Geräusche dieses zünftigen Rennwagens genau instruiert.

Die meiste Zeit habe ich aber nur mit einem Spielzeug um ihn herumgehangen, denn Gerhard war allzeit intensiv beschäftigt. Sein technisches Talent hielt ihn immer in Atem und seine Hände in geschicktem Getüftel. In den ersten Jahren war das Material für seine unzähligen komplizierten Konstruktionen der »Märklinbaukasten«, gefüllt mit grünen platten, durchlöcherten Metallstäben, echten Schrauben, Muttern und Handwerkszeug. Bald kamen Holzarbeiten mit der Laubsäge hinzu. Dann Pappmodellbau von Flugzeugen, Rennwagen, Schiffen – was eben so verkauft wurde. Ich kenne es nicht anders, als dass der große Tisch von allem möglichen in Arbeit befindlichen Gebastel so voll war, dass nur mühsam Platz für ein Schulheft gefunden werden konnte. Draußen hatte Gerli dicke beständige Freunde für schöne unerlaubte Streunereien.

Wie es zu einem schrecklichen Einschnitt in sein Kinderleben gekommen ist, habe ich durch den Verlauf, den die Dinge genommen haben, genau in Erinnerung, so klein ich damals auch noch gewesen bin. Als frohes Kind mit Schulranzen und baumelndem Tafellappen, wie sich das gehörte, kam Gerli in die Schule – und wurde von seiner Lehrerin gehasst. Es war ein ungleicher Kampf. Der psychologische Teufelskreis nahm seinen Lauf, und man kann sich schon denken, dass schlechte Leistungen, Bettnässen und gelegentliches Stottern dazugehörten. Der Frohli wurde zum Sorgenkind. Zum Versagen in der Schule gesellte sich das gegenüber dem Vater, für den Intelligenz das Mindeste war, was er von seinen Sprösslingen erwartete. Gespräche mit dem Fräulein ominösen Namens scheinen nicht erfolgreich gewesen zu sein. Natürlich sah man mit der Zeit tiefer; aber trotz aller Aussprachen und Fürsorglichkeiten sind die Sorgen der armen Mutter Sorgen geblieben.

Kindergeburtstag in der Gluckstraße 1939.
Von links: Rudi Jung, ich, Lotte Jünger, Ottmar Pfahls, Doris Brauburger,
Annemarie Hestermann, Elisabeth Leyerer und Klaus-Peter Lehmann

Diese Lehrerin fand bei allen Kindern keinen Anklang, und sie wird schon gewusst haben, warum sie sich das verletzlichste aussuchte, um sich zu behaupten. Sie hatte aber noch eine große Zeit in den Nazijahren vor sich. Da machte sie sich sehr beliebt bei meinen arglosen Mitschülern, indem sie Märchen vorlas, wenn nach dem Stundenplan eigentlich Religion hätte gelernt werden müssen. So gewann sie das Wohlgefallen der hohen Naziobrigkeit.

Gerhard kam endlich auf das Gymnasium, und alles Leid war ausgestanden. Der Frohli konnte wieder froh sein und sorglos Gutes leisten. Ein vielseitig aktiver Junge und begeisterter Sportler ist er geworden. Meinem Vater dämmerte etwas, und er beschenkte ihn mit einer kostbaren praktikablen Dampfmaschine. Mit der Lust des Genialen und der Energie eines noch kleinen Menschen, der den Willen hat, seinen Platz zu behaupten, hat Gerhard seine Eltern immer mehr mit den tollsten Leistungen verblüfft.

Jede Familie hat ihr Geheimnis. Über alle Altersklippen hinweg hatten wir, wie das häufig ist, wo viele Geschwister sind, unsere eigenen Gesetze, Traditionen und Fantasiespiele, die sonst niemand kannte. Oder kennt etwa jemand das Mondberg-Spiel? Ich kann das Glücksgefühl nicht beschreiben, mit dem ich, gerade eingeschlafen, aus meinen Träumen hochfuhr, wenn die drei Größeren in ihren Pyjamas in der Tür auftauchten und schon eingesungen waren in den Kanon »O wie wohl ist mir 's am Abend, wenn zur Ruh die Glocken läuten, bimbam – bimbam – « und nun ich an der Reihe war, mit meinem Part einzufallen.

Freundschaften und Missgeschicke

Groß gefeiert wurden bei uns nur die wichtigsten Ereignisse, nämlich die Kindergeburtstage. Für die Festgäste gab es besondere Spiele wie »Blinde Kuh« oder »Topfschlagen« mit kleinen Gewinnen. Bei meinen Brüdern bildete das Schwindel erregende Kuchen-Wettessen das Kernstück der Veranstaltung. Aber bei meinen Eltern und ihrem Fleiß hielt sich die Unterhaltung in engen Grenzen, wenn es auch lose Familienfreundschaften gab. Mein Vater hatte fast nur mit Dr. Rohn, dem Direktor der Heraeus Vacuumschmelze und Entwickler des Schmelzverfahrens, regelmäßigen Kontakt. Er sprach mit enormer Achtung von diesem Mann. Wenn sie sich bei uns sahen, brachten sie fast die ganze Nacht mit sehr ernsten Gesprächen zu. Wir durften nicht einmal im Nebenzimmer sein. Es ging um Politik.

Die Frauen hatten ihr »Kränzchen«: Frau Stübing, Frau Bott, Frau Bange, Frau Jünger und Frau Repp sind mir erinnerlich. Ich musste allen die Hand geben, nur ja den Knicks nicht vergessen und umgehend wieder verschwinden. Nur bei dem Ehepaar Adolf und Lili Stübing wurden Feste gefeiert, und es muss dabei hoch hergegangen sein. So ließ sich der langbeinige Hausherr mit Häubchen und Schnuller im Kinderwagen hereinfahren. Diese daseins- und kunstliebenden Leute bewohnten in ihrem Park an der Philippsruher Allee in der Nähe des Westbahnhofs eine große alte Villa. Dort führten sie auch ihr Mozartkonservatorium und unterrichteten die Hanauer Musikschüler. Ich weiß nicht, ob ich das Herz haben werde, über das Kriegsgeschick dieser Menschen zu sprechen. Wahrscheinlich nicht. Wenn alle alles wüssten, was andere wissen, dann könnten wir nicht leben.

Allgemein hatte man ganz von selbst ein ausgedehntes soziales Umfeld, wie wir das heutzutage nennen. Es ging ja auch so gemütlich zu. Man brauste nicht im Auto an allen vorbei. Stattdessen stieg man von seinem Fahrrad ab und hielt mitten auf der Straße ein Schwätzchen. Auch die Gartenzäune waren ein heißer Draht von Mensch zu Mensch. Und die Nachbarschaft war ein vertrauter Verein. Bei schmerzhaften Malheurs mit dem Küchenmesser oder auf der Trittleiter galt meine Mutter als erste Anlaufstelle zum Verband- und Handauflegen. Auch bei Krankheiten und Seelennöten kam man zu ihr. Sie konnte gut beraten und vor allem schweigen.

Das Kranksein war bei uns so schön, dass man es fast genießen konnte. Man war dann das einzige Kind, das die Mutter hatte. Konsequent ging sie mit den heißen Fettläppchen für die Brust, den Schwitzkuren und allem um, mit den Verordnungen unseres Doktor Ambrosius, der ein gütiger weißhaariger Herr war. Damals verstand es sich, dass der Familienarzt zu seinen Schäflein ins Haus kam. Wenn er uns bittere Pillen oder das entsetzliche Rizinusöl einflößte, stand Röschen mit einem Löffel Marmelade dicht daneben.

Aber auch Mittel der Bestechung wurden nicht gescheut. Wer, der so seine Erfahrungen mit unhaltbaren Milchzähnen hatte, wehrte sich nicht mit Händen

Vincentinerinnen in ihrer früher üblichen Tracht

und Füßen dagegen, zum Zahnarzt zu gehen? Mit wie viel Stolz zeigte ich nach gelungener Extraktion der Bösewichter den mir zuvor versprochenen riesengroßen grasgrünen aufblasbaren Frosch herum!

Wenn es ernst wurde, schaffte man uns »ins Vincenz«. An meinen ersten Schrei, den ich dort im Krankenhaus gemacht habe, kann ich mich nicht erinnern. Aber als vier Jahre später mein Blinddarm den typischen Weg der Blinddärme gehen musste, bin ich ganz vertraut geworden mit den aufregenden Eigenarten der Vincentinerinnen. Still und liebevoll umsorgten sie ihre Kranken. Wenn sie ums Bett gingen, entstand ein kleiner Luftzug durch die weiten, langen Schürzen, vor allem die riesigen steifgestärkten Hauben, deren zwei Flügel rückwärtig breit über Schultern und Rücken hin flatterten.

Wie ein Krokodil seine Nachkommenschaft ins Wasser spuckt, so wurden wir aus dem Haus an die frische Luft gejagt. Je abgerackerter und verdreckter man wieder heimkam, desto besser war es. Besonders stolz waren wir auf ein »Loch im Knie«. Was wir daran schön fanden, kann ich nicht mehr nachempfinden. Jedenfalls war ich immer neidisch auf meinen Bruder Gerli, den Fußballer, der viel öfter Löcher im Knie und entsprechende Narben hatte als ich. Zum Verbinden wurden wir auf den Tisch gesetzt und bekamen eine Orange, die so sauer war, dass man das Jodbrennen darüber vergaß. Jedoch vielleicht nicht ganz; sonst hätte ich nicht, als ich gleich mit beiden Knien in eine Rolle rostigen Stacheldraht gefallen war, einen Kern quer in die Kehle bekommen. Ich wurde auf den Rücken gehauen und auf den Kopf gestellt – nichts brachte den Fremdkörper in Bewegung. Mein Vater samt Auto war nicht da, ein Taxi war nicht zu bekommen, Ambulanzen und Notarzt gab es nicht, und so musste ich mit blauem Gesicht und blutenden Knien unter allgemeiner Anteilnahme in der Trambahn zum Vincenz gebracht werden. Als ich auf einem riesigen Stuhl in die Luft gehebelt wurde und das glitzernde Instrumentarium sah, war der Kern weg und meine Mutter halb tot.

Durchgeackert von Kopf bis Fuß

Das Familienoberhaupt legte – natürlich – großen Wert darauf, dass die von ihm Hervorgebrachten ebensolche Gesundheitsstrotzer werden sollten wie ihr väterliches Vorbild. Alle waren wir Turner im Hanauer TFC, dem Turn- und Fechtclub, in dem schon lange meine Eltern nicht gefochten, aber geturnt hatten. Ja, auch meine Mutter war eine Turnerin gewesen. Da habe ich eindrucksvolle Vereinsfotos: eine ganze Wiese bedeckt mit Turnmädchen, die eine Art Formationsturnen aufführen. Alle stecken in umfangreichen Pluderhosen, die sich vor allem beim Kopfunterstehen in der Turnerpyramide bewähren. Wie hätte es dem Turnvater Jahn in seiner Demagogenhaft die innere Finsternis erhellt, wenn er durch ein Fernrohr der Zeit da seine Turntöchter hätte turnen sehen können! Immerhin hat er der Gründung des Deutschen Turnerbundes beim ersten Turnertag in der Wallonischen Kirche zu Hanau beiwohnen können.

Wir Kinder waren durchgeackert von Kopf bis Fuß. Meine Schwester zeichnete sich durch die Gewohnheit aus, auf jeden Baum zu klettern, wenn er nur hoch genug war. Sie konnte Radschlagen und auf den Händen durch den Garten laufen. Wenn bei einem Neubau in der Nachbarschaft das fertige Dachgebälk sich luftig gegen den Himmel reckte, konnte man neben dem Richtbäumchen unser Lottchen auf dem Firstbalken herumbalancieren sehen. Ihre Meisterprüfung hat sie abgelegt, als unsere Mutter aus dem Krankenhaus mit ihrem Ältesten zurückkam, der gerade einen Blinddarmdurchbruch überlebt hatte. Zum Empfang sah sie unter der Dachrinne des zweistöckigen Heims ihre älteste Tochter vor der Fassade hängen.

Mit Dankbarkeit denke ich an das Equipment, das wir, seine junge Mannschaft, unserem Vater zu verdanken hatten. Das waren keine Plastikimitationen, sondern alles war echt, es war brauchbar und diente begeisterten Aktivitäten. An Trainingsmitteln gab es bei uns alle Arten von Sportgeräten, Kricket- und Krocketspiel, Tischtennis, Stelzen, Diskus, Speer und Boxhandschuhe inbegriffen. Mein blauer Wipproller war das Größte für mich und meine Freunde. Radfahren war ein klares Muss für den weiten Schulweg von Anfang an. Auch ein Familienabonnement im Schwimmbad des TFC am Main, in der Nähe der Steinheimer Brücke, durfte natürlich nicht fehlen. In den Mainbädern »Hellas« und »Mosler« wurde ebenfalls geschwommen. Sie lagen gegenüber und waren mit einem Bötchen zu erreichen. In späteren Jahren wurde das Kesselstädter Freibad am Schloß Philippsruhe von uns bevorzugt. Da habe ich auch schwimmen gelernt – oder auch nicht. Einen ganzen Sommer lang wurde ich mit einem

Sportfest der Mädchen im Hanauer Turn- und Fechtclub 1920

Lotte läuft auf den Händen durch den Garten, Hans an den Ringen im Licht- und Luftbad.

Bauchriemen wie ein Köderwurm an die Angel des Bademeisters gehängt und ins Kinderbecken »mit Grund« gelassen. Prima schwamm ich, bis ich gewahr wurde, dass die Schnur wieder einmal lose über mir herumflatterte. Gluck, gluck – und ich musste aus dem Gewässer gefischt werden. Da hinge ich heute noch an der Leine, wenn nicht mein Nachbarsfreund Ernsti gewesen wäre. Ich hockte auf der glitschigen Lattenpritsche, der Abgrenzung des Beckens zum offenen Main. Da planschte mein kleiner Freund herum: »Komm doch hier ins freie Wasser!«, rief er. Da hat es mich gejuckt, denn Ernst Jünger war viel jünger als ich!! Hops – und wir schwammen wie die Forellen.

Zum Körper- und Geschicklichkeitstraining trug nicht wenig ein Kinderparadies bei, das schon lange keines mehr ist: unsere Straße. Die Asphaltoberfläche war allzeit über und über mit Kreide beschmiert, gemustert mit »Hickelhäuschen«, dem »Dicken Mann«, Buchstabenspielen, Feldern für Ballspiele und dergleichen. Wenn Rollschuhlaufen groß in Mode war, dröhnte das ganze arme Musikerviertel. Unser Heim waren die noch lange unbebauten Grundstücke Gluckstraße 10 und 7. Sie waren durchzogen von tiefen offenen »Höhlen« mit einem Netz von Verbindungsgängen: das Werk aller Kinder mit meiner Schwester als Leitmaulwurf und über Jahre ein Himmelreich zum Wühlen, Toben, Verstecken und Verdrecken. Kindergerufe und -gelache statt Autogebrumme füllte die Wohnlandschaft aus.

Der Knüller war das »Licht- und Luftbad« jenseits der jetzigen Gustav-Hoch-Straße, ein paar Minuten von uns entfernt und ein geliebtes Freigehege für die närrischen Kinder eines Turnnarren. Da hatte der ganze Clan ein Dauerabonnement. Das war eine große Rasenanlage, auf der weit verteilt alle erdenklichen Arten von Turngeräten installiert waren. Ringe und Schaukeln hingen an schier endlos langen Seilen. Das Tollste war der »Rundlauf«, eine hohe Stange, Kugellager an der Spitze, daran Strickleitern, an die man sich mit seinen Händen hängte und sie zum Drehen brachte, bis man hoch durch die Luft flog. Das eigentliche »Lichtbad« war wohl ein dicht mit Brettern eingezäuntes Rasenstück. Dort immer wieder nach Astlöchern im Verhau zu suchen, war für mein Team der Lieblingssport, dessen Reiz darin bestand, sich nicht erwischen zu lassen. Die Lichtwiese hat aber ihr Geheimnis vor uns bewahrt. Neben dem Turngelände gab es einen großen Faustballplatz – lebenslang das Fitnesscenter unseres Vaters. Die Anlage wurde betrieben von Herrn Bock, einem barfüßigen, licht- und luftgegerbten Mann in Turnhose. Er hielt alles instand und verkaufte Puffreisschokolade. Auch für uns kam Schuhwerk nicht in Frage – auch dann nicht, wenn der kurze weiße Klee blühte und von honigtrunkenen Bienchen überwimmelt war. Hatte man einen Stich an der Fußsohle, so rieb man ihn mit Spitzwegerich ein, und weg war er nach einem Stündchen.

Das ganze Gelände lag in einer weit ausgedehnten, der schönsten und herrlichsten Wiese, die mir je in der Welt begegnet ist. Unsere landschaftstypische Flora, die jüngere Augen nicht mehr gesehen haben. Im sommerlichen Licht vibrierte die heiße Luft über einem hohen, dichten Bewuchs von Blumen, Blüten

Theater im Freibad am Main Anfang der dreißiger Jahre

in allen Farben, die ihr grünes Bett kaum noch erkennen ließen: weiß-gelbe Margeriten, blaue Glockenblumen, feuerroter Klatschmohn, weiße Schafgarbe, blaue Skabiosen, gelber Klee, violette Wiesennelken, blauer Storchschnabel, gelbe Butterblumen, weiße Doldenblütler, roter Klee, rostbrauner Sauerampfer, rosa Lichtnelken, weißer Knöterich, lila Disteln, gelber Löwenzahn, blauer Wiesensalbei, lichtgrüne Grasähren – soweit das, was mir spontan einfällt. Nichts davon hat die Unkrautvernichtung überlebt. Jetzt wachsen da, wo das Gelände noch frei ist, niedere »Weg- und Schuttgewächse« im filzigen Gras. Auch die Flattertierchen fehlen, die weißen, braunen, blauen und gelben Schmetterlinge, die zur Wiese gehörten wie die Wolken zum Himmel. An heißen Tagen lief ich mit meinem lieben Nachbarsfreund Ottmar Pfahls da hinaus, mitten in die weite Farbensee hinein, die uns bis zum Bauch stand. Dann ließen wir uns auf den Rücken fallen, und die lichten Blüten wiegten sich über uns vor dem Blau. Was für eine idyllische Welt! Ein knatternder Doppeldecker am Himmel oder gar der still dahingleitende Zeppelin waren begeistert angestaunte technische Wunder. Wir ahnten nichts von den längst über unseren Häuptern schwebenden Luftflotten, die wir bald so gut kennen lernen sollten. Unwissend lebten wir behüteten kleinen Kinder dahin, während große Teile der Bevölkerung unter schweren sozialen Problemen, unter Arbeitslosigkeit und Entbehrung litten. Während mehr und mehr Betroffene ihre Hoffnung auf die Versprechungen eines neuen »Führers« setzten, während Politik wie eh und je als militärisches Gebaren verstanden wurde.

Mit Kinderaugen gesehen

Noch sogen wir das Glück unseres Kinderlebens mit jedem Atemzug ein, in einer von Frieden erfüllten kleinen Umwelt. Nicht immer scheinen die Himmelsgaben gewürdigt worden zu sein, wie sie es verdient hätten. Jedenfalls kommt man zu dieser Meinung, wenn man die verquetschten Gesichter sieht auf allen Bildchen, die von unserem Vater besonders gern auf den Sonntagsspaziergängen geknipst wurden. Diese Unternehmungen waren absolute Sonntagspflicht. Als brave Lämmer wurden wir auf die Weide getrieben, herausgeputzt mit den Sonntagskleidern, wie sie alle hatten, und die nur ja nicht dreckig gemacht werden durften. Dabei waren das ganz zünftige Fußmärsche, etwa bis über die Steinheimer Brücke und am Mainufer entlang. Als Krönung der Veranstaltung kehrte man dann auf ein Glas Apfelsaft im Steinheimer Hofbräuhaus ein. Da konnte man im Sommer, auf der Höhe der alten Stadtmauer auf einer großen Terrasse an einem Klapptisch sitzend, weithin unseren schönen Fluss und die grünen Auen überschauen. Die Hauptattraktion war aber das kleine Karussell, das eigentlich ein einfaches großes Rad aus Eisen war, mit einer inwendig umlaufenden Sitzbank. Da drinnen hocke ich, während Hänschen mit den Händen das himmlische Ding in Schwung bringt – daran erinnere ich mich, als ob es heute wäre.

Unser am häufigsten angesteuertes Ziel war natürlich das nahe Wilhelmsbad. Über den Beethovenplatz hin, auf der Lindenallee an der Fasanerie entlang oder quer über die »Kuhwies« ging der Familienzug. Auf dem Grasgelände weideten die glücklichen Kühe rechts und links des Wegs. Stacheldrahtzäune schützten sie vor unartigen Kindern oder uns vor unartigem Vieh.

Oder wir folgten weiter der Straße. Kaum war es möglich, an der bis zum Park hin ausgebreiteten Ländlichkeit vorbeizugehen, ohne von dem animalischen Frieden angerührt und vom warmen Duft der Natur leicht benebelt zu werden. Darum standen ja auch die Bänke unter den Linden für den Fall, dass man recht ausgiebig Kuhmeditieren wollte. Den Rücken kehrte man dabei der Bruchsteinmauer zu, welche die ausgedehnte Fasanerie umfasst. Statt der ursprünglichen kunstvollen Anlage meine ich dahinter ein natureroberes Gelände gesehen zu haben. So war es auch später, wenn eine Schulfreundin, die dort mittendrin wie in einem Paradiesgarten wohnte, mich mit zu sich nahm. Hildegards Vater war der Hanauer Kunstmaler Theodor Schäfer. Ihm war Lust und Inhalt seines Lebens, das blassblaue, nie ganz hell leuchtende Licht über unserer Landschaft auf der Leinwand festzuhalten.

Das Waldstück des Kurparks jenseits des Braubachs habe ich bei den bewussten Sonntagsvergnügungen nicht so recht lieben gelernt. Mein Vater konnte es nie unterlassen, mich in diese dicht überwucherte kleine Geländemulde zu ziehen. Seine Idee war wohl, mich abzuhärten gegen den unheimlichen Holzeremiten, der dort zwischen Getier und Spinnweben im Dunkel seiner moderigen Höhle saß. Aber leider fährt mir noch heute der alte Schauer den Rücken hinunter, wenn ich den Klausner besuche. Viel, viel schöner war es, wenn ich mit meinen Freun-

Auf der Steinheimer Brücke beim sichtlich beliebten Sonntagsspaziergang. Unsere Mutter – wie so oft – in einer schönen anderen Welt.

den nach Wilhelmsbad zockelte, um alle die aufregenden Fantasieeskapaden zu untersuchen, die der Erbprinz Wilhelm für seine illustren Gäste angelegt hatte. Schließlich konnte er ihnen keine Actionthriller bieten. Die Reihe der Kurgebäude, in ihrem noch vom Geist des Rokoko geprägten festlichen Schmuck, haben wir als unseren selbstverständlichen Besitz betrachtet. Das im Verfall begriffene, im Schatten allerlei Laubwerks seinen Dornröschenschlaf haltende Comoedienhaus hielten wir für eine alte Scheune.

Unser Ziel war der »Karussellenberg«, eine kleine Anhöhe mit dem »römischen Rundtempel«. Unter der auf ihren Säulen ruhenden weiten Kuppel war damals der Raum offen und leer, wo einst die (heute wiederhergestellten) Holzpferdchen und Prachtkutschen ein Plaisir für Damen und Herren gewesen sind. Aber größer als unseres kann ihr Vergnügen nicht gewesen sein! Denn wenn man sich in der Mitte hinstellte, einen ordentlichen Luftsprung machte und mit beiden Füßen zugleich zurück auf den Boden knallte, entstand im Gewölbe ein lautes, helles, metallisch schepperndes und nachhallendes Geräusch, das den ganzen Raum ausfüllte. Das änderte sich je nach Lokalisierung und Wucht des Sprungs. Ein akustisches Phänomen, das mir nie wieder begegnet ist. Ein bisschen hatten wir ja Angst, dass die Decke auf uns herunterfällt. Dann ließen sich aber auch mit Indianergeheul verrückte Effekte erzielen.

Die mit heimlichen Leiden gemischten Freuden auf der schlingernden Teufelsbrücke sind jedem Hanauer Kind bekannt. Richtige Angst hatten wir, durch den Gruselgang unter dem Karussell zu schleichen – nachdem uns da in der Finsternis der Umriss eines Menschen begegnet war (der bestimmt ganz unschuldige Dinge zu verrichten hatte).

Im Winter fuhren unsere Eltern nicht mit uns ins Engadin, und so rutschte die gesamte Hanauer Jugend hier in den Karussellenalpen herum, dicht an dicht auf einfachen Holzschlitten, vorwärts, rückwärts, rittlings und bäuchlings, und selten ohne blaue Prellmarken an allen möglichen Körperteilen. Alle Jahre brachte der Winter dicken Schnee mit sich, in den man tief einsank. An den unteren Enden unserer weichen Trainingshosen bildeten sich zirkuläre Eisbeutel, die unsere Knöchel feuerrot rieben. Ihrem Bleigewicht musste ständig entgegengewirkt werden. Sobald neben der Burgruine unterhalb des »Karussellenbergs« der Weiher zugefroren war, konnten wir darauf Eishockey spielen und auf der kleinen Insel mit der Grabpyramide, die einst das Herz des jungen Fürstensohns beherbergt hatte, verschnaufen. Die Hauptsache des ganzen Elysiums ist natürlich das reizende Tempelchen, das ein anderes Grab überwölbt: das der Quelle, der Quelle aller verflossenen Kurfreuden. Wir wissen, sie ist allzu früh zur Erde zurückgekehrt. Einen Bericht über die Geschicke des Wilhelmsbader Brunnens konnte ich nach langer Zeit mit viel Vergnügen lesen in der 1969 herausgegebenen Festschrift zur Wiedereröffnung des Comoedienhauses. Das Heft wurde mir bei meinem Spätstudium Medizin in Göttingen von Professor Hans-Heinz Eulner als Semesterpreis überreicht. Er hatte zuvor in Hanau gewirkt und den Beitrag über den medizinischen Aspekt des Wilhelmsbader Kurwesens verfasst. Ich erfuhr also, dass das Badewasser durchgeseiht aus dem Küchengarten bezogen, das Trinkelixier von fernher nächtens geräuscharm herbeigekarrt werden musste. Uns hat damals das vertrocknete Bad nicht betrübt – schon darum nicht, weil es im Garten hinter Ottmars Elternhaus außer einer tollen Turnstange eine gusseiserne Pumpe gab. Aus ihr kam das nach Metall schmeckende Wasser, das den in Wilhelmsbad Badenden ausgegangen war.

Der Brunnentempel in Wilhelmsbad

Unsere Supermutter

Alle gertenschlanken Mütter mögen mir verzeihen, dass für mich der Begriff »richtige Mutter« unauflöslich mit Rundheit und Weichheit verbunden ist.

Ich fürchte ja, dass im Übermaß der Freude an der Gründung unserer Familie schon die Richtung eingeschlagen wurde zu einer sukzessiv ihren Lauf nehmenden Entwicklung. Früher hieß es – ich habe es selbst noch sagen hören –, dass eine werdende Mutter für zwei essen müsse. Nachdem sie viermal für zwei gegessen hatte, musste unser armes Röschen feststellen, dass sie nicht mehr das ranke Blümchen von Wilhelmsbad war.

Zum Ausdrucksbild des liebenswerten Wesens gehörte ein versonnenes Hin- und Herwiegen. So auch beim Gehen. Oft schien sie weit entfernt in uns unbekannten Regionen zu sein. Ganz auffällig wurde das beim Radfahren. Wie in allen kleinen und flachbrüstigen Städten war bei uns die zweirädrige Fortbewegung allgemeiner Brauch. Meine Mutter liebte es sehr, so von unserem Außenviertel in die Stadt zu gondeln. Jeder im Umkreis kannte es – wie sie auf ihrem Fahrrad weltvergessen mit voller Stimme laut vor sich hin sang im Takt zu den nach rechts und links tanzenden Bewegungen beim in die Pedale treten. Das »Ännchen von Tharau« war da besonders geeignet. Sie erkannte dann ihre Jüngste am Straßenrand nicht.

Belustigung, Ernst und viel Wärme waren bei Röschen immer vermischt. Aus dem Munde der »Angesteckten« weiß ich, dass sie auch selbst Champagner für die Seele war, wenn ihr glockenhelles Lachen durch Fenster und Türen hindurch in die nachbarschaftlichen Gemüter drang. Was hat sie eigentlich immer so zum Lachen gebracht? Wir doch wohl nicht? Ich glaube, es war ihre eigenen Fantasie. Für alle Situationen hatte sie die passenden Verse, Liedchen oder verrückten Sprüche im Kopf.

Unsere Supermutter hatte die einzigartige Begabung, uns in einer Wiege von Gepflogenheiten zu schaukeln. Sie hatte ein Gespür für die Freude von Kindern an Wiederholungen, am zuverlässigen Auftreten von erwarteten Takten in einer wohlbekannten Melodie. In der Regel waren ihre Rituale mit vernünftigen Maßnahmen verbunden, die etwa der Abwendung von Husten, Schnupfen und anderen Übeln dienen sollten. Wenn wir mit verbrauchtem Sprit, bibbernd vor Kälte und allgemeinem Rodelverschleiß von unseren Winterfestspielen nach Hause kamen, dann wartete etwas auf uns, das wussten wir!! Auf dem Tisch dampfte er schon, der Familientopf mit dem kochenden, zuckersüßen Schokoladenpudding! Der durfte aus Suppentellern gelöffelt werden, bis alle Backen heiß und rot waren und der Dampf uns aus den Ohren kam. Nie fehlte diese Wucht von einem Pudding. Als Höhepunkt jedes Badefests – zu dem der deckenhohe Kupferboiler mit Holz und Kohle erhitzt werden musste – gab es heißen Kakao, zum Schwimmengehen Butterbrötchen mit Eszet-Schokoladenscheiben. Nie aber hätten wir uns selbst Süßigkeiten gekauft.

»Wasser hat keine Balken!«, hörten wir Röschen regelmäßig uns aus der Haustür nachrufen, wenn wir mit dem Badezeug losradelten. Später hat sich herausgestellt, dass jeder von uns vieren sein »Freischwimmen« (15 Minuten) und das »Fahrtenschwimmen« (45 Minuten) heimlich gemacht hatte. »Gut, dass ich das nicht gewusst habe!« Sogar in Briefen habe ich noch diesen oft gehörten liebelogischen Satz von ihr.

Nur einmal ist unsere Mutter übers Ziel hinaus geschossen. Als unser großer Bruder noch klein war – so wurde mir erzählt – und seinen ersten Auftritt im Turn- und Fechtclub hatte, war er versehen mit: erstens einer Art Underoverall aus Trikot mit kleinen Ärmeln, einer Reihe von über die Gesamtfront verlaufenden Knöpfen und einem rückwärtigen überlappenden Schlitz (ich habe auch das geerbt und bin mit den Nebenwirkungen vertraut), zweitens dem Leibchen, drittens den an Gummibändeln hängenden braunen Strümpfen mit Knopf und viertens der Turnhose. Des Hänschens turnfreudiges Hereinhüpfen in den Turnsaal löste bei den versammelten Turngenossen eine Fröhlichkeit aus, die dem Turndebütanten einen kleinen seelischen Schaden zufügte.

Zum Ausgleich sorgte mein Vater dafür, dass wir den Sommer barfuß und halb nackt zubrachten. Die enormen Fürsorglichkeiten unserer Mutter wird man bald in einem neuen Licht sehen.

Festtage

Der herzliche Umgang unserer Eltern miteinander war unser bestes Vorbild. An Debatten war nicht zu denken. Selten sprachen sie vor unseren Ohren Wesentliches über Dritte. Es kann nicht anders sein, als dass ihre Abendstunden viel länger waren als ich dachte. Denn es muss viel, viel zu besprechen gegeben haben – mehr und mehr von Jahr zu Jahr.

Wir waren eine katholische Familie. Wie mein Vater zu Dingen des Glaubens stand, war ausgesprochen fasslich für mich. Er ist wohl irgendwann zu einer Zusammenfassung gekommen, auf die er sich für den Rest seines Lebens zurückzog: »Seid immer aufrichtig, und werdet mir nur nicht verpapt.« Aber sein Gewissen war unsere sichere Richtschnur. Röschen sorgte dafür, dass wir zu den Religionsstunden beim Pastor Auth in Kesselstadt gingen. Damals war unser Kirchlein an der Kastanienallee, das zugleich Pfarr- und Gemeindehaus war, ein dunkler, umgrünter Bau mit dem Gemüsegarten des Pastors dahinter.

Am stärksten beeindruckt hat mich, wie dieser vor dem Altarraum hin- und herhüpfend uns vorgemacht hat, wie der Teufel den Schwanz einzog, als Jesus kam. Natürlich kam dieser lebensnahe Unterricht bei uns Kindern bestens an. Sonntags wurden wir oft in die Stadtpfarrkirche geschickt. Ich meine ja auch, dass ohne Form kein Inhalt gesammelt werden kann.

Stadtpfarrkirche Mariae Namen vor der Zerstörung und dem Umbau

Den halbstündigen Weg über die Kinzigbrücke, durch die Vorstadt und schräg über den noch freien, von Bäumen überschatteten Bangert legte Lottchen mit ihrer keuchenden kleinen Schwester im Schlepptau in zehn Minuten zurück. Während der Predigt unseres allseits hochverehrten Dechanten Weidner erfolgte die Rache des Himmels. Das kleine Mitbringsel samt seinem großen Strohhut rutschte wie ein Affe die langen Kirchenbänke hinauf und hinunter. Lotte tat so, als ob sie nicht dazu gehörte.

Die Stadtpfarrkirche Mariae Namen hatte als Turm einen zierlichen schlanken Dachreiter oberhalb der Fassade. Als er baufällig wurde und abgerissen werden sollte, rettete ihn mein Vater, indem er eine innere Eisenkonstruktion einzog, die auf den Seitenmauern ruhte. Nach der Bombardierung und Zerstörung der Kirche im Jahr 1945 ragte nur noch dieses Gerüst in luftiger Höhe über der Ruine auf wie eine den Himmel suchende knochige Hand. Unter den Steinen des Pfarrhauses lag Dechant Weidner begraben.

Zum Fronleichnamsfest wurde ich von meiner Mutter als weiße Taube verkleidet und mit flatterndem Gefieder zum Blümchenstreuen auf die Kastanienallee geschickt, zusammen mit meiner ebenso herausgeputzten Freundin

Erstkommunion bei Pfarrer Auth in Kesselstadt 1931

Unsere Kesselstädter Kirche St. Elisabeth, hier nach dem Zweiten Weltkrieg hell verputzt

Doris Brauburger von gegenüber. Für nichts hatte ich Augen als für die »Hängenden Gärten der Semiramis«, das auf meiner Brust baumelnde Körbchen mit der dicken, roten, duftenden Pfingstrose, die alles übertraf, was da an Blumen an Hälsen hing. Und die ich, samt ihrem bunten Blütenbett, unbeschadet wieder mit nach Hause brachte.

Ostern lief wohl nicht anders als bei anderen Kindern ab, es sei denn, es kam etwas dazwischen. Unsere Erzeugerin und Erzieherin kaufte die Schokoladeneier beizeiten, tat sie ins Eckschränkchen, schloss dieses ab und übergab den Schlüssel ihrer Ältesten, die als »die Starke« galt. Eines Tages waren die Eierchen weg. In der Hauswerkstatt hatte sich ein Schlüssel gefunden, mit dem unser Röschen das Schränkchen aufbekommen hatte. Freilich gab es dann neue Naschereien.

Die »Hanauer Mess« gehörte zum Pulsschlag unserer Stadt wie eh und je. Sie war damals mehr auf die Kinder ausgerichtet mit einfachen Pferdchen-, Raupen- oder Kettenkarussells und Luftballons, die entweder davonflogen oder platzten. Erstaunlich viele Traditionen haben sich erhalten: Negerküsse, Zuckerstangen und gebrannte Mandeln – eben der ganze Plunder.

So wenig wie heute dachte jemand an die sechs Monate lange erfolglose Belagerung Hanaus anno 1636 durch den General Lamboy, wenn der »Lamboywald« gefeiert wurde. Das Fest fand draußen zwischen den Bäumen statt, wo die Familien an langen Tischen zusammenhockten, sich vergnügten und Kaffee, Bowle oder Apfelwein tranken. Man wartete ungeduldig auf den Abend, wenn die Kerzchen in den mitgebrachten Lampions angezündet werden konnten. Der Wald war dann von lustigen bunten Klecksen erhellt. Ich dachte ja auch, dass er deswegen »Lambewald« hieße.

Gelegentlich ging meine Mutter mit mir ins Central-Theater am Paradeplatz, wenn ein Kinderfilm gezeigt wurde. Den zuckersüßen Kinderstar Shirley Temple in Johanna Spyris »Heidi« sehe ich noch lebendig vor mir.

Von der frohen Erwartung des Weihnachtsfestes wurde ja jeder, aber am stärksten unser Gerli gepackt. Jedenfalls konnte er nicht an sich halten, und Tag für Tag musste ich mitsingen: »In fünf Wochen kommt der Weihnachtsmann, kommt mit seinen Gaben« oder »In siebzehn Tagen, Kinder, wirds was geben...«. Es war aber nicht nur die Freude auf die ihm selbst zugedachten Geschenke, die ihn so schüttelte. Mit acht Jahren hat er für seine Mutter zu Weihnachten einen Kasten für Nähzeug gezimmert, ein stabiles, geräumiges, unverwüstliches Meisterstück, hochrot angestrichen und mit blauen Stöpseln auf den Scharnierdeckeln. Im Verlauf der Jahre hatte sich auf dem großen Tisch im Bubenzimmer ein Gestrüpp aus elektrischen Leitungen, Schaltvorrichtungen, Akkus und einer Menge von undefinierbaren Geräten aufgehäuft, ein Chaos, das nur der kleine Elektriker selbst übersah. Gerhard war zwölf Jahre alt, als er seine Eltern mit einer selbst hergestellten Tischlampe beschenkte. Mit filigranen aus hellem Holz gesägten Bildern war der Schirm geschmückt, etwa mit Kindern, die einen Drachen steigen lassen. Designerin war Lotte.

Am Weihnachtstag hockten wir schon um fünf Uhr nachmittags frisch gewaschen und gekämmt beieinander auf den untersten Treppenstufen, wenn um sieben Uhr das Christkind kommen sollte. Wenn alle Weihnachtslieder von »O Tannenbaum« über »O Du Fröhliche« bis »Ihr Kinderlein kommet« durchgegrölt waren, fing das Konzert von vorne an, unermüdlich, ohren- und sinnenbetäubend.

Endlich, endlich, hörte man die zarten Glockentönchen, die von zwei leicht aneinandergeschlagenen Weingläsern herrührten. Man war nicht mehr in der Lage, seine Mutter vom Christkind zu unterscheiden. Auf Zehenspitzen gingen wir hinein in den Duft von brennenden Kerzen und Tannengrün. Vor dem breiten Durchgang zum Herrenzimmer stellten wir uns alle auf, Augen und Herzen geblendet von den Lichtern am deckenhohen, fröhlich bunt geschmückten Christbaum. Das ganze Zimmer war überladen mit schönen Sachen, mit sehr vielem, das nur zur Weihnachtszeit vom Dachboden in unsere Spielwelt geholt wurde, wie die Märklineisenbahn, das große Kasperltheater, Puppenstube, Kinderküche und Kaufladen.

Wir fingen an gemeinsam zu singen, immer durchbrochen von Aufschreien, wenn die Großen zwei Paar an die Wand gelehnte Skier entdeckt hatten, Gerhard eine große Autobahn mit kleinen Flitzern und ich den blauen Wipproller.

Röschens Gesang gab allem Fülle und Glanz. Beim dritten Lied merkte ich, wie meinem Vater gelegentlich die Stimme versagte. Als letztes sangen wir feierlich »Stille Nacht, heilige Nacht«.

Inferno

Krieg

»Wir haben Krieg!!!«

Freudestrahlend kommt am Morgen des beginnenden September 1939 Gerhard zu mir ins Zimmer gestürzt und reißt die Fensterläden auf. »Du kannst im Bett bleiben! Wir haben schulfrei!« »Warum weckst Du mich denn dann auf?!«

Wie harmlos hatte alles schon lange angefangen. Harmlos? Längst waren viele, viele verführt, als »unser Führer« die Welt mit Krieg überfiel. Bei der jugendlichen Menschheit, so wie ich sie erlebt habe, hatte sich mehr und mehr eine Art Singsangstimmung breit gemacht. In ihren von Lebenswillen und Daseinsfreude geprägten jungen Jahren ließen gerade viele Tüchtige sich hinreißen vom Wandervogelgeist, einem Geist des Freiseins, des Froh- und Starkseins. Tatsächlich hatte man ja die freien Jugendbewegungen genutzt, um sie Schritt für Schritt, notfalls mit Gewalt, umzugestalten und schließlich zu verschmelzen zur Basis für ein mit Akribie ausgearbeitetes System. Als ob für die Arbeiterjugend, die christliche Jugend, die studentische und viele mehr nicht gerade dieses das Anliegen gewesen wäre: sich jeweils von den anderen Gruppen und ihren Idealen zu unterscheiden. Geschickt waren die Ideen freier Jugendverbände zu dem Boden gemacht worden, auf dem nun marschiert, geturnt, gesungen, getötet und gestorben werden sollte. Das neue Programm war die Heranziehung einer hörigen, skrupellosen und schlagkräftigen Generation. Unter dem Reichsjugendführer Baldur von Schirach hatte die Form der Jugendorganisation eine Art Vollkommenheit erreicht. Denn da war kein Entkommen. Ab 1936 gab es die Jugenddienstpflicht für alle, für alle von zehn Jahren an. Das war Gesetz. Ich glaube und hoffe, dass es mehr verführte als böse Jugendliche waren, die sich in ausreichender Menge fanden, um in ihrem Spinnennetz alle zu fangen und auszuliefern, die nicht im Gleichschritt mitmarschieren wollten oder gar aktiven Widerstand leisteten.

Harmlos? Ich habe die damals kursierenden Jugendblätter mit den Namen »Die Jugendburg« oder »Hilf mit« gekannt. Sie wurden uns durch die Tür gesteckt. Ich habe alte Exemplare gefunden. Auf der Titelseite, in schöner Fraktur, bezeichnete sich die nationalsozialistische Jugend als Kampfjugend (!) Großdeutschlands – in den ausgehenden zwanziger Jahren! Und da soll eine Mutter von vier heranwachsenden Kindern nicht gewusst haben, was ihr bevorstand? Man kann es kaum glauben, dass unsere Mutter nach dem ersten schweren Schock uns nie den Kummer hat erkennen lassen, mit dem sie uns, einen nach dem anderen, der Vergewaltigung überlassen musste. Gegenüber der Macht des Unabänderlichen hat sie es vorgezogen, ihre Kinder in frischfröhlicher Unwissenheit zu lassen, so lange es nur ging. Ihre Politik bestand darin, uns zu unschuldigen und dadurch festen Menschen zu machen, auf die sie sich verlassen konnte. Verunsicherung hätte katastrophale Folgen haben können.

Hitlerjugend

Der zehnte Geburtstag brachte dem kleinen Gerhard also den großen Kick. Man sollte ja meinen, dass es für ihn der Gipfel gewesen wäre, sich jetzt auf der Hohen Landesschule als normaler und auf manchen Gebieten besonders guter Schüler zu finden. Aber nein! Da war noch etwas, das den ganzen kleinen Menschen packte und in Ekstase versetzte. Er durfte endlich als Pimpf dem Jungvolk beitreten! Wie lange schon die ihm angeborene Abenteuerlust in seiner Brust rumort und wie er sich in seinen Träumen bei den kühnen Unternehmungen der größeren Jungen gesehen hatte, erkennt man auf einem Foto im dicken Album: Da sieht man in Omas Garten einen Minipimpf mit Flachskopf neben seinen zivilen Geschwistern stehen. Er steckt in einer Hitlerjugend-Uniform und hat die Faust in die Hüfte gestützt. Ein wenig fällt ja auf, dass die Hosenbeine wie zwei breite Kanonenrohre aussehen und bis an die Waden reichen. Eingeweihte wissen, dass die Kluft vom großen Bruder stammte. Wenn man das Bildchen von hinten betrachtet, liest man 1933. Fünf Jahre war der marschbereite Anhänger des Hitlerregimes alt, und ebenso viele Jahre des Wartens lagen noch vor ihm.

Aber jetzt! Endlich konnte er der Kerl sein, der er war! Wenn er sich in stolzer Männlichkeit präsentierte mit seiner Braunhemduniform und den aufregenden Attributen wie Koppel, Schlips und Knoten, Schulterriemen und allerlei aufgenähtem Krimskrams, war ich sein bestes und einziges Publikum, das mit Applaus nicht sparen durfte.

Begriffe wie Fahne, Flagge, Banner, Wimpel und Standarte gehörten jetzt zum täglichen mit Gusto gebrauchten Vokabular. »Ehre« spielte bei der Hitlerjugend eine große Rolle. Das ganze Wesen meines kleinen Bruders wurde von diesem Geist erfasst. Vom Krieg war da noch nicht die Rede.

Gerli war der Prototyp des hingerissenen Jungen, dessen Begeisterung die Ideologie des Nationalsozialismus zu verherrlichen schien, ganz so, wie es berechnet war. Strahlend zog der kleine Pimpf, ausgerüstet mit Felltornister, die Felddecke wie eine Wurst rundumgeschnallt, Kochgeschirr, Brotbeutel und baumelnder Feldflasche in die Zeltlager: in eine fantastische Welt mit Geländespielen, Gesang und Lagerfeuer. Man hört es heraus, dass hier ein Lebensraum war, in dem er seine Neigungen und Fähigkeiten anerkannt fand. Der glückliche Held ahnte nicht, was ich aber wusste: Vorab hat hinter seinem Rücken die Mutter mit dem Lagerleiter über ihre Bedenken gesprochen. Sie wolle Gerli nicht mitgehen lassen, um ihm die Schande wegen des Bettnässens zu ersparen. Dieser junge Verantwortliche sagte: »Bei uns macht er nicht ins Bett.« Und er machte nie wieder. Die Mutter musste ihren kleinen Jungen seiner Dienstpflicht überlassen. Heute wissen wir, dass gerade in den Lagern die Körperertüchtigung Wehrertüchtigung bedeutete, dass die Geländespiele Kampfspiele waren, in denen man »Gegner« durch Geschick, Kraft und Ausdauer zu besiegen hatte.

Ich weiß noch, an welcher Stelle mir Gerhard in seinem Zimmer mit unbeschreiblichem Stolz und mit seiner Trophäe in der Hand gegenüberstand an dem

Tag, an welchem er mit dem »Fahrtenmesser« ausgezeichnet worden war. Das erhielt ein Junge, der die »Pimpfenprobe« mit besonderen Leistungen bestanden hatte, zu denen nicht zuletzt (Kampf-)Sport, Geländemärsche und Schießen gehörten. Weltanschauliche Fragestellungen wurden vermieden. Die Kinder wurden eingeschworen auf die »Schwertworte«: »Jungvolkjungen sind hart, schweigsam und treu. Jungvolkjungen sind Kameraden. Des Jungvolkjungen Höchstes ist die Ehre.«

Das Fahrtenmesser war ein kurzes, breites, spitzes Seitengewehr, das man am Koppel trug. Es steckte in einer schwarzen Scheide. In den Griff war das rot-weiße Rautenzeichen mit Hakenkreuz eingelassen. Die Klinge dieser Kinderwaffe trug die Aufschrift »Blut und Ehre«.

»Vorwärts, vorwärts, schmettern die hellen Fanfaren,
vorwärts, vorwärts, Jugend kennt keine Gefahren.
Deutschland, Du wirst leuchtend stehn,
mögen wir auch untergehn.
Vorwärts, vorwärts, schmettern die hellen Fanfaren,
vorwärts, vorwärts, Jugend kennt keine Gefahren.
Ist das Ziel auch noch so hoch,
Jugend zwingt uns doch!

Unsre Fahne flattert uns voran,
in die Zukunft ziehn wir Mann für Mann,
wir marschieren für Hitler durch Nacht und durch Not
mit der Fahne der Jugend für Freiheit und Brot.
Unsre Fahne flattert uns voran,
unsre Fahne ist die neue Zeit,
und die Fahne führt uns in die Ewigkeit,
ja die Fahne ist mehr als der Tod!«

Diesen Text musste ich keineswegs nachlesen, um ihn hier wiederzugeben. Ich wollte, ich könnte auch die mitreißende Melodie des Gesangs zu Gehör bringen, mit dem wir alle con brio in den Tod zu marschieren versprochen haben.

Was hat unsere Mutter gefühlt, die Mutter von Kindern, die untergehen und von einer Fahne in die Ewigkeit geführt werden wollten? Wir bemerkten nichts. Sie hatte ihre Vorarbeit längst geleistet. Wir wussten, dass das nur zum Singen da war und hatten gelernt, auf was wir hören mussten. Dass die Hitlerjungen und Hitlermädchen im höchsten Maße bei ihrer Ehre gepackt wurden, war eine Gegebenheit, die von aufmerksamen Eltern in gute Bahnen gelenkt werden konnte. Dieser Begriff erlaubt schließlich viele Auslegungen. So wäre es mir nicht entgangen, wenn sich zu Hause Unsicherheit und Angst breitgemacht hätten.

Das blinde Folgen sollte schon den jüngsten Nestflüchtern zur Gewohnheit gemacht werden. Und so war es ganz passend, dass die »Kindergruppe« für

Sechs- bis Zehnjährige gern als »Kükengruppe« bezeichnet wurde. Sie war eine Einrichtung der NS-Frauenschaft.

Im ersten Kriegsjahr kam ein Fräulein, das ich hier Braun nennen will, weil der Name schmeichelhafter als der wahre ist, zu uns nach Hause und überredete meine Mutter, mich zum Singen und Spielen in diese Junggeflügelgruppe zu schicken. So gut ich mir vorstellen kann, dass meine Mutter nichts dagegen einzuwenden hatte, mich einmal in der Woche aus dem Weg und beim Singen und Spielen zu wissen, soviel Ursache habe ich anzunehmen, dass sie ihr Einverständnis unter Druck gegeben hat. Es wird noch vieles von diesem Fräulein Braun zu hören sein, wonach mir da jeder zustimmen wird.

Fräulein Braun also hatte den Auftrag, die Küken unseres Viertels unter ihre Fittiche zu nehmen. Die netten Treffen fanden in der nahen Rosenau statt, in einem Eckhaus im Zwickel der nach Frankfurt und Wilhelmsbad führenden Landstraßen. Da war die Metzgerei Zeiss mit Gastwirtschaft und einem lauschigen Biergarten, wo man im grünen Licht unter dem Schirm hoher Platanen sitzen, genießen und herumtanzen konnte. Von diesen Kinderveranstaltungen habe ich nur Klingklang in Erinnerung. Aber das Gift wurde in geschickter Dosierung in unser Kükenfutter gemischt. Neben den Ringelroseliedern wurde unser offizielles »Kindergruppenlied« eingeführt. Das hörte man uns zum Abschluss jedes fröhlichen Beisammenseins schmettern:

»Wir sind die kleinsten Streiter
hinter dem braunen Heer,
wir sind deutsche Kinder
und lieben Hitler sehr!«

Die Ideologie war sicherlich an mich verloren, denn um zu zeigen, wieviel ich verstanden habe von den Absichten, die man mit mir und meinem Leben hatte, genügt es, ein kleines Missverständnis zu erwähnen: nämlich dass ich kleiner Streiter anstelle von »hinter dem braunen Heer« gesungen habe »hinter den Braunen her«.

Nicht unbedingt gegen meinen Willen hat meine Mutter die Teilnahme an der niedlichen streitbaren Grundausbildung durch Ausflüchte auf ein Minimum beschränkt, wenn auch mit lästigen Schwierigkeiten bei den Attacken, mit denen das Fräulein Braun sie verfolgte – und die bald zu einer ständigen Bedrohung unserer Familie werden sollten.

Einmal, da war der Krieg schon zu spüren, wurde ich zu meinem Erstaunen von der Mutter aufgefordert, an einem festlichen Kaffeenachmittag des Kinderstreitvereins teilzunehmen. Ich war verwundert, weil ich inzwischen alt genug war, mich ein wenig ärgern zu können darüber, dass bei solchen Anlässen trotz der Lebensmittelknappheit jedes Kind Kuchen mitbringen sollte – wir hatten schon lange keinen mehr bekommen –, und dass üblicherweise viele Braun-Damen aus anderen Ortsgruppen anwesend waren, die den Kuchen aufaßen.

Nur Frauen mit Kindern konnten die Zutaten für solches Gebäck aufbringen mit Hilfe der Sonderzulagen für die Kleinen. Aber meine Mutter blieb hart: »Du gehst da hin!« Noch erstaunter war ich, als mir aus diesem Anlass das schönste Kleid meiner Schwester übergezogen wurde: ein viel zu langes Hängerchen aus bläulicher Seide, die mit rosa Röschen bestreut war. Ich habe ein Foto, auf dem Lottchen es trägt. Es war mit Volants geschmückt und hatte einen auffallend großen Halsausschnitt, ein sommerliches Dekolleté, das etwas ganz Neues für mich war.

»Was für einen schwarzen Hals du hast – wie soll ich den nun sauber kriegen?!« Ich war sprachlos. Aber bald fing ich an, stimmstark zu jammern. Meine Mutter presste heraus, dass einem solchen Hals nur mit Benzin beizukommen sei. Die Flasche mit dem chemischen Reinigungsstoff stand schon bereit. Ich heulte vor Schmerzen, als meine Haut mit diesem Zeug röter und röter gerieben wurde. Schließlich bekam ich »Schnecken« frisiert. Das waren über den Ohren aufgewickelte Zöpfe, die meine Mutter mir sonst nur machte, wenn ich zu einem Kindergeburtstag eingeladen war. Wie ein Krebs sah ich aus, und die Schmerzen am Hals ließen nicht nach. Warum hatte sie nicht die neue Seife genommen? »Hörst du, wenn jemand dich fragt, warum dein Hals so rot ist, dann sagst du, dass wir keine Seife hatten, und dass du darum mit Benzin gereinigt werden musstest! Vergiss das nicht! Mit Benzin, weil wir keine Seife hatten!!«

Ich wurde gefragt von allen ohne Ausnahme. Es muss so entsetzlich ausgesehen haben wie es weh tat. Zusätzlich gab es abfällige Bemerkungen von den Damen, weil ich keinen Kuchen mitgebracht hatte – obwohl sie noch Berge mit nach Hause nehmen konnten. »Haben sie gefragt?« »Ja, und wie.« »Das ist gut.«

Zunächst nur wegen des geschundenen und noch tagelang aufgeriebenen Halses blieb mir die Geschichte in lebhafter Erinnerung. Später gesellte sich dazu die Verwunderung über das ungewohnt rabiate Vorgehen meiner sonst so zärtlichen Mutter. Das Allermerkwürdigste bei der Sache war aber, dass mein Vater ein überzeugter Gegner der Benutzung von Seife war. Körperflächen einschließlich des Gesichts durften wir gar nicht mit Seife waschen. Was war es, das meine Mutter da hatte demonstrieren wollen?? Einen Hinweis sehe ich nur darin, dass nach dem Krieg schaurige Dinge über die Herkunft der uns damals plötzlich reichlich zugeteilten Seife gemunkelt wurden.

»Wenn sich einmal an uns rächt, was wir da in Polen machen, dann Gnade uns Gott.« Das hatte Herr Brauburger, ein Polizist, der mit seiner Familie uns gegenüber wohnte, einmal zu meiner Mutter gesagt. Es war das einzige dieser Art, was mir zu dieser Zeit zu Ohren gekommen ist. Auf alle Fälle wurde das Verhältnis zwischen dem Fräulein Braun und meiner Mutter immer gespannter und – gefährlicher.

Meine Schwester, das couragierte Sportmädchen, passte natürlich zu dem kraftstrotzenden Hitlerjugend-Verein wie dafür geschaffen. Toll sah sie für mich aus, das aufgeschossene Lottchen, mit der knappen BDM-Jacke. Alles dort kam ihrer körperlichen und musischen Natur entgegen. So hatte sie auch eine verhältnismäßig gesunde Beziehung zu den Leistungen, die ständig erbracht werden mussten, und die für manches Mädchen eine Qual gewesen sein mögen. Trotzdem war sie diejenige in unserer Familie, bei der die Gefahr, durch Kritik auf sich und die Eltern aufmerksam zu machen, am größten war. Denn sie hatte nicht nur die Erziehung ihres an Aufrichtigkeit gemahnenden Vaters genossen, sondern auch (fast) dessen gesamtes genetisches Muster in jede Zelle gepflanzt bekommen. Unverblümt war sie gewohnt, ihre Meinung von sich zu geben. Und selten konnte man daran rütteln, dass sie recht hatte. So habe ich sie ungeniert, mit dem ihr eigenen Schwung, lauthals über fanatische BDM-Führerinnen herziehen hören. Das Reichswerk »Glaube und Schönheit«, dem Mädchen mit siebzehn Jahren beitreten und allem Drill entgehen, sich pflegen und sich als Reigen tanzende arische Elfen vorzeigen konnten, war eine beliebte Zielscheibe für ihren Spott. Ich erinnere mich nicht, ob neben Sportabzeichen die »Schnur« einer Führerin Lottes Uniform geziert hat. Erpicht auf ein Amt war sie mit Sicherheit nicht. Soviel weiß ich, die ich allmählich vom Püppchen zu ihrer kleinen Zuhörerin und Vertrauten avanciert war. Bei ihr wäre es auch kein Wunder gewesen, wenn sie es vorgezogen hätte, nach der Jungmädelzeit ein einfaches BDM-Mädchen zu werden, anstatt eine führende Rolle in der Gruppe zu spielen. Jedenfalls wird man im Verlauf der Geschehnisse unser Lottchen noch kennen lernen.

Im nationalsozialistischen Jargon sprach man nicht von Mädchen, sondern von Mädeln, was natürlich viel besser zu den volkstanzenden zukünftigen Soldatenmüttern passte.

Der »Bund Deutscher Mädel«, kurz BDM, war aufgegliedert in: Mädelschaft (10 bis 15 Mädchen), Mädelschar (30 bis 50 Mädchen), Mädelgruppe (120 bis 180), Mädelring (500 bis 600), Untergau (bis zu 4000 Mädchen). Entsprechend war die Aufteilung der Jungmädel, der Zehn- bis Vierzehnjährigen. Bei der Hitlerjugend, kurz HJ genannt, für die vierzehn- bis achtzehnjährigen Jungen, galt zahlenmäßig dieselbe Aufteilung: Kameradschaft (10 bis 15 Jungen), Schar, Gefolgschaft, Stamm und Bann. Das Jungvolk der zehn- bis vierzehnjährigen Jungen wurde in Jungenschaft, Jungzug, Fähnlein, Jungstamm und Jungbann unterteilt.

Die führenden Positionen gingen prinzipiell an zweckdienlich ausgesuchte Jugendliche, die wenig älter als ihre Untergebenen waren. Zur eindeutig vormilitärischen Ausbildung konnten Hitlerjungen sich für spezielle Waffengattungen melden, zum Beispiel zur sehr beliebten Motor-HJ, bei der man Motorradfahren und den Umgang mit Motoren lernte, auch den Führerschein erhielt. Bei der Flieger-HJ gab es den Segelflugschein, und man erlernte die Wartung von Motorflugzeugen. Die Marine-HJ bot Seefahrtskunde und die Schulung auf alten Dampfern und Segelschiffen. Des weiteren gab es die Luftschutz-HJ, die Feuerwehr- und Reiter-HJ sowie eine Nachrichten-HJ, bei der man im Funk- und Fernmeldewesen ausgebildet wurde. Wenn das einen Jungen nicht reizen konnte! Alle Uniformen waren jeweils denen der entsprechenden Kampfgruppen angepasst.

Als ich in die vierte Klasse ging – die für Hanau-West zuständige Bezirksschule IV befand sich in Kesselstadt –, bemerkte ich, dass ich anfing, bei vielen

Auf dem Paradeplatz: Hans mit seinem 'Fähnlein' beim Abmarsch zur »Nordmarkfahrt« 1938. Im Hintergrund das Kaufhaus Wronker-Hansa.

unserer Jungen ein besonderes Ansehen zu genießen. Es ist bedauerlich, dass ich mich da keines eigenen Verdienstes rühmen kann, aber stolz war ich doch, nämlich auf meine Brüder. Die meisten der Mitschüler hatten schon das zehnte Lebensjahr erreicht und waren also zum Jungvolk gekommen. Für den Doppelbezirk Musikerviertel-Kesselstadt war Hans der Fähnleinführer. Gerhard war Jungzugführer meiner an der Schwelle ihres Hitlerlebens stehenden Mitschüler.

Was hatte ich da stolz zu sein? Viel. Denn, so haben sie es mir jedenfalls gesagt, meine Kameraden verehrten meine Bruder Hans für ein Verhalten, zu dem damals sehr viel Mut gehörte. Die vorgeschriebenen Dienstzeiten waren einheitlich im Deutschen Reich der Mittwoch- und für Sport und Exerzierübungen der Samstagnachmittag. Mehr und mehr wurde es aber so eingerichtet, dass am Sonntagmorgen Sportwettkämpfe oder Aufmärsche stattfanden, genau darauf berechnet, den Jugendlichen den Kirchenbesuch unmöglich zu machen. Man muss diese Zeit vielleicht selbst erlebt haben, um ermessen zu können, was es bedeutete, wenn ein Fähnleinführer den Befehl umging und seine Pimpfe von diesen Diensten befreite, damit sie zum Gottesdienst gehen konnten. Das hätte böse ausgehen können. Aber die Zeit des Jungenlebens ging da für Hans schon zu Ende, und keiner der guten Buben scheint ihn verpetzt zu haben.

Obwohl auf seiner Brust diese und jene bunten »Schnüre« baumelten und »Winkel« seine Ärmel zierten, lief bei Hans alles wesentlich geräuscharmer ab als bei seinem jüngeren Bruder. Als der Musterschüler, der er war, hatte er keine Ursache, großen Lärm zu machen, und Pflichterfüllung schien keine große

Anstrengung für ihn zu sein. Unmut über den Drill und das Kämpfensollen war ohne Zweifel da, und seine Mutter wüsste darüber wohl mehr zu berichten als ich. Da spürt man sicherlich die Lücke von acht Jahren, die zwischen uns Geschwistern klaffte. Nur seine Grundhaltung kannte ich gut.

Aber Hänschen hatte auch seine persönliche Variante, die Dinge des Lebens zu betrachten, nämlich seinen verschmitzten Humor. Der war unwiderstehlich. Eine trockene Bemerkung von ihm konnte wie der Blitz einschlagen und alles zum Lachen bringen, während er ernst, mit weise hochgezogenen Brauen dabei saß und nur in einem versteckten Augenwinkel der Schalk glitzerte. Auch er war sensibel und verletzlich, das wusste er aber zu verbergen. Und er war selbstbewusst. Bedeutend besonnener und freilich auch über den Stand der Dinge informierter als sein kleiner Bruder, ging er ohne großes Aufheben auf das Unvermeidliche, das bevorstehende Soldatenleben zu.

Warum hat keiner »Nein!« gesagt?

Wie unvermeidlich war das alles?
>»Die gesamte deutsche Jugend ist außer in Elternhaus und Schule in der Hitlerjugend körperlich, geistig und sittlich im Geiste des Nationalsozialismus zum Dienst am Volk und zur Volksgemeinschaft zu erziehen.«
(Aus dem Gesetz über die Hitlerjugend von 1936)
»Der kleine Hitlerjugendführer ist zugleich politischer und wehrmäßiger Träger seiner Idee. Er ist seinen Kameraden Verkünder der nationalsozialistischen Lehre; aber er ist außerdem noch in gleicher Person ihr Anführer im Kampf. Er ist in seinem Kreis der geistig und körperlich Fähigste.«
(Forderung Baldur von Schirachs an die Hitlerjugendführung)
»Ausgesuchten Hitlerjungen wird die Kontrolle über die Einhaltung der Jugenddienstpflicht und über das Freizeitverhalten der Jugendlichen übertragen. Arreststrafen werden ohne Gerichtsverfahren vollzogen.«
(Einrichtung des Streifendienstes der HJ, der HJ-eigenen Polizei, Entwurf von 1934)
»Die Aufgaben des Streifendienstes werden denen der SS (Sturmschar) gleichgesetzt, und er arbeitet mit der Gestapo (Geheime Staatspolizei) zusammen.«
(Abkommen Schirach/Himmler 1938. Der Streifendienst war als Nachwuchs für SS, Totenkopfverbände und Wachmannschaften der Konzentrationslager vorgesehen).
»Gefängnis und Geldstrafe für jeden, der einen Jugendlichen vom Dienst in der HJ abhält.«
(Verordnung Adolf Hitlers 1939)
»Und sie werden nicht frei ihr ganzes Leben!«
(Schlusssatz der Rede Adolf Hitlers über sein Erziehungsprogramm in Reichenberg 1938)

»Wieso haben die dummen Eltern das alles mitgemacht?? Warum hat nicht einfach einer Nein gesagt?«

Das System dieser geschichtlichen Periode war so simpel wie brutal. Man brauchte nur das Unterste nach oben zu kehren, so einfach ist das. Die diktatorisch Regierenden und Verantwortlichen hatten nur die kleinsten Menschen, wie es sie überall gibt, zu den Großen zu machen. Der Rest der Menschheit lebte in Todesangst vor den bewaffneten, den keulenschwingenden im Kopf und im Herzen Kleinsten. Bauernschläue, Fanatismus und Brutalität gediehen in einer Treibhausschwüle, die jeder fühlte. Unsere Welt war voll von kleinen Gernegroßen, die eine große Zeit hatten und danach wieder klein waren.

Man wird leicht erkennen, dass ich hier nicht von den großen Interessen spreche, die hinter Politik und Kriegen stehen, sondern von der Beobachtung eines Mädchens, das in die Nazizeit hineingeboren wurde, das bei Ausbruch es Zweiten Weltkriegs sieben und bei dessen Ende zwölf Jahre, an Erfahrung aber uralt war. Wie hat man die Menschen kennen gelernt! Es hat sie gegeben, wie wir wissen, die Unerschrockenen, die »Nein!« gesagt haben. Sie können sich nur nicht mehr dazu äußern, weil sie hingerichtet oder in Konzentrationslagern langsam ermordet worden sind. Allein, was Jugendliche betrifft, haben wir an Tausende zu denken, die, namenlos für uns, die Gräueltaten in Jugendstraflagern erlitten haben, die erschossen oder ohne Prozess öffentlich erhängt worden sind.

»Kristallnacht«

Wer, so wie ich, im Dunkeln gelassen wurde über die grauenhaften Vorgänge, der spürte doch den Horror, der hinter dem Stillschweigen ringsumher schwelte. Dieses dumpfe Schweigen war so allgemein, dass ich glaubte, es müsse so sein im Leben. Meine Mutter brauchte mir nicht zu erklären, warum ich nichts, ja nichts, absolut nichts von Dingen, über die ich zu Hause sprechen hörte, draußen wiedergeben sollte. Sie brauchte es nicht zu erklären, weil ein Kind von Entsetzen gezeichneten Ernst von einer gewöhnlichen Mahnung wohl unterscheiden kann.

Schrecken und Entsetzen im Gesicht meiner Mutter nahm ich zum ersten Mal wahr, als ich sechs Jahre alt war. Sie kam hereingestürzt und rief meinem Vater zu: »Die Synagoge brennt!!« Dann wurde ich in mein Zimmer geschickt. Außer dem unvergesslichen Aufschrei meiner Mutter habe ich da nichts erfahren. Nur die allgemeine Totenstarre in unserem ganzen Umkreis war zum ersten Mal zu spüren. Heute kennen wir alle Einzelheiten. Nicht nur die Synagoge in Hanau brannte. Der 10. November 1938 war die Nacht des Reichspogroms, die »Kristallnacht«, auch in unserer gemütlichen Stadt Hanau. Das gigantische Inferno ist weltweit bekannt.

Wie gemütlich war es eigentlich noch in unserer Stadt? Ich taste mich weiter zurück. Im Januar 1933 ernannte Hindenburg Adolf Hitler zum Kanzler. Aus der

Anordnung der NSDAP vom März: »In jeder Ortsgruppe und Organisationsgliederung der NSDAP sind sofort Aktionskomitees zu bilden zur praktischen, planmäßigen Durchführung des Boykotts jüdischer Geschäfte, jüdischer Waren, jüdischer Ärzte und jüdischer Rechtsanwälte. Grundsatz: Kein Deutscher kauft mehr bei einem Juden.« Ich weiß aus späteren Berichten, dass in den folgenden Monaten SA- und SS-Männer vor jüdischen Geschäften, Praxen und Kanzleien Posten bezogen und in einer Form zum Boykott aufgefordert haben, die alle Kaufwilligen oder Klienten in kalte Angst versetzte als eine Bedrohung, ein bis dahin noch unbekannter Machtmissbrauch. Die Kontrolleinheiten gingen so weit, Fotos zu machen von Personen, die den unerhörten Geboten zum Trotz eines der dem Ruin geweihten Unternehmen betraten. Wer sich über die Boykottanordnung hinwegsetzte, musste mit Repressalien aller Art, finanziell, beruflich, die Familie betreffend, rechnen.

Ich habe vor mir die lange Liste der verfolgten Juden in Hanau. Sie repräsentieren einen erheblichen Teil der öffentlichen Institutionen: Inhaber der gängigsten Geschäfte, Anwälte, Ärzte, Bankiers, Industrieunternehmer. Diese Namen gehörten zu unserem täglichen Leben. Viele der Geschäfte gingen sofort zu Grunde. Bereits im August 1933 gingen unsere beiden großen Warenhauskonzerne, die Tietz und die Wronker AG, »in christliche Hände« über und hießen fortan Kaufhof und Hansa. Zu dem Haus Tietz hatten wir eine ganz persönliche Beziehung. Das Gebäude war erst 1929 in der Nürnberger Straße errichtet worden; der Kommentar des *Hanauer Anzeigers* vom 25. April 1929 existiert noch. Darin kommt enthusiastischer Stolz auf diese neue Errungenschaft der Stadt zum Ausdruck. Der Bau wird als »Zierde für Hanau« und als »Magnet für Fremde« bezeichnet. Den architektonischen Entwurf hatte mein Vater gemacht. Auf einem kleinen Blatt, kaum größer als eine Heftseite, war die Skizze mit Bleistift hingeworfen, genau so, wie das Gebäude mit seinem rundturmartigen Eckteil sich dann präsentierte. Der besondere Stolz des Zeichners bezog sich darauf, dass es sich um ein Minutenwerk gehandelt hatte und bei der Ausarbeitung des Inneren nichts vom Äußeren abgeändert werden musste, wie er mir später erklärte. Oft habe ich das kleine Blatt gesehen. Auch die »moderne Eisenkonstruktion« wird hervorgehoben – ich habe sie noch bewundern können, als die Ruine einsam in den Trümmern stand. Fast zwei Drittel der Namen unserer Mitbürger, die sich auf der langen Boykottliste finden, sind mir heute noch geläufig als ein Teil des Vokabulars, das ich täglich zu Hause gehört habe. Das erwähne ich deshalb, weil ich 1933 gerade ein Jahr alt geworden bin, und weil es um unsere Geschäfte und um Persönlichkeiten ging, die trotz immer neuer Anfeindungen noch für mehrere Jahre irgendwie existieren konnten. Laut und deutlich auch blieb für meine Mutter Kaufhof Tietz und Hansa Wronker. Das war nicht gerade viel, was Röschen zur Menschlichkeit beitragen konnte. Aber es geht hier ja um unsere kleine Geschichte. Und es geht auch darum, dass dasselbe Zeit war wie unsere Kinderjahre, die ich auf vielen Seiten beschrieben habe – Jahre, in denen unsere Mutter ganz andere Dinge im Kopf hatte, als wir glaubten.

Das Kaufhaus Tietz in der Nürnbergerstraße/ Ecke Hirschstraße, 1929

Schellenbäume und Kasernen

Zu unserem jetzt recht friedlichen Wohnviertel gehörte damals eine spezifische Geräuschkulisse. Wo sind die geschwätzigen Spatzen geblieben, die mit schrillen Chorgesängen der Nachtruhe ein frühes Ende machten? Dann war da die nahe Bahnlinie, auf der die langen Güterzüge mit Höllenlärm über die unebenen Schienen holperten. Auch das Puffpuff der Dampflokomotiven und den Heulton, mit dem sie ihre Ankunft kund taten, konnte man nicht überhören. Wenn der Wind es zu uns hertrug, konnte man auch ein dumpf aus der Ferne kommendes »Huuh« vernehmen. »Hörst du die Mainkuh?«, fragte meine Mutter dann geheimnisvoll. Was habe ich mir nicht für Vorstellungen von diesem Tier gemacht! Nun, es waren die Signale der Dampfer, und die »Mainkuh« war ein Schiffsrestaurant, wie ich jetzt mit Vergnügen erfahre. Auf der Adolf-Hitler-Straße kreuzte die »Hanauer Knochemühl«, unsere Trambahn, die zwischen Innenstadt und Beethovenplatz hin und her fuhr. Das Quietschen, Rattern und Bimmeln dieses Fahrzeugs kann sich nur vorstellen, wer es selbst gehört hat. Kaum eine Rolle spielten dagegen Autos.

Schleichend haben sich schon früh in unsere Kinderlustbarkeiten Reize gemischt, die manchmal wahre Knüller waren. Wie bin ich mit meinem Freundeklüngel losgerannt, wenn man in der Ferne erst dumpf, dann immer deutlicher das Bum – Bum – Bumbumbum hören konnte! Nach und nach kam dazu ein helles Geklingel und Gerassel, bis man schließlich die Marschmusik erkennen konnte. Da musste man aber schon im Trab an der Adolf-Hitler-Straße angekommen sein, wenn man den Vorbeimarsch der »Braunen«, der Sturmabteilungen (SA), miterleben wollte. Die Adolf-Hitler-Straße verlief parallel zu unserer, und sie war das, was einmal die Hochstädter Landstraße mit Röschens erstem Elternhaus gewesen ist. Jetzt war sie eine beliebte Zeile für Machtprotz und Säbelgerassel. Meistens bewegte sich die Marschkapelle vom Paradeplatz bis zum Beethovenplatz.

Wie toll war das! Die Luft scheppterte vom Gewirbel der kleinen Trommeln, den dumpfen Schlägen der großen Trommel, die von einem allein marschierenden dicken Mann mit Trommelbauch getragen und mit weit ausholenden Armbewegungen geschlagen wurde. Dazu das Blechgetute. Wenn dann schrill die Pfeifen einsetzten, war es endgültig um den Verstand eines normalhörigen Kindes geschehen. Eine Attraktion war der silbrige Schellenbaum mit Klängen zwischen Papagenoglöckchen und Kathedralengeläut, das einer mühsam trug. Aber das Imponierendste für mich war und blieb der Tambourmajor! Wie der seinen meterlangen, dicken, goldblinkenden, mit buntem Flatterkram behängten Maxitaktstock durch die Luft schwenkte, wie er so vor der ganzen Kolonne her marschierte, das war einfach das Größte. Es folgte der Zug der Fahnenträger mit rotem, hakenkreuzgeschmücktem Geflatter an langen Stangen, gelegentlich ein Reitertrupp, die Motorstaffel und was sonst noch alles. Jede Woche fand da irgend ein Marschieren und Lärmen statt. Das Hinlaufen wurde mir bald von meiner Mutter ausgeredet. Ich verstand das zwar nicht, aber es gab keine großen Widerstände. So ganz wohl, wie man meinen sollte, war mir nämlich auch nicht bei dem Anblick, der sich da bot. Die SA-Männer, die sich in ihren einheitlichen Uniformen mit zylindrischen Schildkappen, den Sturmhauben, wie leblose Automaten im Gleichschritt fortbewegten, waren mir unheimlich. Das Schlimmste für mich, merkwürdigerweise, war der Riemen, der schräg um Wangen und Kinn geführt war und den Aufsatz festhielt. Diese schrägen Lederstreifen erzeugten den Eindruck, dass alle dasselbe Gesicht hätten. Und das hatten sie auch!

Unwohl war mir auch, wenn die Männer zu singen anfingen. Das klang ja nicht wie bei den Don-Kosaken. Es war etwas Schauriges dabei, etwas, das an ein vielköpfiges brüllendes Untier denken ließ. Ganz anders war es, wenn die Fanfarenzüge, die Spielmannszüge der Hitlerjungen mit ihren schönen Landsknechtstrommeln kamen! Das sah fröhlich aus, und es wehte ein frischer Wind von Lebenslust. Nicht nur die Kinder liefen in die Stadt, auf den Parade- oder den Marktplatz, wenn dort nicht etwa eine Dampflok zum Anstaunen und Herumklettern aufgestellt wurde, sondern ein dicker Panzer mit Bordkanone, ein altes U-Boot oder die »Dicke Berta«, die den größten Anklang fand. Die »Berta« war eine Kanone mit einem Kaliber von drei Kartoffelsäcken. Wiederholt habe ich mir vorzustellen versucht, wie sie schießt. Ich glaube aber, es war nur ein Schaustück. Später hat man eine größere Schwester aufgestellt, mit dünnerem Schlund, aber so entsetzlich langem Hals, dass ich bei ihrem Anblick von Angst gepackt wurde.

Lustiger waren da schon die Gulaschkanonen, die fahrbaren Kochkessel mit Ofenrohr für die Feldzüge. Da durfte man ein Näpfchen mitbringen und ordentlich zuschlagen, wenn auch schon bald das Gulasch anfing, eher wie Rüben auszusehen und auch so zu schmecken.

Mit großen Paraden wurde bei jeder Gelegenheit Stimmung gemacht. Es marschierten nicht nur die SA und die schauerliche schwarze Totenkopf-SS auf, sondern auch das Militär, von dem es in Hanau, der alten Garnisonstadt, genug gab. Im Verlauf des Ersten Weltkriegs warteten am Rand unseres Städtchens 190 000 Mann auf das Losschlagen – ein bemerkenswerter Rekord.

Die Soldaten in ihren grünen Uniformen hatten aber wenigstens etwas Menschliches an sich. Nur wenn es zum »Stechschritt« kam, wurde ich wieder von einem Schauer befallen. Aber alles war ja musikverbrämt und mit dem Zuckerwasser der Euphorie übergossen. Da war ich nicht die einzige, die den Wortlaut der Gesänge außer Acht ließ. Das »Deutschlandlied« mit Joseph Haydns zu Herzen gehender Festlichkeit hält anscheinend jedem Gebrauch stand. Man verliert den Boden unter den Füßen, wenn man es hört. Man kann nicht danach marschieren, das war das Beste.

»Deutschland, Deutschland über alles,
über alles in der Welt,
wenn es steht zum Schutz und Trutze,
brüderlich zusammenhält.

Meine Eltern genießen auf dem Beethovenplatz die vom Militär ausgegebenen Leckerbissen.

Von der Maas bis an die Memel,
von der Etsch bis an den Belt,
Deutschland, Deutschland über alles,
über alles in der Welt.«

Zur Vervollständigung der Hymne musste später grundsätzlich das Horst-Wessel-Lied angeschlossen werden, zu dem marschiert werden konnte:

»Die Fahne hoch,
die Reihen fest geschlossen,
SA marschiert
mit ruhig festem Tritt.
Kameraden, »die« Rotfront
und Reaktion erschossen,
marschieren im Geist
in unsern Reihen mit.«

Gewalt im Tränengewand. Da es sich hier um meine Erinnerungen handelt, will ich anmerken, dass ich den Sinn dieses Liedes nie erfasst habe, weil die stärkste Betonung, der Höhepunkt der Komposition auf »die« lag. Und wer hatte wen erschossen? Die Hauptsache aber war ja, dass wir aus vollem Halse sangen.

Eine der wenigen Gefälligkeiten unserer Parteiführung war die Einrichtung der Volkswohlfahrt »Kraft durch Freude«, kurz KDF genannt. Ihr hatte unsere Mutter in zwei Sommern das damals ungewöhnliche Erlebnis zu verdanken, eine Schiffsreise an den norwegischen Fjorden entlang zu machen. Offenbar gab sie nicht viel darauf, dass sie darüber aus den Augen verlieren sollte, was man mit ihren Kindern machte. Sie hatte ihre Freude und kam mit der Kraft zurück, die sie im Hinblick auf ihre Kinder dann auch brauchte.

Singsang neben Spitzelwesen

Unversehens wurde auch ich kleinste Streiterin, die hinter den Braunen her war, zum Jungmädel. Wie es sich mit meiner Reife für den vormilitärischen Dienst verhielt, ist eine andere Frage. Mit der erforderlichen »Hitlerliebe« hatte ich keine Probleme. Ich war eine treue Anhängerin des Führers, denn sein allgegenwärtiges Bild zeigte etwas mir sehr Vertrautes: das Oberlippenbärtchen. Das meines Vaters verlief zwar fein und quer unter seiner Nase entlang, aber immerhin: Bärtchen ist Bärtchen.

In einer abgelegten BDM-Bluse meiner Schwester wurde ich von meiner gegen solche Sachen schon abgehärteten Mutter ohne großen Kommentar zum Altstädter Markt eskortiert: Alle deutschen Mütter von Zehnjährigen brachten an diesem Apriltag dem lieben Führer ihre Kinder freudig als Geburtstagsgeschenk dar. An das Antreten, Abzählen – eins zwei, eins zwei –, waren wir Sportkinder schon gewöhnt. Da war das Zweiundzweimarschieren keine große Sache mehr. Reechts – um! Im Gleichschritt – Marsch! Links, links, links zwo drei vier – das war die ganze Kunst. Wir mussten irgendetwas nachplappern, und unsere Mädelschar wurde in Mädelschaften von Zehnen aufgeteilt. Die Mütter wurden heimgeschickt, und wir hatten grässliche Angst. Nach fünf Minuten waren wir aber die begeistertsten Hitlermädel, die unser Führer sich nur wünschen konnte. Mein Häuflein wurde einer Schaftsführerin zugeteilt, die wir unheimlich goldig fanden, und das war sie auch: ein rotbackiges Mädchen mit fröhlichen hellblauen Augen und krausem braunen Haar, das zu kleinen Zöpfen geflochten war. Sie hieß Inge. Sie setzte sich mit uns in den Schlossgarten, und ehe der »Dienst« herum war, hatten wir drei kleine volksnahe Liedchen gelernt.

>»Hätt i di, hätt i di,
>hätt i di ja hollaria,
>hab i di, hab i di,
>hab i di ja ho!«

Und so ging das weiter. Ich war in die Sing- und Spielschar eingeteilt worden. Wir sangen unsere treudeutschen Volksweisen und lernten Tänze tanzen – nur die Dorflinde fehlte noch. Regelmäßiges Sporttraining – im Trikot, mit dem Hakenkreuz im Rautenzeichen auf der Brust – gehörte natürlich auch dazu. Das meiste spielte sich auf dem Sportplatz von Wilhelmsbad ab. Bei einer feierlichen BDM-Veranstaltung im Großen Saal des Wilhelmsbader Kurhauses sollte ich ein Gedicht aufsagen. Meine Schwester hatte Tage gebraucht, um das Unverständliche in meinen Kopf hineinzubringen. Jedenfalls war alles wieder draußen, als ich auf einem hohen Hocker vor der erwartungsvoll verstummenden Menschenmenge stand. Ein anderes Mädchen hatte gerade ein Gedicht gelernt, und so wurde sie dann auf den Stuhl gestellt. Soweit meine Karriere bei der Hitlerjugend.

Die Giftmischerei ging allerdings weiter beim fröhlichen Herummarschieren am Sonntagmorgen.

»Es zittern die morschen Knochen
der Welt vor dem großen Krieg.
Wir haben den Schrecken gebrochen,
für uns war's ein großer Sieg.
Wir werden weiter marschieren,
wenn alles in Scherben fällt,
denn heute, da hört uns Deutschland
und morgen die ganze Welt!«

Das habe ich aus voller Kehle zum Gleichschritt in die Morgenluft geschmettert!

Nun wird es höchste Zeit, genauer zu erklären, warum das alles so an mir vorbeigeglitten ist, ohne mich zu berühren. Ich hatte mich längst daran gewöhnt, dass auf der Lebensbühne ein Teil der Handlung vor und ein Teil davon hinter dem Vorhang spielte. Dazu hatte ich auch das Gespür dafür entwickelt, welche von den Menschen, mit denen ich zusammenkam, dasselbe Theaterleben führten, und das waren fast alle. Ich wusste auch, was weder vor noch hinter dem Vorhang, mit wem auch immer, gesprochen werden durfte. Ich wusste, wo man sich hüten musste. Wegweiserin war meine Mutter, von der ich instinktiv lernte, was ich lernen musste, wie der Hase das Flüchten lernt, ohne die Gefahr zu kennen. Als ich anfing, selbst mehr und schließlich vieles zu verstehen, da war ich schon sicher in meiner stummen Rolle.

Röschen hat sich sehr wohl gehütet, mich aufzuklären und mir meine Unschuld zu nehmen im allgemeinen Doppelspiel. Da war sie nur eine der vielen Mütter, die diese Erziehungsakrobatik beherrschen mussten. Alle meine Freunde waren ebenso weise Schweigekünstler wie ich. Schließlich ging es ums Überleben der Familie, um Selbsterhaltung, und wir fühlten das.

Ein vertrautes Bild, das uns durch die Kriegsjahre begleitete, kam uns an jeder Litfasssäule, an jeder Plakat- oder freien Hauswand entgegen: der große, schräg einfallende Schatten eines vermummten Mannes und die Aufschrift: »Psssst! Feind hört mit!«

Nicht ohne ein leichtes Missverständnis war für mich der mithörende Feind Nummer eins das Fräulein Braun, die Kükenhenne, die sich längst nicht mehr aufs Gackern beschränkte. Im Übrigen habe ich nichts gegen Hühner.

Ich weiß, dass es sehr viele Familien gegeben hat, auf die trotz ihrer kritischen Einstellung die Hyänen nicht aufmerksam wurden. Ja ich glaube sogar, dass es ganze Ortschaften oder Ortsteile gab, in denen sich nicht einmal ein Fuchs fand, der Lust hatte, eine Beute zu finden. Bei uns war das anders. Die Hyänen, die kleinen Gernegroßen waren präsent, und unsere Familie wurde von Anfang an umschlichen, beobachtet, beschnuppert und belagert. Es ging schließlich um einen Mann, dessen man sich nicht gewiss war, und um vier dem großen Kampf entgegenturnende Kinder. Die auf uns Angesetzte war das Fräulein Braun. Sie war unser »Blockwart«. Was es offiziell in unserer Gegend zu warten gab, habe ich nicht ausdrücklich erfahren und wahrscheinlich auch sonst niemand. Man wusste Bescheid. Und sie wusste Bescheid über meinen Hals und die Provokation, die meine Mutter sich erlaubt hatte. Immer und immer wieder stand sie bei uns vor der Tür und schellte Sturm. Wenn aufgemacht wurde, kam sie unaufgefordert im Schuss herein und setzte sich ins Zimmer meines abwesenden Vaters. Da blieb sie und war nicht wieder loszuwerden. Diese Frau betreffend hatten wir die Anweisung, schnellstens hinauf ins Zimmer abzuziehen. Alles stand still, solange ihr Besuch anhielt. Meine Mutter war in der Regel rot im Gesicht und vollkommen erschöpft, wenn sie die gefährlichen Frage- und Bearbeitungsstunden hinter sich gebracht hatte. Von ihrer Regel, uns von Konflikten fernzuhalten, ist sie einmal in einer Anwandlung von Übermut abgewichen. Sie und ich waren allein im Haus und draußen bearbeitete sie die Schelle, Fräulein Braun. Sie trat zurück auf die Straße und rief: »Machen Sie auf! Sie sind zu Hause, Ihr Fenstervorhang hat sich bewegt.« Röschen sagte daraufhin: »Weißt du was? Du machst jetzt die Tür auf und sagst, es wäre sonst niemand da, und du dürftest niemanden hereinlassen.« Für den Fall, dass das nicht klappte, versteckte das kindische Röschen sich in dem Wust an der Mantelwand. Es klappte. Kaum hatte ich die Haustür zugeworfen, als meine Erzieherin hervorkam und in ihr Lachen ausbrach. Ihr Lachen, bekanntlich, durchschlug Fenster und Türen. »Das darfst du aber nicht wieder machen!«, sagte sie nicht ganz folgerichtig, immer noch prustend vor Vergnügen. Ich war beleidigt, ernstlich beleidigt. »Immer sagt ihr, dass man nicht lügen soll! Und jetzt - auch noch vor anderen Leuten!« Ich war wirklich sehr getroffen. Aber solche Scherze wie Versteckspielen konnte sich unsere Mutter bald nicht mehr erlauben.

Von dem Fräulein Braun habe ich zwar kein Foto, aber von ihrem Dackel Molly. Der grüßte mit »Heil Hitler«. Unsere Nachbarin Toni Wagner, eine Amateurfotografin, hat den vierbeinigen Nazi geknipst, wie er vor dem kleinen Fränzel Brauburger stramm steht und die rechte Pfote zum »Deutschen Gruß« erhebt. Das hinreißende Bild wurde prämiert und in einer Zeitschrift veröffentlicht.

»Heil Hitler!« Fränzel Brauburger mit dem vierbeinigen Nazi. Das Bild wurde seinerzeit prämiert.

Unsere schöne Stadt

Einschneidender als die Eingliederung in des Führers Kinderheer war in diesem Jahr für mich der Wechsel von der Kesselstädter Volksschule auf das Lyzeum in der Steinheimer Straße, das längst die Schule meiner Schwester war und einst auch die meiner Mutter.

Neu war, dass ich genauer mit unserer Stadt bekannt wurde, nach den Jahren im urbanen Abseits am grünen Rand. Irgendwie waren die Wege früher weiter als heute. Die Trennungslinie bildete unsere reizend mit Buschwerk überhangene Kinzig. Über die Brücke war ich bisher nur bei unserem Kirchenrennen gekommen, nach und nach bei den militärischen Veranstaltungen auf dem Paradeplatz. Vor allem befanden sich gleich jenseits der Brücke zwei wichtige Institutionen: In einem Eislädchen konnten Ottmar und ich mit freudigem Herzklopfen Himbeereis für fünf Pfennige erstehen. Das lief schneller unten aus dem Waffeltütchen, als man oben lecken konnte. Und da war »der Ruppel«, nicht wegzudenken aus der Hanauer Jugend- und Kinderwelt! Bei ihm lagerten unsere kaputten Fahrräder in Haufen übereinander und konnten kaum so schnell repariert werden, wie sie einen Platten bekamen oder sonstwie in die Brüche gingen.

Mit dem Fahrrad juckelte ich jetzt jeden Morgen über den alten Steinbogen, schließlich durch das heiter barocke Frankfurter Tor mit seinem kleinen Dachreiter und dem Hütchen: aus rotem Sandstein erbaut, wie sich das für ein echtes Hanauer Bauwerk gehört.

Ich lernte die ungleichen Schwestern, Altstadt und Neustadt, zu unterscheiden. Zwei getrennte Welten, die aufeinanderstoßen, wo einst unser Wilhelmsbader Erbprinz die Befestigungsanlage geschleift und den Paradeplatz geschaffen hatte. Die Infanteriekaserne, das Zeughaus und der abgerundete Bau des Stadttheaters erinnerten noch an diese reiche Zeit. Weiter sah man rundum die ehrwürdige alte Hohe Landesschule, unser Central-Theater, Wohnhäuser und Wronker – ich meine: Hansa. Unverfälscht war jede der beiden Hanauer Städte ihrem Charakter treu geblieben. Die Altstadt mit ihren Fachwerkhäuschen kuschelte sich an das Stadtschloss heran. Aber ihr Herz schlug im kleinen Zentrum mit Marienkirche, Altstadtmarkt und Altstädter Rathaus, dem imponierenden Fachwerkbau mit Treppengiebeln und Blick auf den Gerechtigkeitsbrunnen als merkwürdiger Kulisse für unsere vormilitärischen Aufmärsche.

Die aus dem Boden gestampfte Neustadt mit ihrem rektangulären Straßensystem und dem ebensolchen Marktplatz lässt heute sehr notdürftig das alte Bild erkennen. Das Rathaus, Uhrtürmchen obenauf, war natürlich aus rotem Sandstein gebaut. Als weitere Schmuckstücke gab es seinerzeit vier Ziehbrunnen an den Platzecken, einen fröhlichen Kiosk und natürlich unseren Stolz, das Denkmal der in Hanau geborenen Brüder Jacob und Wilhelm Grimm. Als kulturelles Juwel konnte man die Wallonisch-Niederländische Doppelkirche mit ihren polygonalen Grundrissen bezeichnen. In christlicher Liebe aneinander geschmiegt, standen die beiden Kirchenräume für die einst aus ihrer Heimat geflohenen Gemeinden. In dem einen wurde deutsch, im anderen französisch gepredigt. So ist es bis ins 20. Jahrhundert hinein geblieben, wie es ältere Menschen noch selbst miterlebt hatten. Wie ein Kuckucksei der Baukunst lag das prächtige Gebilde mit seinen Riesendächern in unserem Nest.

Im Übrigen, so habe ich persönlich es noch stark empfunden, passte zu unserem Wohnort kein anderes Wort so gut wie – gemütlich. Die Wohnhäuser, Fachwerk oder verputzt, waren mit vielförmigen Giebeln geschmückt und als besonderem Schatz mit unzählbaren kleinen Dachgauben überschneit. Die repräsentativen Gebäude strotzten vor Sandsteingarnierungen. Rote Ränder zierten auch das Basaltgestein des Schlosses und vieler Wohnhäuser. Juwelenhandel und Goldschmiedekunst waren ein solider Boden, auf dem unser Hanau stand. Inzwischen hatte sich bedeutende Großindustrie aus der Metallverarbeitung entwickelt. Man möchte so viele Worte machen um unserer verlorenen kleinen Stadt willen.

Unterkohlraben und Kaninchen

Mit dem Krieg kamen die Einschränkungen. Die Rüstungsindustrie verschlang die Mittel, die Armee musste ausgestattet werden, die Marktwirtschaft schrumpfte zum Notprogramm zusammen. Für eine Mandeloperation gab es kein Anästhetikum mehr. »Ein Hitlerjunge weint nicht«, sagte der Halsnasenohrenarzt zum armen Gerhard, der unter Mut etwas anderes verstanden hatte.

Jeder brauchbare Privatbesitz wurde ohne Umstände beschlagnahmt. Alle Autos wurden abgeholt, mein Vater musste kilometerweit zum Büro und zu seinen Baustellen mit dem Fahrrad fahren. Die Bauern und Bäuerinnen mussten Traktoren und Pferde abgeben, sich mit wenigen Mitteln behelfen, obwohl die meisten landwirtschaftlichen Kräfte an der Front waren. Ein langer, breiter Zug von Ackerpferden aus den Dörfern kam durch die Bruchköbeler Landstraße und über die Kinzigbrücke gestapft und wurde zum Gestellungsplatz getrieben – ein Heer von Kämpfern auf dem Weg zum Schlachtfeld. Für manchen Anwohner war das ein erschütternder Anblick.

Wenn man an alle Opfer denkt, die der Krieg da schon gekostet hat, wirkt es sicher etwas sonderbar, dass ich einen schneidenden Schmerz fühlte, als die Skier meiner Geschwister zum Abholen vor der Tür lehnten. Die Erklärungen meiner Mutter, ihre Hinweise darauf, dass unseren Soldaten damit an der Front geholfen werde, änderten nichts an diesem Schmerz, den ich noch heute fühle. Und ich hatte Recht. Etwas problematisch war die Versorgung mit Schuhwerk. Aber der Mode folgen wir blind, und schon waren Holzsohlen oder Sandalen aus alten Autoreifen der letzte Schrei.

Dies waren aber alles nur relative Beschneidungen unseres Wohlbefindens, weil der Mensch unter den entsprechenden Umständen ein ererbtes Paar Stiefel mit schiefen Absätzen für den äußersten Luxus zu halten befähigt ist. Anders ist es, wenn man nicht satt wird. Für jeden Monat gab es Lebensmittelkarten, für jede Kategorie Mensch die ihr zustehende Ration. So wurden Schwerarbeiter- und Schwerstarbeiterzulagen genehmigt, die zum Beispiel auch Chirurgen zustanden. »Normalverbraucher« konnten mit keinen Extras rechnen. Für Kinder gab es neben der üblichen Magermilch einige Marken für Vollmilch und etwas Butter. – Als wir noch alle vier zu Hause waren, bekamen wir die Kostbarkeit noch. Wir hatten dann alle zusammen für sieben Tage ein Viertelpfundstück. Wenn die Frage geklärt war, wer von uns mit dem Ablecken des Butterpapiers an der Reihe war, machte sich meine Schwester daran, auf dem Rücken des fetten Klötzchens Striche zu ziehen. Jedes Siebtel des Viertels musste für die Butterbrote und das übrige Essen des Tages reichen. Die Vollmilch war selbst da noch milchähnlicher als in heutiger Zeit. Sie entwickelte eine dicke Rahmschicht. Diese durfte in strenger Abfolge von einem von uns beansprucht, abgetragen und auf das Marmeladenbrot verteilt werden.

Als zur Schau gestellter Verzicht an der »Heimatfront« wurde der Eintopfsonntag eingeführt, einmal im Monat. Es galt als Verrat an der Sache des Hitlerreiches, ihn nicht einzuhalten. Ja man hatte mit Denunziation bei der Gestapo zu rechnen, wenn das Essen nicht vermischt war. Als ob es bei uns an den übrigen Sonntagen noch Braten gegeben hätte! Ob die Kartoffeln und die bitteren »Unterkohlraben« nun getrennt oder zusammen gekocht wurden, das war uns ziemlich gleichgültig. Wir hatten einen sehr lieben Milchmann. Jetzt kam Herr Grebe nicht mehr mit dem Pferdewagen, sondern mit einem dreirädrigen Milchautochen, bis es auch das nicht mehr gab. Er ließ immer ein bisschen zuviel in unsere Dellerkanne laufen. Ein unvergessliches Fest, und der Milchmann strahlte vor Glück, war der Tag, an dem in der Molkerei beim Buttermilchmachen das Netz platzte und alles voller Butterflöckchen war!

Das waren die harmlosen Anfänge. Es kam noch die Zeit, in der unsere Mütter »Schmalz« für die Brote aus Wassergrießbrei mit Salz und Thymian herstellten. Es gab ausschließlich das – immerhin gehaltvolle – Kommissbrot. Seine feuchtbraune Masse legte sich wie Blei ins Innere und beruhigte den Drang nach mehr.

Mein Vater kaufte ein Grundstück mit Obstbäumen sowie eines der ehemaligen »Höhlengelände« unserer Straße. Erst wurde es eingeebnet, dann eine Herde Schäflein zum Übernachten eingeladen, dann wurde umgegraben, und schließlich zogen wir dort Kartoffeln und Gemüse. Vor allem wuchs da der entsetzliche Weißkohl. Es war meine Aufgabe, ganze Nachmittage im Kohl zu hocken und mit den Fingern Bataillone der gefräßigen, glitschigen grünen Raupen von Kohlweißlingen totzuquetschen. In der Nacht kamen die Biester dann in geschlossener Front vom Fußende her auf meiner Bettdecke langsam, langsam herangekrochen –

Den Zaun hinter dem Haus zierten jetzt die Kaninchenställe. Die tüchtigen Tierchen schafften mühelos sechs bis zehn Karnickelchen in einem Wurf, und bald waren vierundzwanzig daraus geworden. Wir wussten nicht, welches wir am liebsten zum Knuddeln herausholten. Wenn dann schließlich der Schlächter kam, liefen wir davon, und beim großen Hasenbratenfest saßen wir vor den raren Fleischhappen und wussten nicht, wie wir sie durch den Hals bekommen sollten. Da konnte man allerdings unser Röschen energisch werden sehen.

Alles das war Arbeit für uns Mädchen. Ställe misten, Heu machen, Abend für Abend für vierundzwanzig fressfreudige Hasen frische Löwenzahnblätter herbeischaffen. Kartoffeln stecken, hacken und ernten, jäten, jäten, graben, graben. Brennholz für Kochherd, Badboiler und Waschkessel machen. Ich konnte im Verlauf der Zeit mit der Sichel, der großen Sense, dem Spaten, den Schippen, Hacken, Harken, kleinen und sehr großen Sägen, dem Beil und der langen Axt umgehen. Und das musste ich auch. Denn bald waren meine Geschwister nicht mehr dabei.

»Heimatfront«

Deutschland war nicht das einzige Land, über das der Krieg einen Schatten legte, der von Anfang an das tägliche Leben veränderte. Dieser Krieg wurde nicht nur an den Fronten geführt. Er war schließlich auch ein Luftkrieg. Die Ziele sollten Anlagen von strategischer Bedeutung sein. Adolf Hitler hatte die Welt sehr schnell davon überzeugt, dass auch Zivilbevölkerung für den deutschen Endsieg zu opfern sei. Mit Recht erwarteten wir, auch unsererseits zu Opfern zu werden.

Die »Verdunkelung« wurde eingeführt. Nach der Abenddämmerung verschwand das ganze Land im Dunkel der Nacht. In den Städten herrschte eine erwartungsvolle, den Tod ahnende Finsternis. Kein Lichtschimmer kam aus den Häusern, und die gespenstische abgedunkelte Straßenbeleuchtung ging schon bei ferner Gefahr ganz aus. Mit allen erdenklichen schwarzen Materialien wurden die Fenster lichtdicht gemacht. Die Glühbirnen waren zum Teil überstrichen, die Lampen verhängt, damit nur ja nicht, etwa beim Öffnen der Tür, ein Schimmer ins Freie fiel. Das war der Anfang der Angst. Die Dunkelheit war von der Vorstellung einer Bedrohung nicht zu trennen. Sie erinnerte Abend für Abend daran. Wer irgendwo ein Licht sah, rannte sofort los, um auf das Versehen oder den Leichtsinn hinzuweisen, denn ein einziges erleuchtetes Fenster konnte die ganze Stadt einem Bombenhagel ausliefern. Tatsächlich erreichte die Verdunkelung oft ihr Ziel, es wurde später sehr viel danebengeworfen. Für jeden »Block« war ein ausgesuchter Bewohner als Luftschutzwart verantwortlich.

An den Autos, den Dienstfahrzeugen, die es noch gab, waren die Scheinwerfer mit Kappen überzogen, die einen schmalen Schlitz hatten. Als Fußgänger trug man am Abend statt Brillantschmuck eine Leuchtplakette, damit man sich nicht plötzlich gegenseitig an der Brust lag. In den Großstädten wurden monströse, als bombenfest geltende Bunker gebaut. Wie wir uns so etwas gewünscht hätten! Einen Platz zu haben, an dem man sicher war! Unser Leben wäre anders gewesen. Bei uns mauerten die Bewohner ihre Kellerfenster mit Vorsprüngen zu, die das Straßenbild beherrschten.

Auch unseren Luftschutzkeller ließ mein Vater so gut wie möglich sichern. Unter der Decke wurden zwei Schichten, quer und längs, von Eisenträgern eingezogen, und um die Außenwände verlief rundum eine Mauer von fast einem Meter Dicke, die mit einer Betonschicht abgedeckt war. Übrig blieb ein niedriger Raum ohne Tageslicht und mit indirektem Luftabzug. Je kleiner ein Keller, desto mehr Sicherheit bot er. Unser Platz war zusätzlich beengt, weil zwischen Tür und Schutzraum eine Schleuse eingebaut wurde, eine Zelle, die zum übrigen Keller sowie nach innen hin je eine »Luftschutztür« hatte, aus dickem Stahl und mit mehreren dicken Riegeln, wie man sie heute in Flugzeugen sieht.

Jedes Haus musste mit Wassereimern und Sandkisten zum Löschen von Brandbomben versorgt sein. Eine der beängstigendsten Schutzmaßnahmen war die Verteilung oder vielmehr die regelmäßig angeordnete Anprobe der Gasmasken. Gespenstisch waren sie. Man meinte, nicht nur unter dem strammen, stinkenden Gummi und hinter dem unheimlich schnurrenden Filter zu ersticken, sondern auch vor Angst zu vergehen.

Die vielen Kinderaktivitäten an der »Heimatfront« waren vielleicht eine gute Ablenkung von den Einblicken, die man uns nicht ersparen konnte. Im Auftrag der HJ hatten die Kinder alle Arten von Hilfsdiensten zu leisten, die eine nicht geringe Unterstützung der Rüstung waren. Eine der wichtigsten unserer Pflichten war das Sammeln von Altmetall. Wir gingen von Haus zu Haus und schleppten wirklich unglaubliche Mengen aller Arten von Schrott oder Ungebrauchtem herum, vom Kochtopf bis zum Gartenzaun. Sammel- und Kontrollstellen waren die Schulen. Wir hätten die Glocken von den Türmen geholt, wenn die nicht sowieso eingeschmolzen und zu Kanonen mit ganz neuem Klang gemacht worden wären. Zeitungsstapel, Altpapiersäcke, Lumpen, alles wurde gebraucht und herbeigeschafft. Für mich war das noch am leichtesten, weil wir ein Ding besaßen, das ich mir aus den damaligen Jahren gar nicht wegdenken kann. Es war ein Luxusvehikel, ein niederer Fahrradanhänger, neunzig mal neunzig Zentimeter groß, mit zwei Rädern und Gummireifen. Der konnte auch zu Fuß geschoben werden, und das wurde er auch alle Tage zu tausend Zwecken. An die zentrale Stellung dieses Fuhrwerks reicht heute allenfalls der Familien-PKW heran. Gesammelt wurden auch Heilkräuter. Es war eine nettere Beschäftigung als in der Schulklasse zu sitzen, wenn wir ins Grüne ziehen und Kamille, Erdrauch, Nesseln, Spitzwegerich, Hagebutten und Schachtelhalm sammeln durften. Je nach Ausbeute teilte unser guter alter Klassenlehrer Herr Morhenn uns in Goldmarie, Pechmarie und Mittelmarie ein. Ich war eine Mittelmarie. Auch in unserer Freizeit gab es stundenlange Kräuterzeit.

Fleißig wurde auch für das NS-Winterhilfswerk gesammelt: Kleidung, Schuhe, Decken und so weiter. Aber wir wurden auch mit Sammelbüchsen losgeschickt. Wenn wir an den Haustüren bettelten, mussten die Namen der Spender und der Betrag (zumeist zehn Pfennige) auf einem Zettel notiert werden.

Die fromme Mutter meines lieben besten Freundes Ottmar war fassungslos, als ich ihren Sohn bei einer gemeinsamen Tour dieser Art dazu verführt hatte, eine Fünfzigpfenniggabe reicher Villenbewohner durch fünf zu teilen und mit den Namen der Leute zu versehen, bei denen wir in den Abend hinein noch hätten klingeln müssen. Wie Recht sie hatte. Meine Mutter war auch nicht begeistert. Aber wir waren so schrecklich müde!

Sehr hübsch waren in der Regel die WHW-Abzeichen, die für das Winterhilfswerk angefertigt und verkauft wurden. Immer neue Motive dienten weniger der Verschönerung des Menschen, als der Kontrolle über den Spender, der immer neue Anstecker kaufen sollte. Nun, hoffen wir, dass wirklich jemandem im Winter geholfen wurde. Weitere Sammelobjekte waren lamettaartige Stanniolstreifen, die von den Fliegern abgeworfen wurden, um die Funkortungssysteme der Flugabwehr zu stören. Auch Flugblätter, die über Wahrheiten aufklärten und als Lügenpropaganda bezeichnet wurden, kamen vom Himmel geflattert. Sie wurden von HJ-Gruppen schnellstens eingesammelt und vernichtet. Meine Mutter verbot mir, so ein Blatt anzurühren oder gar zu lesen. Unentwegt wurde gesammelt, auch für den Eigenbedarf. Brennholz, Kornähren, die hinter den Erntemaschinen liegen geblieben, Kartoffeln, die beim Aushacken übersehen worden waren. Das Heizmaterial wurde immer knapper. Wer das Glück hatte, eine kleine Ladung Kohle oder Briketts vor die Tür gekippt zu bekommen, musste zusehen, dass alles bis zum Abend im Haus war. Denn jeder nahm sich, was er kriegen konnte. Mit einem Blick auf die Not weiß man gar nicht, wie man mit dem Wort Diebstahl dabei umgehen soll.

Ottmar und ich schafften, natürlich war das sein Einfall, für die Nachbarin Frau Broegmann den Koks in den Keller und bekamen zum Lohn Brötchen und Kakao – Brötchen und Kakao! – vorgesetzt. Ottmar sagte: »Nein, das kann ich nicht annehmen.« Ich sagte also auch: »Nein, das kann ich nicht annehmen.« Beim fünften guten Zureden sagte er schließlich: »Nun ja«, und ich sagte ebenfalls: »Nun ja«. So musste die Spenderin um jedes Brötchen kämpfen – und wohl auch gegen das Lachen.

In Schulen und Sälen aller Art wurden Reservelazaretts eingerichtet, als 1940 der Westfeldzug begann. Später diente auch die Stadthalle diesem Zweck. Ich weiß nicht, ob den armen Verwundeten damit gedient war, dass wir, unsere Jungmädelschar, bei einem bunten Nachmittag dort auf der Bühne alberne Lieder zum Besten gaben und Scharaden aufführten à la »Die Letzte frisst – oder Frist«. Jedenfalls war mir sehr, sehr elend zu Mute beim Anblick der armen Kerle in ihren Betten, die im ganzen Saal dicht an dicht standen. Die Stimmung war zum Ersticken bedrückt. Es war eine Geschmacklosigkeit, viel eher als eine Ehrung der Soldaten, die da mit zerschlagenen Gliedern und verbundenen Köpfen lagen.

Wenigstens waren wir aufgefordert worden, Geschenke mitzubringen. Da wären natürlich Lebensmittel das Richtige gewesen. Bei uns zu Hause hatte eine

Beratschlagung stattgefunden, denn etwas Essbares von Bedeutung konnten wir nicht aufbringen. Da gab mein Vater mir einen hohen Stapel seiner Atlantis-Hefte in den Arm, soviel wie ich tragen konnte. Dieses hochrangige Kulturmagazin war sein Einundalles. Ich wusste gar nicht, was er sich da vom Herzen riss und schämte mich, kein Butterbrot zu haben.

Meine Mutter – ich sehe sie noch in der Sommerhitze – machte Hamsterfahrten mit dem Fahrrad durch die Dörfer, um am Ende mit ein paar Kilo Kartoffeln oder einem Laib Brot heimzukommen. Viel Schmuck, viele Eheringe ärmerer Frauen sind in die ländliche Nachbarschaft gewandert um solcher Ausbeute willen, die für jeden kostbar war. Währenddessen schlug mein Vater das Angebot eines großen Kringels Bauernhartwurst, der ihm von einem Maurerpolier vor die Nase gehalten wurde, aus, weil sein Gefühl für Rechtlichkeit ihm die Annahme verweigerte. Umso besser für den guten Meister und dessen Familie. Röschens Bemühungen mussten im weiteren Verlauf also noch sehr gesteigert werden.

Unsere letzen Juden

Für meinen Vater mit seiner Geradeausnatur wurden die Konflikte immer größer. Ich glaube, dass ihm eine erhebliche Last von meiner Mutter abgenommen wurde, nämlich die, seine Kinder unbeschadet durch den Dschungel von Lügen und Heuchelei zu führen, über den schmalen Grat zwischen »Pflicht« und Rechtlichkeit. Das durchorganisierte System von Spitzeln war unüberschaubar, und diese Leute waren es auch, die ihre Opfer unter Druck setzten. Zum Aushorchen wurden sogar Kinder abgerichtet in der NS-Kinderorganisation.

Den Jahren nach – er hätte unser Großvater sein können – galt mein Vater trotz seiner extremen Fitness als zu alt für den Wehrdienst, Gott sei Dank. Auch gehörte er zu den beruflich unabkömmlichen Volksgenossen. Aber er muss ungeheuerlich »bearbeitet« worden sein – von wem speziell, das weiß ich nicht.

Mitbekommen habe ich die Ratlosigkeit meines Vaters, als man ihn für eine Funktion bei der SA heranziehen wollte. Die Ablehnung einer solchen »Ehre« wäre sein Untergang gewesen. Schließlich kam er auf die erlösende Idee, sich freiwillig zum Luftschutzbund zu melden. Ich wurde aber hinausgejagt, als ich begeistert seine blaugraue Uniform anstaunte, die blanken Schaftstiefel, die Hose mit Ohren, die Schirmmütze mit Ornamenten. Richtig stolz war ich auf meinen schicken Vater. Aber ich merkte bald, gewitzt wie man ja schon war, dass er sein »Rasiergesicht« machte, wenn er sich für Aufmärsche in das Kostüm werfen musste. Ich hatte die Angewohnheit, ihm beim Rasieren zuzugucken, und war fasziniert, weil er dem Spiegel ein so grimmiges Gesicht zeigte, wie man es sonst nicht an ihm kannte. Ich habe ihm gesagt, dass er überhaupt nicht wisse, wie er normalerweise aussieht. Aber es blieb beim Rasiergesicht.

Die Aufgaben beim Luftschutzbund waren wenigstens sinnvoll. Der Umbau der Keller in den Wohnhäusern musste geregelt werden: das Zumauern von Fenstern, das Abstützen der Decken, das Schaffen von Durchbrüchen als mögliche Fluchtwege. Splitterschutzgräben für die Passanten wurden auf öffentlichen Plätzen ausgehoben und umfangreiche Löschwasserbecken angelegt. Da war der Architekt am richtigen Platz. Allerdings war das für ihn eine enorme zusätzliche Arbeit.

Eines Tages kam mein Vater nach Hause und hatte das Parteiabzeichen am Revers. Er war der Nationalsozialistischen Partei beigetreten. Meine Mutter kam mir fassungslos vor. Offensichtlich hatte sie nichts davon gewusst. Das Gesicht meines Vaters war so versteinert, dass man nur schweigen konnte. Meine Mutter ließ dann weise durchsickern, man habe schwere Androhungen gemacht. »Ihr vier hättet das auch zu spüren bekommen.« – Der Zeitpunkt war versäumt, an dem mit mehr Wachsamkeit rechtlich denkende Deutsche sich hätten wehren können.

Wie Blei legte sich das alles auf uns. Den blanken Horror im Gesicht meiner Eltern sah ich zum zweiten Mal, als mein Vater hereingestürzt kam und meiner Mutter entgegenrief: »Herr Krieg kehrt in der Stadt die Straße. Ich gehe hin und kehre mit!« Hinter verschlossenen Türen fand eine Diskussion statt, deren Inhalt man nur erahnen konnte. Das muss 1941 gewesen sein, wie man aus Chroniken der Judenverfolgung in Hanau schließen kann. Das war auch das Jahr, in dem das Tragen des gelben »Judensterns« an der Kleidung gesetzliche Vorschrift wurde. Die Familie Krieg kannten wir ja aus freundschaftlicher Nachbarschaft am Beethovenplatz, die Tochter Susanne war die enge Freundin meiner Schwester. Herr Krieg war Studienrat, Sohn eines evangelischen Pfarrers. Frau Krieg aber war Jüdin, und ihr Mann übernahm das Straßenkehren an ihrer Stelle. Das Ganze hat meinem kindlichen Verstand nicht mehr gesagt, als dass es wirklich höchst unpassend war, wenn dieser feine Mann die Straße kehren musste.

Diese Erniedrigung jüdischer Bürger war der Auftakt zu Massendeportation und Massenvernichtung. Frau Krieg überlebte im Konzentrationslager Theresienstadt. Nach dem Kriegsende wanderten die Töchter Ursula und Susanne nach Amerika aus, und ihre Eltern folgten nach. Der alte Kontakt mit der Familie besteht noch heute.

In späteren Berichten liest man, dass die letzten verbliebenen Menschen jüdischer Abstammung aus Hanau und dem Landkreis 1942 zur »Umsiedlung« – wie sie glaubten – in den Osten gebracht wurden. Weithin bekannt geworden ist eine Fotoserie von den mit Taschen und Koffern beladenen Frauen, Männern und ihren Kindern, wie sie am Hanauer Hauptbahnhof zur Abfahrt versammelt sind. Da hatten die Frauen und Kinder nur noch wenige Tage zu leben, bis zu ihrem Eintreffen im Vernichtungslager mit den Gaskammern; die Männer noch einige Monate. Keiner von ihnen hat überlebt.

Überlebt aber haben unzählige gut jüdische Ausdrücke in unserer Hanauer Umgangssprache, vom »Schlamassel« bis zum gern gebrauchten »Schmus«.

An unserer Trambahnhaltestelle Adolf-Hitler-Straße (heutige Gustav-Hoch-Straße): Nachbar Brauburger mit Doris und Fränzel. Im Hintergrund ist das erste Elternhaus meiner Mutter zu erkennen. Links gegenüber schlug 1941 die erste Bombe ein.

Erste Bomben

Ich glaube, es war der erste Treffer auf unsere Stadt: Die Sprengbombe, die im Juli 1941 bei einem Nachtangriff in unserer nächsten Nachbarschaft einschlug und ein Haus in der Adolf-Hitler-Straße zerstört
e. Zum Glück sind keine Menschen zu Schaden gekommen. Aber unsere Fenster flogen mit Geklirre aus ihren Rahmen, ein paar Dachziegel fehlten, und ich hatte das Wändewackeln kennen gelernt. Es war etwas ganz Neues, die Vernichtung mit eigenen Augen zu sehen, und noch wurden viele Schaulustige angezogen. Ich wollte nicht weniger wissen als die anderen Kinder, und um Mittag lungerte auch ich am Ort des Schreckens herum. Noch war der Anblick nicht verdaut, als eine zweite Bombe, ein im Krater verschütteter Blindgänger, hochging. Eine riesige braune Schutt- und Erdwolke spritzte gegen den Himmel. Ich sah die Bombensplitter vor mir flach über die Straße schießen – und kam heil davon, weil ich auf einem Gartenzaun hockte. Ich weiß sonst nur noch, wie wir, meine Freundin Doris und ich, gerannt sind.

Als im September 1942 eine Bombe größeren Formats mit größerem Krachen, Wackeln und Klirren einschlug, wurde nahebei die Villa des Kreisleiters getroffen, die der Rosenau gegenüber stand. Mit schadenfreudigem Grinsen sprach

Mit Ottmar im Garten der Familie Pfahls, Sommer 1942

man darüber. Mir wurde übel, wenn ich nur daran dachte, und die Feen der Nacht zeigten mir furchtbare Bilder. Selbst mein lieber Freund Ottmar konnte mich nicht dorthin schleppen. Um dem entsetzlichen Anblick zu entgehen, strampelte ich von da an mit meinem Fahrrad auf einem weiten Umweg über den Westbahnhof zur Schule. Meine Mutter war im Bilde und wie immer mild. Als aber nach zwei Wochen mein Vater davon hörte, wurde der gütige Mensch so wütend, wie ich ihn kaum gesehen hatte. »Morgen kommst du nach der Schule zu mir ins Büro, und dann fahren wir zusammen nach Hause!« Mit eisigem Schweigen fuhr er mit mir auf das Rosenau-Gebäude zu, dessen Fassade zerbröckelt auf der Straße lag. Hätte man nicht in jedes Zimmer hineinsehen und noch das Wohnen, Kochen, Schlafen erkennen können, dann wäre es nicht so schlimm gewesen. Es war eben so, wie man den Tod eines Menschen doppelt schmerzlich fühlt, wenn man seine Schuhe betrachtet. Die Villa des Kreisleiters war einfach völlig weg und hat mich nicht berührt.

Später sind wir beiden Nichtsnutze – man weiß schon wer – heimlich in der Rosenauruine herumgeklettert, über den Schutt auf der geländerlosen Treppe ganz hinauf. Unten war ein großes Warnschild angebracht: »Zutritt verboten wegen Baufälligkeit«. – Die Abstumpfung war also soweit gelungen.

Mutterkreuz

Das Jahr 1942 verlangte von meiner Mutter die erste große Abgabe in ihrem Leben. Mein Bruder, ihr Ältester, ging am Jahresende auf seinen 18. Geburtstag zu. Jungen wie Mädchen waren mit 17 Jahren zum Reichsarbeitsdienst verpflichtet. Diese Vorstufe des Militärs war schon lange nicht mehr der Dienst, der zur Entschärfung der Arbeitslosigkeit eingeführt worden war. Jetzt war das die Bautruppe der Wehrmacht. Hauptsächlich ging es um Erdarbeiten an Befestigungsanlagen und zu anderen strategischen Zwecken. Hans war in die bequeme Uniform mit Schildkappe und nie fehlender roter Hakenkreuzarmbinde gesteckt worden. Aber wenigstens wurde beim Antreten auf dem Paradeplatz der Spaten statt des Schießgewehrs zackig präsentiert. Unser Vorkämpfer kam nach einigen Monaten zurück, noch ächzend vom Frondienst und von den schweren Aushebearbeiten und den Schikanen der Vorgesetzten. Ich kann mich überhaupt nicht entsinnen, meine warme, lachende, singende und zu Rührungstränen neigende Mutter jemals außer Kontrolle gesehen zu haben, wenn sie gefordert war. Nur an diesem Tag brach vor meinen Augen eine Welt zusammen. Sie und ich standen auf dem Paradeplatz. Militär war aufmarschiert. In einer Reihe war mein Bruder zu erkennen mit erhobener Hand. Es war eine feierliche Handlung. Es war eine Vereidigung. Ein Eid war etwas, das damals wahrscheinlich verschiedene Auslegungen erlaubte. Hans schwor den Eid, ich weiß nicht auf was und in wessen Namen. Aber ich verstand, dass er sein Leben zu verschenken versprach. Es tat entsetzlich weh, meine arme Mutter zu sehen. Ich habe sie noch sehr traurig, mit feuchten Augen, auch in Angst und Schrecken gesehen. Aber sie wurde umso stärker, je schlimmer es kam. Nur da hat sie bitterlich geweint. Bald kamen die Feldpostbriefe aus Russland. Auch zu Hause ereignete sich viel. Der Bombenkrieg wurde ernster für uns. Aber unser aller Augen starrten nach Russland.

Den *Hanauer Anzeiger* gab es nicht mehr. Das Erscheinen dieser ältesten Zeitung Deutschlands war 1941 unterbunden worden, das heißt die Papierlieferungen wurden »aus kriegswirtschaftlichen Gründen« eingestellt. Sie wurde ersetzt durch die (NS-) Kinzig-Wacht – auch aus Papier – mit den guten Nachrichten von Front und Vaterland, die wir erhalten sollten.

Wir fingen mit dem Lesen aber hinten unten an, wir drehten als erstes das Blatt herum, und mit immer brennenderen Augen überflogen wir die Namen, die mit einem »Eisernen Kreuz« dekoriert waren, einem Kreuz, das eine fatale Ähnlichkeit mit *dem* Kreuz hatte. »Gefallen« ist das Wort für den Tod eines Soldaten. Gerade so, als ob er von selbst gefallen, gestorben wäre. Als ob es um das lateinische »cadere« fallen, sterben ginge und nicht um »caedere« fällen, niedermachen, töten. Sie sind Gefällte, auf viele Arten Getötete, nicht Hingefallene. Aber so bleibt das Sterben etwas Abstraktes. Man macht sich keine Vorstellung davon und schickt weitere Soldaten hinaus. Bei zwei Müttern, die ich kannte, hatten sie schon vor der Tür gestanden, die immer als Doppelabordnung auftretenden uniformierten Unglücksbotschafter. Zu einer dieser Mütter kamen sie noch einmal.

Schon lange war es »untergetaucht«, das Kreuz meiner Mutter: Mit dem bekannten Sinn der Reichsleitung für Festlichkeit, Erhebendes und Tradition wurde in jedem Jahr der Muttertag mit einer besonderen Ehrung verbunden. Alle Jungmädel und BDM-Mädel marschierten auf mit Fahnen, Gesang und in Begleitung einer Musikkapelle. Es folgte die Ehrung der deutschen Mütter. Wer dem Führer vier und mehr Kinder geschenkt hatte, wurde mit dem Mutterkreuz dekoriert. Auch unsere Mutter erhielt das Kreuz. Es hing an einem schönen blauen Band. Auch dieses Kreuz hatte eine fatale Ähnlichkeit mit *dem* Kreuz – und mit den Kreuzen auf der letzten Zeitungsseite. Ich sehe meine Mutter vor mir, wie sie da im Wohnzimmer steht, das fein ausgeschlagene Etui in der einen, das schöne Band mit dem Mutterkreuz in der anderen Hand. Ein fremder Ausdruck, der mir Angst macht, ist in ihrem Gesicht. Sie legt es in sein Gehäuse, macht den Deckel zu, öffnet den Frankfurter Schrank und lässt es bedächtig in dessen Tiefen verschwinden. Aus diesen ist das Ehrenzeichen, das bei öffentlichen Anlässen getragen werden sollte, nie wieder von ihr hervorgeholt worden.

Geschwister in Uniform

Frauen standen jetzt an der Stelle der Männer im öffentlichen Leben, und Millionen Arbeiterinnen dienten der Rüstungsindustrie. Auch meine Schwester schwang die Waffen an der Heimatfront, noch mitten in ihren Jugendjahren. Die HJ war jetzt so weit in die Schulordnung eingedrungen, dass ich nicht weiß, in wessen Namen die Mädchen manipuliert wurden, wenn man nicht sagen will, dass »im Namen des Führers« jetzt alles möglich war. Die Schülerinnen wurden über die umliegenden Dörfer verteilt als Hilfe für die Bauern, zum »Landeinsatz«. Für viele der jungen Dingerchen war das eine böse Erfahrung: Ich meine die nähere Bekanntschaft mit den Aufgaben einer Landfrau. Und es war noch schlimmer. Es ging ja darum, dass die Männer ersetzt werden mussten, die in der Ferne für »Freiheit und Brot« kämpften.

Ich brauche kaum zu erklären, dass man unser Lottchen mitten in ein Paradies gesetzt hatte. Sie stand mit den Hühnern auf, fütterte die Tiere, mistete die Ställe aus, belud die Erntewagen und kehrte am Abend den Hof. Der Bauer und die jungen Knechte fehlten. Es war eine große Landwirtschaft mit vielen Kühen, Schweinen und allem, was da sonst noch kreucht und fleucht. Mit besonderem Stolz konnte das Schulmädchen von sich sagen, dass es das Kühe melken gelernt hatte – mit den Händen, das versteht sich. Und mit Begeisterung konnte die Gastfamilie sagen, einen Glückstreffer gemacht zu haben. Das waren sehr liebe, feine Leute. Ich habe Frau Laubach und ihren Sohn Heinz noch in genauer Erinnerung. Denn sonntags besuchten wir, meine Mutter und ich, unser braungegerbtes, himmlisch duftendes Landmädchen. Am stärksten beeindruckt haben mich die Würfelchen, die kleinen Speckstückchen in der Kartoffelsuppe, die es da gab.

Gerhard (ganz rechts stehend), 1943 im Jungzug u.a. mit Hermann Jünger, Albert Neumetzger, Karl Regel und Jungzugführer Helmut Hörner

Die Integration der Schülerin in die Bauernfamilie ging etwas über das vom Führer vorgesehene Maß hinaus. Der junge Sohn des Hauses war zeitweise vom Arbeitsdienst beurlaubt, und so gab es eine heiße Geschichte – »in allen Ehren«, so verstand sich das damals. Lottchen hat sich – obwohl schon 15 Jahre alt – von der Vorstellung, ihr Leben als Landfrau zu verbringen, schweren Herzens losgerissen. Ich fand den Jungen ja auch ganz toll.

Als nächstes wurde meine Schwester mit Schlips und Knoten in eine weiße Trägerschürze gesteckt, mit einem Kopftüchlein versehen und als Helferin beim Roten Kreuz in einem Hanauer Lazarett eingesetzt. Mir schien, dass es sich dort vorwiegend um Genesende handelte, die sich mit Vergnügen von dem flotten BDM-Mädchen verbinden ließen, zumal dieses gelegentlich vergaß, die rückwärtigen Schürzenknöpfe zu schließen (was Kinder so in ihrem Kopf behalten!).

Unser Gerhard war noch zu Hause. Mehr als je war er hochbeschäftigt. Immer mehr Raum nahm jetzt der Sport ein, Handball und Geräteturnen. Er konnte einen Salto längs über das Pferd oder etwas ähnliches Verrücktes machen. Leistungsabzeichen und mit Eichenlaub verzierte Dokumente erzählen noch von seinen Erfolgen. Für mich bastelte mein Bruder eine vollmöblierte Puppenstube mit Kommödchen, Bettchen und allen Minidetails. Angeblich für ihn, der längst schießen konnte, aber jedenfalls zu begeisterten Zielübungen, schaffte mein Vater ein Luftdruckgewehr an. Ich glaube aber, dass überhaupt eine Waffe, und sei es nur zur Drohung, im Haus sein sollte. Ich selbst schoss auch, auf Mirabellen, und traf vier von fünf Früchten aus zehn Meter Entfernung. Gerhards neuste Leidenschaft war Telegrafentechnik. Er hatte einen Morseapparat. So musste natürlich

ich die Klapperzeichen auch verstehen lernen, weil Morsen witzlos ist, wenn keiner es hört. Er baute jetzt kompliziertere Modellflugzeuge, und ich war ganz versiert auf dem Gebiet der Stukas und Bomber, der Ju 52 und so weiter. Auch bei den Flugzeugtypen mit den bunten Kringeln statt der deutschen Kreuze kannte ich mich aus. Es ist bedauerlich, wie viel man von seiner früheren Bildung wieder einbüßt. Mein Bruder war auch am traditionellen Modell-Segelfliegen auf der Wasserkuppe beteiligt.

Es dürfte die bewusste Dampfmaschine gewesen sein, die Gerhards Passion für Maschinenbau geweckt hatte. Mein Vater dachte sich ein außergewöhnliches Ereignis für ihn aus. Mit dem Direktor eines der großen Industrieunternehmen Hanaus verabredete er eine persönliche Werkführung, zusammen mit seinem jungen Technikenthusiasten. Danach habe ich unseren Vater so stolz wie noch nie gesehen. Gerhard widerfuhr die große »Ehre«, dass er in die NAPOLA, die Nationalpolitische Anstalt, aufgenommen werden sollte. Diese Einrichtung gab es meines Wissens in Diez an der Lahn und in Bad Tölz. Den Vorgang konnte unser Vater aber verhindern.

Lottes Schulklasse hatte bereits das frühzeitige »Abitur für Mädchen« gemacht – im Luftschutzkeller. Das Überwechseln einer Schülerin in die Hohe Landesschule war nicht erlaubt. Mit siebzehn Jahren kam Lotte zum RAD, dem Reichsarbeitsdienst. Ihre erste Station war Gonsenheim bei Mainz. Das Hauptgebäude war eine schöne alte (jüdische?) Villa, die Mädchen aber lebten in Baracken und schliefen auf Strohsäcken, und die sanitären Einrichtungen waren sanierungsbedürftig. Beim Arbeitsdienst diente der mit Geschmack konzipierte Einheitsdress als gelungener Stimmungsmacher: Sehr beliebt waren die kornblumenblauen Kleider mit grüner Arbeitsschürze und rotem Kopftuch. Für die Freizeit gab es eine weiße Halbschürze mir roter gestickter Borte.

Als »Arbeitsmaid« hatte man in der Umgebung Erntehilfe zu leisten, bei allen anfallenden Arbeiten die Landwirtschaft zu unterstützen. Anders als beim RAD der jungen Männer spielte grundsätzlich in diesen Einrichtungen die Bearbeitung der Weltanschauung im Sinne des Nationalsozialismus eine wesentliche Rolle. Es waren Schulungszentren. Ganz planmäßig wurden unter diesem Regime die Mädchen von Schulwissen und wirklicher Bildung ferngehalten. Sie sollten ausschließlich Mütter für den dringend benötigen Nachwuchs (an Soldaten) werden. Lotte neigte eher zum herzhaften Schimpfen als zum Klagen. Und überhaupt traf man bei dem körperlichen und mentalen Drill einen erstaunlichen Zusammenhalt der Mädchen an. Statt mit Verbitterung wurde die fanatische Führung mit Galgenhumor ertragen. Der grünende Beweis dafür war die Petersilie. Zu dem Haus in Gonsenheim gehörte eine Gartenanlage, in der die Insassinnen ihr eigenes Gemüse anbauten. Eines schönen Monats im Frühling begann man zu ahnen und schließlich ohne Zweifel zu erkennen, was mit der Petersilie in frischem Grün ans Licht kam. Da las man auf dem Kräuterbeet in großen Petersilienlettern: »STUR HEIL«. Ich hab's gesehen, als die Kräuter gerade ihre Köpfe aus der Erde streckten und die kausale Untat noch unentdeckt war. Das gab eine böse

Geschichte. Die »Schuldigen« mussten mit einer bitteren Veränderung rechnen. Da aus den Mädchen jedoch keine Namen herauszubekommen waren, konnte nur eine Kollektivstrafe mit verschärften Vorschriften verhängt werden. Aber eine schwarze Wolke sahen wir jetzt über dem Arbeitsmaid-Idyll. Wir wussten, wie zugeschlagen wurde bei einer der schwersten Straftaten, die man begehen konnte, bei Missachtung des »absoluten Gehorsams«, zu dem jeder sich verpflichtet hatte, der eine Uniform trug. Schon als Jungmädel hatte man die Formel gesprochen: »Ich verspreche, in der Hitlerjugend allzeit meine Pflicht zu tun in Liebe und Treue zum Führer und unserer Fahne, so wahr mir Gott helfe.« Der Zusatz wurde im Verlauf gestrichen.

Im Osten nichts Neues. Man hätte vielleicht viel mehr als alles andere wissen wollen, was das Schicksal mit unserem Russlandkämpfer vorhatte. Seine kurze militärische Ausbildung (oder Weiterbildung) hatte Hans in der Hanauer Pionierkaserne erhalten. Ich hatte dieses Militär nur als einen überfröhlichen Verein kennen gelernt, der vorbei marschierte und lustige Lieder sang von der Erika, Lene, Irene oder Annemarie. Jetzt erfuhr ich, was Drill war. Bei unserem ersten Besuch in der Kaserne trat Hans in den großen Empfangssaal ein, blieb mit vorgewölbter Brust stehen, schlug die Haken zusammen, knallte seinen rechten Arm vor sich in die Luft und schrie »Heil Hitler!« Es war entsetzlich. Denn ich sah, dass das nicht mehr mein lieber, schelmischer Bruder war. Es ist aber das Einzige, was ich von da im Gedächtnis behalten habe. Nur an das Robben erinnere ich mich außerdem, über das der Auszubildende bei einer Beurlaubung daheim ziemlich jammerte – wie andere auch, deren Arme zerschunden waren. Robben heißt, mit dem Bauch auf der Erde zu liegen und sich mit den Ellenbogen vorwärts zu reißen. Den ersten Heimaturlaub von der Front hätte er schon nicht mehr erlebt, wie Hans da bekennen musste, wenn das Robben nicht gewesen wäre. Im Übrigen waren die jungen Soldaten nach der Wehrertüchtigung seit ihrem 14. Lebensjahr schnell marschbereit. Hans kam zur Heeresgruppe Süd an die Frontlinie in der Ukraine.

»Sie haben Hans zur Infanterie versetzt!«, stieß meine Mutter hervor, als ich aus der Schule kam. Was das bedeutete, konnte man ahnen, wenn man sah, wie die am Herd stehende Mutter mit ihrem Löffel den Kochtopfboden bearbeitete. Es war eine schlimme Veränderung, und ich sah meine Eltern zunehmend leiden.

Wie im Ersten Weltkrieg sein Vater, hatte sich Hans zu den Eisenbahnpionieren gemeldet. Da ging es bekanntlich um Gleis- und Brückenbau. Der Infanterist stand dagegen im Gefecht der vordersten Linie mit allem, was dazu gehört. Wie sich herausstellte, hatte mein Bruder sich eine Strafmaßnahme eingehandelt, als er es ablehnte, aktiver Offizier zu werden. Man hatte ihn vor die Wahl gestellt:

Berufsoffizier oder Versetzung zur Infanterie. Der Infanterist wurde bald von der Front abgezogen und in einer Offiziersschule weiter ausgebildet. So konnten wir erst einmal aufatmen. Nach stufenweiser Beförderung war mein Bruder, neunzehnjährig, schließlich Leutnant und Anführer eines Granatwerferzugs der Schweren Kompanie. Er rückte in der Nähe des Schwarzen Meeres weiter nach Osten vor.

Zu Hause war niemandem bekannt, was für eine Katastrophe bereits im Sommer 1942 in Stalingrad ihren Anfang genommen hatte. So schlug im Februar 1943 die Nachricht vom gebrochenen Widerstand der Sechsten Armee wie eine Bombe ein. Die offiziellen Angaben sind bekannt: Von den 220 000 Soldaten konnten 90 000 überleben. Sie wurden russische Gefangene. Bekannt wurde später auch, dass General Paulus seine Armee noch hätte aus dem Kessel retten können, dass er sich Hitlers Befehl beugen musste, dass dieser das Massenopfer gefordert hatte.

Spätestens mit dieser Nachricht wusste jeder einigermaßen denkende Mensch, dass das Leben der Väter, Ehemänner, Kinder und Brüder nicht einmal einer entarteten Ideologie geopfert wurde, sondern nur noch einem menschenverachtenden, menschenverschlingenden Wahnsinn. Hans gehörte einer anderen Heeresgruppe an, die sich weiter südlich auf den Kaukasus zu bewegen sollte. Was wir schwarz auf weiß besaßen, war die zunehmende Zahl der Kreuze auf der letzten Zeitungsseite. Auch die als »vermisst Gemeldeten« wurden aufgeführt. Nur Mütter glaubten daran, dass sie wieder auftauchen würden aus der Erde oder aus den sibirischen Gefangenenlagern.

Die Schreckensmeldungen von den Fronten, vor allem aus den unbekannten Weiten Russlands, rissen nicht ab. Schon von Weitem schlug einem aus den bis zum Anschlag aufgedrehten »Volksempfängern« die grauenhafte Fanfare entgegen, die eine »Sondermeldung des Oberkommandos der Wehrmacht« ankündigte – mitten in das Programm eingeschoben. Man sollte ja nicht meinen, dass eine Melodie, die großartige, unschuldige Komposition von Franz Liszt, Horrorgefühle erzeugen kann, die man sein Leben lang nicht mehr vergisst. In der ersten Zeit lösten diese Meldungen enorme Euphorie bei der Bevölkerung aus. Auf mich hat das aus aufgerissenen Fenstern schallende Spektakel immer einen erschreckenden Eindruck gemacht, ganz gleich, ob von Siegen oder später von verbrämten Niederlagen die Rede war. Nach der Sondermeldung fing der Stimmungsmacher wieder an, mit seiner Leichtmetallstimme zu Herzen gehende Lieder zu singen, wie »Heimat, deine Sterne...« Oder Zarah Leander versicherte in ihrem Bariton »Ich weiß, es wirrrd einmal ein Wunderrr geschehn...«

Der Rest war Warten. Warten auf das, was wo wem als Erstes zustoßen würde.

Fegefeuer

Das Jahr 1943 ist schwer zu beschreiben. Man könnte es als Fegefeuer bezeichnen. Es herrschte eine Schwüle, die das Gefühl für warm und kalt, für gut und böse verwischte. Man bewegte sich in dieser Atmosphäre ohne den Halt, den feste Maßstäbe dem Leben geben sollten.

Ich glaube, es galt in erster Linie, gegen das Grauen abzustumpfen, weil man sonst nicht hätte leben können. Das dürfte für alle gegolten haben, zu Hause, an der Front, überall. Eine Art Nothumor machte sich breit. So war allgemein nur von Ami, Tommy und Ivan die Rede, wenn es um die Soldaten ging, mit denen man in blutigem Kampf war. Ständig berieselte der Deutschlandsender die Menschen mit lächerlichen Liebes- und Heimatliedern. »Es geht alles vorüber, es geht alles vorbei, ...« »im nächsten Dezember gibt's wieder ein Ei!«, wurde das vom »Volk« fortgesetzt. So paddelte man herum und hielt sich mit einem Ei über Wasser. »Links Lametta, rechts Lametta, in da Mitta imma fetta«, jedes Kind wusste, dass es sich da nur um unseren kommandierenden Luftwaffenhelden Hermann Göring handeln konnte. Die Kinos waren nur für Wehrmachtsberichte und Lustspielfilme da, und die Filmschlager wurden von Groß und Klein begierig aufgeschnappt, ganz so, wie die Reichsführung sich das ausgerechnet hatte. Daneben führten wir Hitlerautomaten unsere Dienstpflichten weiter aus, wie etwa den »Deutschen Gruß«. »Heil Hitler« steckte längst so tief in unserem Unterbewusstsein, dass die Hand von selbst in die Höhe fuhr. Auf der anderen Seite kam man heim und erzählte seiner Mutter, dass man hinter dem Guckloch in einem zugemauerten Fenster des Drahtwerks Gesichter gesehen hätte, Gesichter, wie die von Gespenstern. Ich fühle heute noch den Schauer. »Das hast du dir eingebildet. Das Drahtwerk steht leer«, bekam ich zu hören. »Aber eine Frau hat mir zugewinkt«, antwortete ich. »Was du dir ausdenkst! Und lungere nächstens nicht am Drahtwerk herum, geh deiner Wege!« Mein Weg an dem Spuk vorbei war die nahe Frankfurter Landstraße, und ich hatte nicht gelungen.

Schwül, schwül und düster. Auch am Salisweg, der Straße nach Kesselstadt, standen unheimliche Gebäude, nach denen man nicht fragen durfte. Eintausend Zwangsarbeiter waren da zusammengepfercht im »Russenlager« der »Schönen Aussicht«, wie ich viel später erfuhr. Zehntausend gab es insgesamt in Hanau, ganz so, wie es für die gesamte deutsche Industrie vorgeschrieben war. Ich war immer von Panik gepackt, wenn ich da, einen Schritt schneller, vorbei ging und an den selten so energischen Ton meiner Mutter dachte. Das gehörte also zu dem Furchtbaren, das man nicht wissen durfte!

Die Luft, die man atmete, war beklemmend. Hinter allem, allem, schwelte etwas Geheimnisvolles. Bestimmt hat man die Kinderfantasie unterschätzt, wenn man sie so im Halbdunkeln blühen ließ. Schließlich waren es nicht die Russen, die gefürchtet wurden, sondern diejenigen, die ihre Einsperrung befahlen. Man bedauerte die armen Menschen. Aber wehe, wenn ein Kind das ausgeplaudert hätte!

Bei Voralarm, einem dreimaligen gehaltenen Sirenenton, hatten wir von der Schule nach Hause zu fahren oder, wenn das Rad kaputt war, zu laufen. Mein Weg aus der Innenstadt war recht weit. Wie von Sinnen rannte ich um mein Leben, wenn die Sirenen zum Vollalarm aufheulten, dann das Brummen hoch am Himmel zu hören war, während ich noch keuchend über die menschenleeren Straßen hetzte. Zu den Widersprüchlichkeiten dieser Zeit gehören die merkwürdigen Arten von Aktivitäten, die wir, der Kriegsnachwuchs, uns ausdachten. Wie eine Epidemie ging das Flak- und Bombensplittersuchen um. Wir durchstreiften überall das Gelände, und jeder zeigte stolz herum, was er da an schaurig ausgezackten Metallfetzen gefunden hatte.

Die allergrößte Anziehung hatten für uns die Güterzüge, die dem Truppentransport dienten. Die Züge, immer übervoll beladen mit ihrer Menschenfracht, kamen in der Regel nur stockend voran und blieben manchmal stundenlang liegen. Wie ein Lauffeuer sprach sich so etwas in der Kinderwelt herum, und alles strömte dahin. Längst war die Zeit vorbei, wo tapfer in die Zukunft schauende junge Soldaten uns fröhlich zugewinkt hatten. Die Abgekämpften wurden von einer Front an die andere verfrachtet. Vorbei war auch die Zeit, wo wir Lebensmittel und Blumen mitbringen konnten, wenn die Lazarettzüge kamen. Im Gegenteil. Jetzt erhofften wir uns etwas Attraktives. Da hockten die zusammengequetschten jungen Kämpfer in den Güterwaggons, viele ließen die Beine herausbaumeln. Aber was mich wunderte, war das, was man in den Gesichtern las und in jeder Geste: eine unbeschreibliche stumpfe Müdigkeit. So also sahen sie da draußen im Krieg aus. Schon Ältere, vielleicht Väter, wechselten ein paar freundliche Worte mit uns. Einer von ihnen hatte einen süßen kleinen braunen Dackel im Arm. Der Soldat sprach mit ihm: Er fragte ihn, ob er nicht bei mir bleiben wollte, da hätte er es bestimmt besser als bei ihm. Ich war selig. Aber als der Zug sich langsam in Bewegung setzte, drückte er das Hündchen an sich, das offenbar den Tausch abgelehnt hatte. Als Entschädigung warf ein Freund meines Freundes mir einen Stahlhelm zu. Es war ein »Franzosenhelm«, bläulich, mit einem längsverlaufenden Grat und erstaunlich groß und schwer. Begleitet vom Neid der übrigen Horde zog ich wie Ares persönlich mit meiner Trophäe unter dem Arm nach Hause.

Röschen war weniger begeistert. Sie sagte milde, dass es am besten wäre, das kostbare Stück im Keller aufzubewahren. Dann verstand ich nicht, wieso meine Mutter verstand, dass ein so großes Ding im Keller verloren gehen konnte. Erst jetzt beim Erzählen kommt mir die Frage in den Sinn, was wohl aus dem Kopf geworden ist, auf dem der Helm gesessen hatte.

Einmal bekamen wir Einquartierung, als Truppen bewegt wurden. Was für einen goldigen Menschen hatten wir da erwischt! Er war Gefreiter, etwas stämmig, hatte gesunde rote Backen und blaue Veilchenaugen. Es war von allen Seiten Liebe auf den ersten Blick. Meine Schwester war gerade zu Hause, als unser Soldat kam, und er saß nebenan, nur durch einen breiten Vorhang von uns getrennt, als wir uns über Vornamen unterhielten. Lottchen vertrat lauthals die

Meinung, dass »Heinz« scheußlich sei. Er hieß Heinz. Er wird ihr Temperament und den Schrecken mitbekommen haben, und wir hatten uns dann umso lieber. Ein paar sehr liebe Feldpostbriefe an meine Mutter kamen noch von ihm. Dann schrieb uns seine Mutter –

Ziegenmilch und dünne Beine

Um die Osterzeit dieses Jahres 1943 machte ich schlapp. Mit leichtem Fieber musste ich ins Krankenhaus, in die Obhut der guten Vincentinerinnen mit ihren großen Flügelhauben gebracht werden. Drei Wochen war ich im Bett ruhiggestellt. Da gab es unvergessliche rosa Wurstscheiben. Die Ärzte sagten, ich wäre unterernährt, und wenn nicht gleich etwas unternommen würde, bekäme ich eine offene Tuberkulose. Meine Wangen blieben komisch rund, aber der Rest war nur Arme, Beine und die Zöpfchen.

Damals durfte ich nicht wieder in die Schule gehen und musste viel im Freien herumlaufen. Das Dürfen und Müssen trifft die Sache nicht ganz. Vor allem freilich musste ich besser gefüttert werden. Meine Mutter hatte schon zuvor ihre (Mager-)Milchmarken an mich abgetreten. Auf ärztliche Verordnung bekam ich Sonderzulagen, etwas Hafer, Butter und Vollmilch. Röschen tat ein übriges und radelte Tag für Tag bis über Kesselstadt hinaus. Dort gab es einen Mann, der in einem Schrebergarten zwei Ziegen hielt. So saß ich dann allein am Küchentisch, wo sonst nicht gegessen wurde, vor einem riesigen Kübel – wie es mir vorkam – voll Ziegenmilch. Die musste roh getrunken werden, um ihre Kräfte voll entfalten zu können. Hat jemand einmal rohe Ziegenmilch getrunken? Nur er kann sich die Konflikte vorstellen, mit denen ich da zwischen dem vollen Pott und der aufopfernden Liebe meiner Mutter saß. So konnte aber nur gerade erreicht werden, dass ich nicht noch dünner wurde. Auch die Wirkung des schauerlichen Lebertrans, der mir mit einem Suppenlöffel eingeflößt wurde und regelmäßig einen konvulsiven Reflex auslöste, stand in keinem erkennbar sinnvollen Verhältnis zu der Prozedur. In Milch aufgelöst war das Zeug überhaupt nicht durch den Schlund zu bringen. Im Übrigen wurde unsere große Höhensonne für mich wieder angeworfen.

Dr. Gathof und das Amt für Volkswohlfahrt kamen überein, mir die Segnungen eines Kinderheims zukommen zu lassen. Es wurden sogar, statt der üblichen sechs Wochen, zwölf ausgehandelt, damit ich nur ja dick und kräftig wiederkommen sollte. Röschen hatte noch eine mühselige Zeit bis zu meiner Reise im Mai. Ich brauche nicht zu betonen, dass ich von oben bis unten ausstaffiert wurde mit kunstvoll neu zusammengestückelten Kleidchen in altbekannten Mustern. Jedenfalls stand ich schließlich am Hauptbahnhof neben dem Koffer für eine Weltumsegelung.

Vor mir liegt die rosa Karte, die mit einer Schnur an meinem Hals hing. »Entsendestelle: NSDAP, Amt für Volkswohlfahrt« steht darauf in fetter Fraktur. Heute weiß ich mehr, als wir damals wussten. Eine große Anzahl von Heimen der KLV, der Kinderlandverschickung, war schon lange eingerichtet worden. Der Bedarf wuchs mit den zunehmenden Luftangriffen auf die deutschen Großstädte. Es waren willkommene Brutstätten und Schulungslager zur Umerziehung gegen Elternhaus und Kirche mit Rassenkunde als Hauptthema. Hier konnte die »Persönlichkeitsbildung« der Kinder am intensivsten betrieben werden – nämlich die Abtötung der Eigenentwicklung durch Übung in blindem Gehorsam. Und was in den Schulen weniger gelang, war hier leicht: das Aushorchen der Kinder.

Sämtliche kirchlichen Einrichtungen für Kinder waren in die Hände der NSDAP übergegangen, während oftmals das bisherige Personal bleiben durfte, ohne Zweifel unter speziellen Bedingungen. Auf alle Fälle gehörte das Heim, in das ich kinderlandverschickt wurde, in die letztgenannte Kategorie. Ich ahnte nicht, wohin ich reise, als ich da mit meinem Überseekoffer am Bahnhof stand.

Kindererholungsheim

Der Autobus, in dem ich zusammen mit anderen Kindern von der Bahn abgeholt wurde, fuhr an meinem Erholungsort Ehringshausen bei Wetzlar vorbei. Wir durften nie in das Dorf gehen, und so habe ich es nicht kennen gelernt. Wir wurden ausgeladen vor einem verwinkelten alten Bauwerk, das nach hinten aus dem Kinderheim bestand und an der Vorderseite aus einem Krankenhaus, vielleicht mit Lazarett. Genau weiß ich es nicht, weil uns der Anblick dieses Gebäudeteils weitgehend vorenthalten blieb. Hinten also war das Heim, und hinter diesem stieg steil ein großer, wilder Garten an, so dass von der Umgebung wenig zu sehen war, so kam es mir vor. Fast alle Kinder dieses Schubs – wir werden wohl etwa vierzig gewesen sein – waren aus Köln gekommen, nachdem über ihrer Stadt ein Bombenregen niedergegangen war. Wir wurden freundlich empfangen. Die Heimleiterin war eine Diakonissin in strenger Tracht mit gestärkter weißer Haube. Sie war eine große, sehr aufrechte und schöne junge Frau, die nie aufhörte, achtunggebietend zu wirken. Bei den täglichen und nächtlichen Abläufen war sie für die Jungen verantwortlich und hatte diese Bande auch bestens im Griff. Ihr zur Seite stand »Tante Hilde«, die für uns Mädchen sorgte. Sie hatte schönes, rötlich-braunes Haar, braune Augen und viele Sommersprossen. Sie habe ich sehr, sehr liebgewonnen. Sie hatte eine mütterliche Art mit uns umzugehen, hielt aber auch eine gewisse Distanz ein und ließ nie Autoritätsprobleme aufkommen. Wir hatten sie alle gern. Die Mädchen schliefen alle zusammen in einem großen Saal mit hohen weißen Eisenbetten. Die Jungen waren am anderen Ende des Hauses wohl ebenso untergebracht. Das tägliche Leben lief im Spielsaal ab. Dort wurde auch an langen Tischen gegessen. Merkwürdigerweise waren wir am Abend

Die Karte, die bei der Kinderlandverschickung nach Ehringshausen 1943 auf meiner Brust hing

angekommen, erst nach 18 Uhr abgereist. Wie so vieles andere fiel uns das nicht auf. Eher beeindruckte uns alle, wie das Frühstück aussah. Es gab kein Brot. Jeder hatte einen Teller mit Suppe vor sich stehen, die aus Wasser, Milch und darin schwimmenden verkochten Haferflocken bestand. Eher fad als süßlich, eben wässerig schmeckte sie. Das war alles. Ermunternd wurde uns zwar immer wieder zugeredet, einen zweiten Teller voll zu nehmen, aber irgendwie hatte man genug davon, ohne satt geworden zu sein. Von den zehn Frühstücksgenossinnen an meinem Tisch war nur eine fähig, von dem Angebot Gebrauch zu machen. So blieb das sechs, für mich zwölf Wochen lang. Mittag- und Abendessen waren abwechslungsreicher, aber ebenso gut ausgekocht. Es gab abends eine einzige, bei »alten Hasen« schon bekannte Speise, der wir schon den ganzen Tag entgegenjubelten. Das waren kleine süße Mehlpfannküchlein, die vor Öl trieften, wenn man mit der Gabel draufdrückte. Wie wir uns auf die gestürzt haben! Die kleinen Ölfladen hat es in den zwölf Wochen vier oder fünf Mal gegeben. Wir haben gefragt, warum es sie nicht immer geben könne. Es hieß, dass es auf das ankomme, was im Krankenhaus übrig blieb. Sie waren wohl in verbrauchtem Ausbackfett gebraten. Wieso war das Heim kaum mit Nahrungsmitteln versorgt? Wie Kinder so sind: Wir waren nicht verwöhnt und fanden alles ganz in Ordnung, wenn auch nicht angenehm.

Jeden Tag wurde ein Spaziergang in die bewaldete Umgebung gemacht, ohne dass mir etwas anderes als Wald aufgefallen wäre. Wir gingen auch immer auf denselben kleinen Wegen hinter der Schwester her. Auf das Mittagessen folgte die Liegekur. Nicht die Frühstückssuppe, sondern diese Kur war für mich, die ich ans Herumrennen gewöhnt war, eine wirkliche Qual. Am oberen Ende des steilen Gartens standen unter einem langen Dach die schmalen Gestellchen, auf denen wir regungslos zu liegen und uns zu erholen hatten. Nicht eine einzige Minute habe ich da geschlafen, und so war das Stillhalten müssen eine Folter, jeden Tag zwei Stunden lang. Sonderbarerweise war es unseren Eltern verboten, uns Lebensmittel zu schicken. Meine hinreißende Mutter hat zu Hause meine Lebensmittelmarken, die mir demnach weiterhin zugedacht waren, so lange gegen andere umgetauscht, bis sie die Zutaten für Butterplätzchen zusammen hatte. Es kam ein Päckchen für mich an, das voller Ringelsocken und anderem Strumpfmaterial war. Kaum wohl hatte sie sich vorgestellt, dass beim Auspacken alle Mädchen und obendrein Tante Hilde gespannt zugucken würden. Da kamen also aus dem Inneren aller aufgewickelten Klöße die Plätzchen herausgekullert. Alle waren von meiner Mutter begeistert! Auch Tante Hilde. Als sie ihren letzten abendlichen Kontrollgang machte, sah sie auch nicht, dass zwischen meinem und dem Nachbarbett Plätzchen auf dem Boden lagen und rechts und links unsere Arme heraushingen. Aber weitere Sockensendungen wurden untersagt.

Ja, der Kontrollgang. Dabei war auch so eine Merkwürdigkeit. Tante Hilde machte ihn früher und noch einmal später am Abend. Dann dauerte es lange, bis sie wieder durch unseren langen Raum zurückging. Das habe ich aber nur manchmal und vage im Halbschlaf mitbekommen. Am Ende des Saals führte eine Tür zu einem Vorraum, in dem Schränke standen. Nach links kam man zu den Toiletten und einer langen Waschbeckenbatterie – da also hielt sich unsere Tante abends auf. Ich weiß, dass wir viel zu sehr daran gewöhnt waren, von allem nichts zu verstehen, als dass uns noch irgendetwas ungewöhnlich vorgekommen wäre. So wussten wir auch nichts damit anzufangen, dass in unregelmäßigen Abständen, ganz unabhängig vom Sechswochenrhythmus, Kinder ankamen und zwar immer bei Nacht und Nebel. Ohne Ausnahme hatten sie so verlaustes Haar, dass es umgehend mit einem scharfen Mittel getränkt und eingewickelt werden musste, was aufs Liebevollste von Hilde besorgt wurde. Das ganze Haus roch dann penetrant nach diesem Zeug. Es hieß, es habe neue Luftangriffe gegeben, und ich kam zu der Meinung, dass in Köln die Bunker voller Läuse wären. Eins dieser Mädchen hatte so unruhig-huschende und verängstigte, glühend schwarze Augen, dass wir sie Hexe nannten – ach Gott! Sie war mit ihrem großen Bruder gekommen. Auch er fiel auf. Er hatte ein gutmütiges rundes Gesicht und sagte fast nie ein Wort. Jeder hatte ihn gern. Ihm wurde kurzerhand der lausige Filz abgeschoren. Hilde sagte, dass die Eltern der beiden unter den Bomben ums Leben gekommen seien. Wir mochten auch die fremdartige kleine Hexe immer lieber, denn sie konnte sehr lustig und pfiffig sein. Wie froh war ich später, dass ich sie bald Lisa genannt habe.

Der Geist des Hauses war wunderbar. Wir wurden nicht nur nicht im Sinne des Nationalsozialismus beeinflusst, sondern es wurde vor und nach den Mahlzeiten gebetet. Und vor allem lernten wir Lieder: Morgen-, Abend- und Wanderlieder, Kanons und viele evangelische Kirchenlieder, eins schöner als das andere.

»In wie viel Not
hat nicht der gnädige Gott
über dir Flügel gebreitet«

Dies gehörte zu jedem Tag. Die Lieder waren ein Ruhekissen, auf dem man liegen und alles andere vergessen konnte. Wir sangen von morgens bis abends.

Ich kann mich nicht daran erinnern, wie es gekommen ist, dass unsere Tante Hilde mich einmal mitgenommen hat in den Raum hinter dem Schlafsaal und dort eine Treppe hinauf, die ich noch nicht bemerkt hatte. Oben kam man in ein Mansardenzimmer mit etwa sieben Betten, die ohne Zwischenräume alles ausfüllten. Da lagen und saßen kleine Jungen herum, mit blassen, verschlossenen Gesichtern. Nur einer, der mit Hilde gleich fröhlich zu reden und zu schmusen anfing, sah auch mich freundlich an. Ein süßer, lebendiger Junge war er, mit hellwachen Augen und einem rötlichen Lockenschopf. Vor den anderen Kindern bekam ich Angst. Noch nie war ich so von einer Front ablehnender Augen getroffen worden. »Wir müssen wieder gehen«, sagte die Tante schnell. Ich verstand wieder einmal nichts und vermutete, dass dies Hildes Lieblinge wären. Das waren sie auch. Während wir die düstere schmale Treppe hinunterstiegen, wollte ich wissen, wie die Kinder denn nach draußen kämen. Da sei noch eine Treppe, sagte sie hastig, und dass das Zimmer zum Krankenhaus gehöre. »Aber das geht doch gar nicht. Die Mansarde liegt abgesondert über allem. Es ist logisch, dass das nicht geht«, so die kleine Architektentochter. »Es ist aber so«, wurde mir erwidert. Tante Hilde kam mir jetzt etwas unwillig vor. Aber ich liebte sie ja so sehr, nahm bereitwillig an, was sie sagte, ließ die Sache auf sich beruhen und vergaß sie. Ich vergaß sie für viele Jahre.

Es gab noch mehr Sonderbares. Zum Beispiel junge Hilfstanten, die kaum einen Finger rührten. Eine von ihnen verfolgte uns mit unerklärlichen Schikanen. Ich wurde von ihr drei Stunden lang in einer Badewanne voll Desinfektionslösung festgehalten und kam verschrumpelt wie eine Feige wieder heraus. Wir hatten uns nur von Weitem gekannt. Aber ich hatte ja immer meine liebe Tante Hilde. Ich weiß nicht, wie die Zeit es macht, dass sie in der Ferne liegengebliebene Dinge so schön in warmes Licht tauchen kann. Warm ist die Farbe des Speisesaals mit seinem lebendigen Inhalt, wie ich ihn in meiner Erinnerung sehe. Vielleicht war es dem »Ruhekissen« zu verdanken, dass wir – das ganze Kinderhäuflein – als einträchtiges Ganzes gespielt, gesungen und gelöffelt haben. Ich beherrsche jetzt Kölsches Platt der zünftigsten Sorte. Und alle von uns wussten, was es hieß, »mit Rosen bedacht und mit Näglein besteckt unter die Deck schlüpfen« zu können, ohne Angst vor der Nacht oder vor dem nächsten Tag haben zu müssen. Wir verstanden uns gegenseitig.

Wann aber hört das selbstverständliche Miteinander auf, während wir älter und erwachsener werden? Wird das Urteil besser und nicht die Bekanntschaft mit dem Vorurteil? In Einmütigkeit haben wir unsere Zeit abgesungen. Aber als nach sechs Wochen meine ersten Freunde heimfuhren, fing ich an, mich wie eine Strafgefangene zu fühlen. Zweimal in der ganzen Zeit war meiner Mutter ein Besuch gestattet, wobei sie aber nicht mit mir alleine hinaus gehen durfte. Ich wollte gar nicht klagen. Auch jeder Brief, der hin und her ging, wurde kontrolliert und dementsprechend habe ich meine kleinen Berichte abgefasst. Alles war eben ein bisschen komisch. Aber Röschen ließ mich nicht allein. Der Herzton in ihren Briefen war alles, was ich brauchte.

Eines Tages, da ging es schon auf die letzte Woche zu, fing unsere »Hexe« an, so glücklich herumzutanzen, dass wir uns alle für sie mitfreuten. »Unsere Tante kommt, um uns abzuholen!« Diesen Satz haben wir Tag für Tag gehört, haben aufgeregt mitgewartet, bis es endlich soweit war, wie es hieß, aber –

Unsere Heimleiterin kündigte das Kommen einer sehr hochgestellten Dame an, der wir nur ja höflich und ordentlich begegnen sollten. Sie kam und sah dem Fräulein Braun ähnlich. Von da an herrschte eine hektische Unruhe im Haus, wenn auch verborgen im Hintergrund. Umso unheimlicher war es. Die ganze Urangst, die hinter unserer Unwissenheit schwelte, war plötzlich da. Die gewohnten Zeiten wurden nicht mehr eingehalten. Unsere Diakonissin kämpfte um ihre schöne Haltung, aber sie konnte ihre Erregung nicht zügeln und fuhr uns an. Hilde ging mit einer Verschlossenheit umher, die für mich herzzerreißend war. Die Tante unserer beiden verwaisten Geschwister zeigte sich dagegen nicht. Gemunkel ging durch die Kinderschar: »Alle müssen hier weg, werden versetzt!« (Was, wieviel wussten eigentlich meine Gefährten??, frage ich mich.)

Der Stress ging ins Unerträgliche. Wir bekamen unberechenbare Strafen. Ich wurde aus mir unbekannten Gründen einen ganzen Nachmittag lang allein im abgelegenen Schlafsaal eingesperrt. Ich heulte und schrie nach meinem Vater, er solle mich doch nach Hause holen. Aber niemand hörte mich. Noch am letzten Tag mussten wir zu ungewohnter Zeit eine lange »Strafliegekur« abliegen – für ein Kollektivvergehen, das keinem recht bewusst war. Die schlimme Hilfstante überwachte uns dabei. Schließlich holte die Heimleiterin, aufrechter denn je, uns ab. Wir gingen den Berg hinunter, und ich hörte einen Schrei, einen Schrei, den ich nie vergessen werde. Keins der anderen Kinder beachtete ihn. Ich lief zu unserer Führerin. Sie hatte ihn auch gehört, aber sie wimmelte mich ab und ging schneller.

Wir fuhren ab. Der Himmel weiß, wo sie geblieben sind, die vielen Kleinen und die Großen, die wir zurückgelassen haben, der Rotschopf, Hilde, die tapfere Diakonissin, die »Hexe« – Dieses Haus war eine Falle der Nazis. Sie war zugeschlagen vor meinen Augen. Die Konzentrationslager konnten neue Opfer verschlingen.

Aus meiner Doppelkur kam ich dünner zurück, als ich gegangen war. Aber was bedeutet mir das jetzt? Jetzt, wo mir das Drama grell vor Augen steht? Als es zu Hause hieß: »Erzähl doch mal!« und ich arglos daherplapperte, ging mein Vater aus dem Zimmer und Röschen schaute an mir vorbei. Bei beiden kam mir die Freude über meine Heimkehr nicht gerade groß vor. Ja, ich spürte Entsetzen. Deswegen weiß ich das ja noch so gut.

Wehrlose auf dem Schlachtfeld

Wir hatten es gut. Verhältnismäßig hatten wir es gut, besser als die meisten anderen Familien. In unserem Keller gab es Luftschutzbetten für alle, schmale Doppeldecker aus Holzlatten. Eine Segnung, denn die Großangriffe fanden überwiegend in der Nacht statt.

Nicht nur bei den Vögeln gibt es Nestflüchter und Nesthocker. Nur wer selbst zu dieser Spezies gehört, kennt das Arkadien, in welchem wir Hocker uns ein Leben lang Morgen für Morgen vorfinden beim Austritt aus der Welt seligen Vergessens und dem Eintritt ins Licht des bewussten Daseins. Man schwebt noch schwerelos durch das mit Sphärenmusik erfüllte All seiner Träume, sieht durch die heruntergelassenen Jalousien seiner Augen rosig den Tag herankommen und möchte doch gern da bleiben, wo man ist. Natürlich kann man sich in diese Orgie verlieren, ganz wie in andere auch, und wenn die Träume genüsslich waren, gleitet man unversehens zurück und wieder in sie hinein.

Überhaupt keine natürliche Gabe des Mit- und Nachfühlens ist mir gegeben für noch so liebenswerte Menschen, die auf den ersten Weckton hin ruck, zuck, neben ihrem Bett stehen und sich wohlgemut auf den Weg zur nächsten Wasserquelle machen, in die sie sich vermutlich am liebsten mit einem Kopfsprung hineinstürzen würden. Nichts Grässlicheres gibt es, als wenn der nestflüchtende Wasservogel fitgewaschen und mit glänzendem Gefieder energiegeladen seinen anstehenden Taten entgegeneifert, während der Nestling gerade seinen Kopf vom rechten unter den linken Flügel gesteckt hat. Sie sind uns etwas voraus, das weiß ich.

Lottchen war ein Nestflüchter. In den ersten Jahren sprang sie schon aus dem Bett, wenn der nächtliche Sirenenton noch nicht an seinem Zenit angekommen war, lud ihre dicken Kissen auf den Kopf, fand blind den Weg in den Keller und schlief bereits wieder, wenn der Ton hinunterging. Den Rest brauche ich nicht zu beschreiben. Aber sie war ja auch sechs Jahre älter als ich!

Nun, mein Schwesterlein war nicht mehr bei uns, als im Winter 1943/44 die Bombardements der Alliierten auf die deutschen Groß- und Industriestädte dichter und dichter vom Himmel kamen. Ja, vom Himmel. Wer hat schon einmal darüber nachgedacht, dass wir ein ganzes Leben in einem nach oben hin freien, weit, weit offenen Raum verbringen dürfen und das als eine Selbstverständlichkeit hinnehmen? Unbewusst fühlen wir das wohl, sonst würden wir uns nicht das Göttliche, das »Höchste« im Himmel vorstellen. Diese Dimension gab es für uns nun nicht mehr. Ganz im Gegenteil. Von fern näherte sich ein dumpfes Summen, dumpf, aber stark und stärker werdend, bis man ihn über sich hatte, den schweren silbern vor dem Himmel glänzenden Metallteppich, aus Hunderten von bombenbeladenen Flugzeugen zusammengewebt. Langsam, langsam war die Fortbewegung, und Angst, Angst, war alles, was man fühlte.

Immer öfter kamen und gingen sie und zogen wie Wolkendecken über uns hin. Bei Tag flogen die Amerikaner ausgewählte Ziele an. Die britischen, zum Teil auch amerikanischen flächendeckenden Großangriffe, die Terrorangriffe, wie sie hießen, gab es überwiegend im Dunkel der Nacht. Je heller der Himmel wurde, desto näher lag das vor seiner Vernichtung stehende Areal. Mit »Christbäumen«, den Leuchtsignalen, wurden die Eckpunkte über uns abgesteckt. In der erwartungsvollen Stille unseres düsteren Kerkers war das Schlimmste das Ticken. Der Führer hatte sein Reich mit Propagandakästen, den »Volksempfängern«, überschüttet. Das waren kleine schwarze Lautsprecher mit einem runden Textilfeld in der Mitte. Im Keller hörten wir den für die Flak eingerichteten »Drahtfunk«. Wenn das Programm abriss und das Ticken anfing, waren sie schon im Anflug, dann wurden die »Luftlagemeldungen« eingeschoben. Man konnte verfolgen, wo die Kampfgeschwader sich entlangbewegten, welche unserer Städte die vermutlich von ihnen angesteuerten Ziele waren. Wenn das Ticken abriss und der Code für unseren Bereich »Quelle Siegfried 6« durchgegeben wurde, dann waren sie da. Dann waren sie im Feld der Funkmessgeräte unseres Abwehrsystems, und wir sprangen aus den Betten und setzten uns eingerollt auf niedere Hocker und Bänke. Wenn dann der Strom ausfiel, wenn man in die Schwärze der Nacht starrte und schließlich ein Notkerzchen brannte, wenn der Flakdonner lauter wurde, dann wusste man, dass man an der Reihe war und gleich das Krachen und Beben folgen würde.

In diesem Winter machte der Luftkrieg die »Heimat« zum Schlachtfeld. Schlag auf Schlag folgten die Großangriffe auf das nahe Frankfurt und Ludwigshafen mit jeweils achthundert Bombern – der Himmel brannte im Westen wie Abendrot. Braunschweig, Leipzig, Hamburg: fast tausend Bomber. Großstadt folgte auf Großstadt – und immer wieder war das Ziel Berlin, Berlin, Berlin. Am 24. März 1944 luden achthundert britische Flieger über Berlin ab und neunzig über London. Hitler hätte das wohl lieber umgekehrt gesehen.

In Hanau hielt sich zu diesem Zeitpunkt alles noch in Grenzen. Vom Schlimmsten blieben wir noch verschont. Das Schicksal nahm sich Zeit mit unserer Stadt.

Sei immer treu und edel

Meine Mutter erlebte das alles mit der großen Empfindung, die ihr eigen war. Sie verschloss nicht ihre Augen, auch nicht vor dem schweren Los der vielen anderen Frauen um uns herum. Sie lebte alles aus, aber sie blieb fest und ruhig. Trotz ihrer Sorgen war sie ein lebendiger Trost für uns andere.

Ich bilde mir immer ein, die Menschheit in zwei Gruppen, in Geber und Nehmer einteilen zu können. Röschen jedenfalls war eine Geberin. Sie behielt auch in dieser ganzen Zeit ihre Aura und ihre Wärme. Nie hat sich in ihr etwas verhärtet, wie in so vielen, vielen anderen, die man gut genug verstehen konnte.

Unsere Gedanken waren ständig bei meinen Geschwistern.

Für mich gingen die alten Aktivitäten für HJ, Schule, in Haus und Garten weiter. Aber es fehlte der frühere Schwung. Kaum eine Familie war mehr beisammen. Die Väter der meisten Kinder waren an der Front, die Mütter voller Sorge um ihre Männer oder ihre älteren Söhne. Alle waren voller Angst, voller Anspannung und hatten die zusätzlichen Aufgaben und die Not zu meistern, die ich schon zu schildern versucht habe. Für die Soldaten an der Ostfront hatte man wenig, für die Jungen der Kriegsmarine fast keine Hoffnung mehr. Es war aber auch gut, dass die Arbeit uns allen viel abverlangte. Nicht nur aus Selbstlosigkeit habe ich Tag für Tag unsere goldigen Nachbarskinder Siegfried und Karl-Heinz Peters bemuttert, gefüttert und ins Bett gebracht.

Mit der Schule ging es unverändert weiter, von den Alarmunterbrechungen einmal abgesehen. Ein Erzieher der Jugend musste sich mehr als manch anderer an die Forderungen des Nationalsozialismus angepasst zeigen, wenn er nicht Beruf, Familienglück und Kragen riskieren wollte. Lehrer waren zudem laut Gesetz angehalten, Eltern zu denunzieren, deren Kinder »verdächtige« Äußerungen machten. Über die Volksschullehrerin meines Bruders Gerhard sind wir ja schon im Bilde. Zum Glück bekam ich nichts mit ihr zu tun. Während dieser Jahre habe ich keinen Lehrer kennen gelernt, der fanatisch zum Nationalsozialismus stand oder gar etwa seine Funktion missbraucht, uns beeinflusst, ausgehorcht oder bestraft hätte. Die Begriffe »Rassenkunde« oder gar »Herrenmenschen« sind mir erstmals begegnet, als ich erwachsen war. Ich weiß, dass es da ganz andere Fälle gab, aber es ist auch bekannt, dass das Ausnahmen waren. Im Gegenteil spürte man bei vielen unserer Lehrer ein passives Verhalten, das wir gut genug zu deuten wussten. Man sagte mit leicht hochgeklapptem Unterarm »Heitler« und hielt im Übrigen seinen Mund, ganz so, wie wir das zu Hause lernten. Niemand verplapperte sich. Unter den Mitschülerinnen habe ich kein braunes schwarzes Schaf bemerkt, bestimmt hat kein Kind listige Fragen gestellt. So sind wir an allen Untiefen vorbeigeschifft, Gott sei Dank. Mit Vergnügen sieht man jetzt die unterschwelligen Einflüsse im alten Poesiealbum:

> »Sei immer treu und edel
> und bleib ein deutsches Mädel!«

*Mit Siegfried Peters auf der Huttenstraße (heutige Hindemithstraße).
Im Hintergrund die Möbelfabrik Körner, welche nach ihrer Zerstörung abgerissen wurde.*

Immerhin mit »ä« geschrieben. Aus uns Mädeln sind dann doch noch Frauen geworden.

Der Direktor wusste jedoch, was er dem Führer schuldig war. So hat sich ein die Seele aufwühlendes Gedicht erhalten, das bei einer Schulfeier von meiner Schwester hatte aufgesagt werden sollen, als sie zwölf oder dreizehn Jahre alt war. Sie ist zum Glück an dem Tag krank geworden, und der ehrenvolle Auftrag ging an ein anderes Mädchen:

»Adolf Hitler als Mensch

So sieht ihn die Welt:
Gewappnet in Erz und die Hand
am geschliffenen Schwerte.
Wir aber kennen sein gütiges Herz
Unterm Mantel der stählernen Härte.
Die Kinder kündens mit frohem Glück,
die irgendwo ihm begegnet,
und Tiere haben mit stummem Blick
sein stilles Wohltun gesegnet.
Denn die tiefste Wurzel all seines Tuns
Ist ein allumfassendes Lieben.
Drum ist er dem letzten und ärmsten von uns
Als Führer Kamerad doch geblieben.
So sieht ihn die Welt:
Gewappnet in Erz
Und die Hand am geschliffenen Schwerte.
Wir aber kennen sein gütiges Herz
Unterm Mantel der stählernen Härte.«

Als Lotte und ihre Klassengefährtinnen sechzehn Jahre alt waren, sollte traditionsgemäß von ihnen ein Theaterstück zu Ehren der Abiturientinnen des Jahres aufgeführt werden. »Der Kaufmann von Venedig« wurde einstudiert. Kurz vor der großen Vorstellung kam das Aus von der hohen NS-Behörde: »Ein Stück von Shakespeare! Von einem Engländer!« Schnell wurde mit der Hilfe eines Regisseurs vom Stadttheater Heinrich von Kleists »Der zerbrochene Krug« eingepaukt. Wir hatten dann freilich einen Riesenspaß an der Aufführung mit Ruth Lehmann ganz groß als Adam. Lotte spielte den Gerichtsrat Walter, und ich war mächtig stolz auf sie.

Wenn ich an unsere pausenfüllenden wüsten Völkerballspiele auf dem Schulhof zurückdenke, dann will es mir scheinen, dass ich körperlich ganz schön fit war, ob dünn oder nicht. Aber davon abgesehen glänzte ich damals eher unter den Schlusslichtern, nachdem ich fast ein ganzes Schuljahr versäumt hatte.

Das »Flaggenhissen« spielte in der Hitlerzeit eine enorme, den Alltag verbrämende Rolle. Wie das Blumensprießen im Frühling wirkte das leuchtende Rot mit schwarzem Hakenkreuz auf Weiß, das an jeder Straße des Deutschen Reichs entlang jedes Haus mit Geflatter schmückte, wenn einer der vielen eingeführten Festtage begangen wurde, wie Führers Geburtstag, Reichsparteitag, Tag der Wehrmacht, Heldengedenktag, Tag der deutschen Jugend, Sonnwendfest, Tag der Machtergreifung und ich weiß nicht was noch alles. Die Fräulein Brauns sorgten dafür, dass sein böses Teil bekam, wer seine Fahne nicht draußen hängen hatte. Auch in der Schule wurde bei jeder Gelegenheit die Fahne an ihrer großen Stange hochgezogen, vor ihr salutiert und natürlich gesungen. Einmal, an einem ganz unschuldigen Tag, mussten wir mitten aus der Mathestunde heraus mit sämtlichen Schülerinnen der Lehranstalt auf dem Schulhof zum Flaggenappell antreten, um einen hohen Gast zu begrüßen. Wir marschierten auf, es wurde gehisst, ein Parteimensch hielt eine Rede von der ich nichts verstand, und wir sangen forsche Lieder über Sieg und Tod. Schließlich wurde uns der Anlass für das Spektakel mitgeteilt: Dass auf höherer Ebene für jede Klasse eine »Klassenführerin« bestimmt worden sei. Mit dem Erbgut eines Hangs zum Träumen behaftet, war ich längst weit weg vom Geschehen. Ich wurde von einem Ellenbogen geweckt und hörte den fremden Mann meinen Namen rufen.

In meinem neuen Amt hatte ich beim Eintritt des Lehrers vor der Klasse zu stehen, »Achtung!« zu schreien und einen zackigen »Deutschen Gruß« anzustimmen. Lieber wäre ich hinterherhinkende Schülerin ja im Boden versunken. Aber die guten Mädchen haben nur gegrinst und nichts gesagt. Außerdem sollte ich dem Direktor melden, was meine Schulfreundinnen nicht richtig machten. Was das sein sollte, das sie nicht richtig machten, blieb mir nicht ganz verschlossen. Ich sollte petzen! Das war das Amt eines der vielen Kinderagenten. Zu meinem Glück ging die Zeit schon bald zu Ende, in der regelmäßiger Schulunterricht möglich war.

Man wird erkennen können, wie unsere Familie nicht nur bespitzelt, sondern auch auf die plumpste Weise herangezogen und provoziert wurde. Soviel hatte ich jedenfalls längst verstanden. Ich weiß nicht, ob meinen Eltern bekannt war, wer dahinter steckte von denen, die in unserer Stadt das Sagen hatten. Horror hörte ich heraus, wenn mein Vater vom Kreisleiter sprach. Jedes Zeichen mangelnder Regimetreue war eine Gefahr für die ganze Familie. Unvorsichtigkeiten wurden der Gestapo mitgeteilt über die Ortsgruppenleitung; dieser musste von Schule, HJ und vom Blockwart alles Verdächtige unverzüglich gemeldet werden. Eine Mittelsperson kannte ich gewiss: unsere Leibwächterin.

Auszug aus dem Gesetz über das Sorgerecht: »Eltern, die ihr Kind den Forderungen des Nationalsozialismus entgegen erziehen, ist über das Vormundschaftsgericht das Sorgerecht zu entziehen. Alle Richter haben sich an diese Anordnung zu halten.« Das war also gar nicht so komisch wie es aussah.

Kanonenschüler

Nach dem Verschwinden meines ältesten Bruders in den Weiten Russlands wurde Gerhard, fünfzehnjährig, zu den Luftwaffenhelfern einberufen. Das war eine merkwürdige und wie immer schlau ausgedachte Regelung. Man hätte das auch als einen Klassenausflug ansehen können. Denn die Jungen, Kinder, die sie noch waren, wurden als blaugrau uniformierte Schulklasse an die Fliegerabwehrkanonen gestellt, an die Flak. Neben der Aufgabe, auf Flugzeuge zu schießen, ging, ganz entzückend und altersgerecht, der Schulunterricht weiter. Es sei denn, dass an der Batterie gebaut, exerziert oder – geschossen werden musste.

Und wie geschossen werden musste! Nach kurzer Ausbildung kam die junge Klassenkompanie zu vollem Einsatz.

Die Fliegerabwehr diente in erster Linie dem Schutz der Großindustrie. Objekte, mit deren Vernichtung man jeden Tag rechnen musste, waren die metallverwertenden Industrieunternehmen Hanaus, die jetzt ohne Ausnahme in den Dienst der Rüstung gestellt waren. Anderen voran sind die Betriebe W.C. Heraeus, Heraeus Vacuumschmelze und Degussa zu nennen; des weiteren die VDM-Luftfahrtwerke sowie die gummiverarbeitenden Dunlop-Werke.

Zunächst lag Gerhards Stellung im Wald beim nahen Bruchköbel. Wir, die Familien, konnten sonntags dorthin radeln, und mein Bruder kam gelegentlich nach Hause, meistens wie erschlagen. Meiner Fantasie gelang die Vorstellung nur mühsam, dass in den Nächten die gespenstisch den schwarzen Himmel durchfahrenden Lichtbahnen der Suchscheinwerfer und der Kanonendonner aus dem idyllischen Gelände am Waldrand kamen. Ernster wurde es, als die jungen Flaksoldaten in Frankfurt Stellung beziehen mussten, wo die Industrieanlagen und ihr Verteidigungssystem längst das Ziel von Luftangriffen der Alliierten waren. Immer öfter konnten wir die Rotglut und die Detonationen bei den verheerenden Bombardements verfolgen.

Der einzige Trost für die ausgelieferten und aus ihren Familien gerissenen Jungsoldaten waren ihre Lehrer, derer ich hier mit Dank gedenken möchte. Auch für sie war zunächst das Fahrrad das einzige Verkehrsmittel, und zu der Station in Frankfurt nahmen sie die tägliche umständliche und gefahrvolle Bahnfahrt auf sich. Betreuungsleiter war der bekannte Hanauer Historiker Dr. Heinrich Bott. Ihn und Herrn Dr. Otto Rasch, der sich ebenso für seine Schüler eingesetzt hatte, habe ich noch als hochqualifizierte Lehrer an unserem Gymnasium erlebt. Wir hörten aber auch von Freunden, mit denen niemand gerechnet hatte: den immer mehr geschätzten russischen Kriegsgefangenen, die den Jungen zum Beispiel für das Herbeischaffen der Munition zugeordnet waren. Nach wenigen Monaten erhielten die jungen Flaksoldaten irgendwo eine Schulung für den Umgang mit den schweren Geschützen der größten Kaliber (von sonstigem Unterricht konnte keine Rede mehr sein). Dann kam der große Schock: Der Standort für eine schwere Batterie waren die riesigen Anlagen der Leunawerke in Merseburg. In dem Chemieunternehmen wurde Treibstoff für die Kriegsmaschinerie aus Kohle gewonnen. Diese Hochburg der Rüstungsindustrie war eins der bedeutendsten strategischen Ziele für die Luftstreitkräfte der Westmächte. Rund um den gewaltigen Komplex krachte das Dauerfeuer der Abwehr.

Mit fast pausenlosem Einsatz unter unvorstellbaren Bedingungen taten die Jungen ihren grauenvollen Dienst. Kaum gab es für sie Ruhe in ihren primitiven »Otto-Hütten«. Immer dichter wurden Leuna und besonders die Flakstellungen bombardiert. Die aufgewühlten Äcker des riesigen Geländes müssen einem Schlachtfeld geglichen haben. Viele Menschen, darunter mehrere Freunde, fanden den Tod.

Verhärmt, erschöpft, verausgabt bis aufs Blut kämpften unsere jungen Brüder im Zentrum der Heimatfront. Ein Passbild, das Gerhard in dieser Zeit zeigt, konnten wir kaum ansehen. Wir zitterten um jede Nachricht aus dieser Hölle.

Jugend im Wettlauf mit dem Tod

In unserem schönen dicken Fotoalbum ist der Fluss der Familienbilder schon längst versiegt. So spricht Röschen noch mit einer Sprache ohne Worte zu uns. Man kann miterleben, wie auch ich, die Kleinste, mich unter die Kinder mische. Man sieht, wie meine lieben Geschwister mich schaukeln und verwöhnen. Es schließt mit meinem größten Bruder zwischen seinen fröhlichen Mitschülern, ein beleibter, jovialer Lehrer der Hohen Landesschule steht in ihrer Mitte. Andere Fotos zeigen, wie Lottchen als ein schon aufgeschossenes Kind ihr Gartengewurstel unterbricht und ihrer kleinen Schwester ein Glas Zitronensaft einflößt (ich schmecke es noch, dünn und süß), beide im Spielhöschen und mit weißen Haarschleifen – man spürt die Sonne, wenn man es betrachtet. Dann wird man vom Ende überrascht. Es kommen nur noch leere schwarze Seiten.

Wenn man in allen möglichen Kästchen und Umschlägen wühlt, finden sich vereinzelte weitere Bildchen, primitive, verbogene mit der »Box« gemachte Aufnahmen mit weißen Zackenrändchen, Passbilder, misslungene Fotos.

So abrupt wie sich das darstellt, habe ich das auch empfunden: Gerade waren wir noch alle Kinder, und jetzt, 1944, hatte ich drei uniformierte erwachsene Geschwister.

Lotte übte ihre Anziehungskraft auf die junge männliche Welt aus. Aber wie kurz war die Jugend für diese Jahrgänge!! Da waren die Monate der Tanzstunden bei Herrn Ersch, der ersten tastenden Begegnungen – und schon wurden alle auseinandergerissen. Jeder wurde zum Spiel mit dem Tod geschickt, und viele wurden besiegt.

Zu denen, die schon früh eingezogen wurden, gehörte der junge Eilert aus Lottes Freundeskreis. Seine Eltern hatten meine Schwester beauftragt, seinen Kopf zu modellieren. Als Fünfzehnjährige schuf sie ein reifes bildhauerisches Werk, das die männlich geprägten Züge und Formen des jungen Soldaten kraftvoll darstellte. Diese Büste war das Letzte, was den traurigen Eltern von ihrem Sohn blieb. Wenn ich mich recht erinnere, wurde später das Haus der Familie mit allem durch Bomben vernichtet.

Lottes damaliger Freund war Fliegeroffizier. Er verwöhnte sie mit Geschenken, wie kleinen Arbeiten der Lappländer aus dem hohen Norden Norwegens, wo er bei den »Aufklärern« stationiert war. Er hatte ein (oder das) »Aufklärerlied« gedichtet, das von Lotte vertont wurde:

»Sonne und Sterne am Himmel so hoch,
die Heimat so ferne, aus der ich einst zog.
Über die Gletscher des Eises,
Aufklärer, hinaus!
Doch einmal, ich weiß es,
geht' s wieder nach Haus.«

Nun, so war eben die Kriegspoesie, und das Lied wurde bei den Aufklärern gern gesungen, wie der Freund uns berichtet hat. Es scheint, dass die euphorischen Lieder für die Soldaten wirklich hilfreich waren.

Die größte Überraschung, wieder einmal, bei seinen Urlaubsbesuchen war Gerhard. Nicht nur ich, sondern jeder war erstaunt, ihn plötzlich als charmanten jungen Mann zu sehen. Er war jetzt der längste unserer langen Männer, sechzehn Jahre alt. Wenn er einmal aus seinen plumpen Uniformsachen herausgeschält war und ausnahmsweise einen Zivilanzug anhatte, sah man die geschmeidigen Bewegungen, wie sie typisch sind für einen durchtrainierten Menschen. Verschwunden war der kleine Bastelfreund aus meiner Kinderwelt. Er fühlte sich auch anscheinend daheim nicht mehr recht wohl. Merkwürdigerweise erlebte er die Luftangriffe lieber unter freiem Himmel bei seiner Batterie als in unserem Keller.

März 1944 in unserem Garten: (von links) Hans, meine Eltern und ich, Tante Helene und Gerhard

Weniger als von Gerhard und Lotte bekamen wir freilich von Hans zu sehen. Im März setzte die sowjetische dritte Ukrainische Front zur Offensive an, und die deutschen Streitkräfte wurden zurückgedrängt. Wir verfolgten jeden Schritt.

In den ersten Junitagen sah ich meine Mutter wieder die Böden ihrer Töpfe bearbeiten wie schon einmal, als Hans zur Infanterie versetzt worden war. »Die Invasion ist im Gang!!«, rief sie mir aufgeregt entgegen. »Was ist das, eine Invasion?«, wollte ich wissen. »Die Amerikaner sind in der Normandie gelandet, mit Tausenden von Fallschirmen«

Das waren nicht nur Fallschirmspringer. Es war der »D-Day«, an dem in der Normandie die Offensive mit einem flächendeckenden Bombardement eingeleitet worden war. Hundert große, tausend kleinere Kriegsschiffe lagen vor der Küste, über viertausend Landungsboote wurden eingesetzt, aus der Luft gesichert von um die dreizehn Tausend Maschinen – um nur die groben Zahlen zu nennen. Mitte Juni waren 619 000 Soldaten, 95 000 Fahrzeuge und 218 000 Tonnen Material gelandet. Die deutsche Abwehr war schwach und verzettelt. Beide Seiten hatte die Unternehmung beim ersten Schlag 116 000 Tote, Verwundete und Vermisste gekostet. Und der Kampf ging weiter. So entnehme ich es den Berichten.

Ich komme auf meine Mutter und ihre Töpfe zurück. Ihre Erregtheit war diesmal anders als die bisherige Stimmung. Es schwang ein ganz leichter Ton mit, der mir neu war: ein Unterton von Hoffnung. Wir hatten jetzt den unausweichlichen Zweifrontenkrieg, und man wusste, dass Deutschland in seinen letzten Zügen lag. Die Nachrichten, die von unseren in der Ferne kämpfenden und unermesslich leidenden Soldaten kamen, erweckten hingegen den Eindruck, dass sie da draußen an der Front weitgehend im Dunkeln gelassen wurden über die tatsächliche Lage, in der sie nur noch der Aufreibung überlassen waren. So wurden sicherlich viele verschont, deren Überlebenswille sonst gebrochen wäre.

Jetzt kann man sich vorstellen, was für ein glückliches Geschick es war, dass Hans in Dnjepropetrowsk verwundet wurde. Wir erfuhren: Er hatte mit dem Bauch auf der Erde gelegen, ein Geschoss war von vorn zwischen Herz und linkem Arm hindurch gegangen und hatte – den Ellenbogen gestreift. Nach den dem Leben abgewonnenen Heilwochen kam die Gelbsucht hinzu, die bei diesem Feldzug für viele Soldaten zu einem Schuss aus dem Hinterhalt wurde. Hänschen mit seiner Krankheit wurde abtransportiert und in ein Lazarett in Bautzen gebracht. Jetzt konnte keine der eindringlichen Warnungen unsere Mutter davon abhalten, mit dem Mut einer Löwin die Fahrt in den Osten zu machen, um ihren Sohn zu sehen. Bahnfahrten, besonders in die Richtung, in welcher der Nachschub für die Front seinen Weg nahm, waren außerordentlich gefahrvoll. Täglich wurden Züge von Tieffliegern angegriffen und zerstört. Nach Möglichkeit sprangen beim ersten Heulton der niedergehenden Sturzkampfflieger die Mitfahrenden ab und warfen sich irgendwo ins Gelände. Ich habe noch den Brief, in dem meine Mutter mir schrieb, dass sie bei dem Entschluss zur Reise blieb. Ich will es gleich dazusagen, es ist alles gut gegangen.

Miralago – ein Wunder

Ich sause durch die Luft und sitze – plumps – im Paradies. Ich mache die Augen auf und merke ganz langsam, dass es kein Traum ist.

Sechs Wochen durfte ich im Sommer 1944 in der Schweiz verbringen. Ich kam in ein Kinderheim, in das einzige ausländische Haus, wie es hieß, wohin in dieser schlimmsten Kriegszeit deutsche Kinder verschickt wurden. Die Doktors, wie das ihre Art ist, waren immer noch nicht »mit mir zufrieden«. Ihnen und dem Ruck, den sich dieses Mal die NS-Volksfürsorge gegeben hat, habe ich nicht nur die wieder rosigen gesundheitlichen Aussichten zu verdanken, sondern auch ein ans Fabelhafte grenzendes Erlebnis. Was für ein dicker Brocken Glück ist mir da zugefallen! »Ein Wunder«, wie alle sagten.

An einem grellroten selbstgedrehten Bändel hing dieses Mal ein grüner Kinderausweis der Deutschen Reichsbahn an meinem Hals. Ich halte ihn in der Hand und lese: Miralago, Brissago. Man musste den Atlas hervorholen, um etwas so Exotisches einordnen zu können. Das Plätzchen fand sich im Tessin, am Lago Maggiore, dicht an der Grenze zu Italien.

Unser von Stadt zu Stadt anwachsendes Häuflein von kleinen Schweizreisenden kam am Abend in Basel an. Ich denke, dass wir etwa dreißig Kinder waren. An der Grenze prüfte ein Mediziner, ob wir Läuse hätten. »Die Nacht in Weil« blieb ein Ereignis, über das wir unter uns mit einem über den Rücken laufenden Schauer nachträglich noch oft gelacht haben. In Weil also, unmittelbar hinter der Grenze zur Schweiz, machten wir Zwischenstation. Auf dem Fußboden einer Gastwirtschaft waren wir untergebracht, Kind an Kind, wie die Sardinen in der Dose. Gegen Mitternacht hörte man lauten Kanonendonner, vielleicht auch Bombeneinschläge. Wir wollten schnellstens in den Keller rennen. Unsere Nerven lagen blank, und es gab ein panisches Durcheinander, als es hieß, dass wir bleiben sollten, wo wir waren. Unsere Begleitdamen mussten männliche Unterstützung herbeiholen. Die lieben, freundlichen Menschen konnten uns nur mit Mühe bändigen, wenn auch nicht ganz davon überzeugen, dass uns hier nichts, ganz sicher nichts passieren könne. Nur unsere Müdigkeit brachte endlich Ruhe, als die Welt wieder stille war.

Am nächsten Tag kamen die Berge! Der Vierwaldstädter See! Er war leuchtend, die Wasserfarbe ganz helles Türkis! Wer hatte so etwas je gesehen? In der kleinen Mappe aus geflochtenem Braunpapier finde ich bei meinen aufbewahrten Schätzen noch die Hülle der Tafel Chocolat au lait, mit der wir auf der Reise beglückt worden waren. Die Freude darüber klebt noch am lila Papier. Abends kamen wir an – in einem Märchenreich.

Unser erster Eindruck war, im Schlaraffenland zu sein. Schlapp und ausgehungert kamen wir in einen herrschaftlichen Speisesaal. An jedem Platz stand nicht eine Tasse, nein: ein Kübel voll Kakao! Und da lag ein saftiges Butterbrötchen, so groß, wie ich noch nie eins gesehen hatte. Und auf dem Tisch lagen noch mehr Brötchen, standen Butter und Käse und Kannen mit noch mehr Kakao! Es

Mein Ausweis für die Schweizreise 1944

gab kein Aufsichtspersonal, sondern junge Damen mit Gesichtern, die eine ganz ungewohnte heitere, unbeschwerte Grundstimmung ausstrahlten, sorgten mit der größten Liebe für alles, womit sie uns wohl tun konnten.

Wie anders, wie anders war hier alles! Um uns die aufs Schönste für uns eingerichteten Räume, vor uns der Kakao, neben uns die frohlieben Menschen – ob so die Welt eigentlich aussehen musste? Die mitgebrachten inneren Bilder waren wie weggewischt, als wir am nächsten Morgen ausgeschlafen die Augen aufrissen. Vor uns breitete sich der See, der Lago Maggiore aus, glasig, blaugrün, seitlich ausgedehnt bis in die Ferne, überragt vom Gedränge der Bergriesen.

Unsere wundervolle Villa mit einem Nebenhaus war umgrünt und umblüht von mediterraner Vegetation; schneeweiß glitzerte der Kies auf drei Spielplätzen. Der Geist, den man im Hause spürte, war gütig, menschlich. Es gab nichts Aufdringliches. Auch hier wurde gesungen, wie es sich ergab. Heiß geliebt haben wir das »Schweizer Abendlied«:

»Lueget, vo Berg und Tal
flieht scho der Sonne Strahl,
lueget, vo Aue und Matte
wachse die dunkele Schatte.
Droben am Himmel, da stohts:
Sternli, Gott grüeß di, wie gohts?
Sternli, Gott grüeß di, wie gohts?«

(Wie gut, dass kein echter Schweizer mich singen hört!) Die Melodie war wunderschön. Unsere Betreuerinnen hörten aber besonders gern: »So nimm denn meine Hände und führe mich.« In der letzten Woche wurde nur noch dieses Lied gesungen.

Einmal kam eine Sendung mit schöner Kleidung und Spielsachen an für Kinder, die schon »ausgebombt« waren und nichts mehr besaßen, als das, was sie gerade anhatten. Es gab keine richtige Heimleitung. Geheimnisvoll hieß es, dass alles hier die Gabe einer Dame sei. Oft haben wir nach ihr gefragt. Aber sie hat sich uns nie gezeigt, und auch ihren Namen haben wir nicht erfahren.

Am Autobus liefen die Tränen herunter, als wir Abschied nehmen mussten. Das leuchtende Bild von Miralago, das Bild der Liebe und Schönheit, das ich aus der Schweiz mit nach Hause gebracht habe, bewahre ich als eine Kostbarkeit, die unverändert bleibt.

Vierertreffen

Ich habe von daheim nur ermunternde Briefe bekommen (»Mein liebes kleines Mädchen!«), immer mit der mütterlichen Aufforderung, alles Schöne in mich aufzunehmen (»Wer weiß, ob Du so etwas je wieder sehen kannst«) und recht lieb zu sein. Es muss ja eine Erleichterung gewesen sein, wenigstens um die Sicherheit eines der Kinder nicht mehr bangen zu müssen. Ihren Jammer behielt meine Mutter für sich. Wie müssen die langen Tage gewesen sein im leeren, stillen Haus!

Kaum war ich zurückgekommen, da stand ein einzigartiges, ein wunderbares, ein unvergessliches Ereignis bevor: ein Wochenende, an dem wir alle vier Geschwister zu Hause waren. Hans hatte seine Krankheit überstanden. Ehe er wieder an die Front geschickt wurde, war ihm ein kleiner Urlaub »wegen Gefährdung der bürgerlichen Existenz« vergönnt. Was für ein Glück für ihn und uns alle – Am Tag seines Abschieds konnten Lotte und Gerhard dabei sein. Wir schauten alle auf unsere Mutter und ihre Zerreißprobe. Sie gab sich keinen Szenen hin. Wo war das überbesorgte Röschen geblieben? Sie hat aber gehandelt und so verraten, was sie dachte: Mit unserer Nachbarin Fräulein Wagner, der Hobbyfotografin, hatte sie ausgemacht, dass sie an diesem großen Tag mit ihrem Apparat zu uns herüber kam. Von jedem von uns hat die Knipskünstlerin Porträtaufnahmen gemacht und schließlich das Bild, das uns alle vier zusammen zeigt.

Vierertreffen der Geschwister, Sommer 1944

Ein kleiner technischer Mangel spricht eine sonderbare Bildsprache: Durch das von der Fensterseite einfallende grelle Licht haben wir alle dunkle Ringe um die Augen. Ich glaube, dass die Abschiedsstimmung sehr beeinflusst wurde durch den Optimismus unseres Bruders Hans, der sich wieder auf den Weg nach Russland machte. Diese Einstellung hatte die Schicksalserfahrung in ihm aufkommen lassen. Da war nicht nur die Ausheilung der Hepatitis, nicht nur der wie von höherer Hand gelenkte Streifschuss. Es grenzte für ihn ans Wunderbare, wie er in den hoffnungslosesten Situationen immer wieder verschont geblieben war. Ich nenne nur noch zwei Fälle, die mir besonders in Erinnerung sind: So lag er mit der Kompanie, die er anführte, in einer Waldlichtung. Dieser Platz erschien ihm zu exponiert. Sein Antrag an den höheren Befehlshaber, seine Soldaten in den Wald ziehen zu dürfen, wurde zurückgewiesen. Hans ließ trotzdem das Gelände räumen (Befehlsverweigerung, wieder einmal!). Am folgenden Morgen war die Lichtung nur noch ein großes Granatloch. In einem schmerzlicheren Fall wurde hinter ihm die Kompanie restlos ausgelöscht. Er hatte sich mit zwei Begleitern schon weiter nach vorn geschlagen.

Als Hans sich wieder aufmachte, war er ganz eingenommen von der Überzeugung »Mir kann nichts passieren!« Mit sicherer Leichtigkeit sagte er dies, was seiner Mutter sehr geholfen haben mag. Auch Lotte und Gerhard mussten an diesem Abend wieder ihren Standort beziehen.

Hunger

Im September 1944 fingen die alliierten Luftstreitkräfte an, ihren Bombenhagel immer dichter heruntergehen zu lassen. Kaum verging ein Tag ohne Fliegeralarm, ohne das Dahinziehen der glitzernden beladenen Bombermassen über uns, ohne Angriffe auch auf Hanau. Das Leben war nur noch von der Bedrohung bestimmt. So kam es mir ganz sonderbar vor, dass bei allem die Sonne immer weiter schien. Ich fand, dass sie es sein lassen sollte, es war wie Ironie.

Man hätte diese Zeit besser ertragen, wenn nicht der Hunger gewesen wäre. Meine Mutter war keine blühende Rose mehr. Was Röschen viermal für Zwei gegessen hatte, fiel von ihr ab wie ein symbolisches Geschehen. Wir hatten nicht, wie sehr viele andere, Verwandte oder mildtätige Freunde im Bereich der Landwirtschaft, die einigermaßen hätten helfen können. So mussten wir uns von dem ernähren, was sich aus unseren Gärten herausziehen ließ – solange Sommer war. Meine Mutter musste jetzt alle Hackereien, Grabereien, das ewige Bücken und Unkrautjäten selbst schaffen. Ich glaube, dass die Arbeiten mehr Energie gekostet haben, als die schließlich heranwachsenden Pflänzlein liefern konnten. Natürlich tat ich dabei auch mein Teil, ja längst gewöhnt an alles Ackern. Immer öfter wurde über Nacht gestohlen, was man an Früchten und Grünzeug herangezogen hatte. Wie hat der Hunger die Menschen verändert! Die liebenswürdigsten Naturen gingen aufeinander los, wenn etwa zu wenig Platz in der Trambahn war. Mein Vater, nach einem Leben voll Güte und Fürsorge, für den die straffreie Erziehung seiner Kinder ein Hauptanliegen gewesen war, verlor immer öfter die Geduld mit mir, und umso mehr »schnitt es in die Seele ein«.

Eine närrische Szene hat sich damals abgespielt, über die ich nicht lachen konnte, sondern bei der ich dem Schlafzimmer meiner Eltern gegenüber auf der Treppe hockte und lauthals fassungslos heulte, dass das Haus wackelte. Meine Mutter lag im Bett mit einer grässlichen Grippe, Halsweh, Kopfweh, Husten, Schnupfen, Fieberschweiß und völliger Entkräftung. Sie war sonst nie krank, machte nie viel Aufhebens von ihren eigenen Problemen. Noch weniger war mein Vater krank, nämlich so wenig, dass er überhaupt nicht wusste, wie das ist. Das mag eine (gewisse) Entschuldigung dafür sein, dass er dem armen kranken Röschen eine Szene machte, weil sie im Bett lag. Wenn er, so sagte er, einen Schnupfen hätte, dann nähme er sich eben zusammen, und dann liefe ihm auch nicht die Nase.

Noch war es ja komisch, und es wäre vielleicht noch alles gutgegangen. Aber Röschen, die sich so stark von ihren Kindern getrennt hatte, verlor ihre Fassung, sie war eben krank, sie brach in Tränen aus, und sie hatte in ihrer Erschöpfung die Unvorsichtigkeit hervorzubringen, dass sie so schrecklichen Hunger hätte. Da stürzte mein Vater die Treppe hinunter, und dann kam er wieder mit dem Familientablett in den Händen. Darauf befand sich das wenige, was noch an Essvorrat da war, und er knallte es seiner Eheliebsten auf den Bauch. »Da, da hast du etwas zu essen! Du isst das jetzt auf!« Meine Mutter heulte haltlos mit mir um die Wette.

Mein Vater stand jetzt mit dem Tablett am aufgerissenen Fenster: »Ich schmeiße das da hinaus, wenn du es nicht isst!« Vielleicht hatte die frische Luft seinen überlaufenden Topf abgekühlt. Jedenfalls brach er im entscheidenden Moment die Aktion ab, brüllte mich noch kurz wegen meines Brüllens an und brachte das Zeug wieder in die Küche, das Letzte, das Allerletzte. Ich krähte, weil ich noch nie einen Familienkrach erlebt hatte. Mein Vater war doch sonst so gütig! Er brauchte sich aber nicht zu schämen, weil er nicht der einzige war, der ausrastete. Wenn ich da nur an den Mann aus unserer Nachbarschaft denke, Akademiker immerhin, der vor seinem Haus mitten auf die Straße gerannt kam, sich umdrehte, die Arme in die Luft warf und schrie: »Du Arschloch! Du altes, altes Arschloch!«. Das A. war seine feine, liebe Ehefrau.

Soviel über den Hunger. Man lernte aber auch zusammen zu halten.

Angst und bleierner Regen

Im Oktober 1944 zeigte unser Führer Adolf Hitler, was es heißt, wenn ein Diktator von der Verzweiflung gepackt wird. Der »Deutsche Volkssturm« wurde eingeführt. Bataillone wurden aufgestellt aus allen Sechzehn- bis Sechzigjährigen, die in der Lage waren, eine Panzerfaust (oder einen Stein) zu werfen. Feierlich wurden sie auf Gehorsam gegenüber dem Führer vereidigt. Ein lächerlich ausgerüstetes Heer von Ausgelieferten war das, als letzter Aderlass für die Jugend gedacht offenbar. Für die Hanauer Beteiligten waren wohl nur Schippen aufzubringen gewesen, jedenfalls wurden die meisten mit diesen Waffen zur Arbeit am »Westwall« im Bereich der Eifel geschickt.

Ich soll hier ja sicher die Wahrheit sagen. So kann ich Interessierten nicht ersparen, was es über den Winter 1944/45 zu berichten gibt. Im Herbst fing die britisch-amerikanische Luftwaffe erst richtig an Adolf Hitler zu zeigen, was Krieg an der Heimatfront ist. Zunächst hatte man zwischen dem einen und anderen Luftalarm, dem einen und anderen Angriff, Kopf und Hände soweit frei, dass man sich umeinander kümmern konnte. Meine Mutter hat gestrickt und gestrickt für unsere Soldaten. Auch Kaninchenfelle haben wir für sie verarbeitet. Der russische Winter kam auf sie zu, der im Auf und Ab der Geschichte keine Unterschiede kennt. Schon bald kamen die ersten Nachrichten von erfrorenen Zehen und Schlimmerem. Für meinen Bruder stellten wir warmes Zeug, Ohrenwärmer und – zwei rechts, zwei links – , aus dicker schwarzweißmelierter Wolle ein Paar Strümpfe her, die selbst dann noch ganz bis oben hin reichten, wenn sie zusammengerutscht waren. Nichts, auch nicht das vom Munde Abgesparte, hat ihn erreicht. Die Feldpostbriefe kamen auch immer seltener, und bald blieb alles im Schnee stecken.

Auch meine Schwester konnte noch mitstricken, wenn sie beurlaubt war. Aber wo war das frohe Lottchen geblieben? Erschreckend sieht sie aus auf dem Viererbild mit den schwarzen Augenringen. Ich habe nicht erfahren, worin der Druck auf die Mädchen in ihrem Arbeitslager bestand. Freilich lastete damals nicht nur auf mir die Ahnung, die auf die Wiedersehensfreude drückte.

Für Frauen mit kleinen Kindern war es besonders schwer, die nötige Kraft aufzubringen, während man von Sorge um den Partner im Gefecht zerrissen war. Das ging (vor meinen Augen) bis hin zu Verzweiflungstaten. Auch alleinstehende Ältere litten sehr, wenn sie wie von Gott und den Menschen verlassen in ihrem Keller sitzen und ohne Trost auf ihr Schicksal warten mussten. Da sind wir unten ein bisschen zusammengerückt. Mit der Zeit flüchteten mehr und mehr Familien aufs Land, oder wenigstens die Kinder wurden aus der Stadt gebracht. Berufliche Tätigkeiten wurden immer schwieriger. Das traf auch meinen Vater. Er war von dem Gedanken besessen, dass seine Kinder nicht beide Eltern unter Trümmern verlieren sollten. Dafür nahm er einen ans Übermenschliche grenzenden Stress auf sich. Bei Tag und Nacht heulten jetzt die Sirenen immer und immer wieder, ein Fliegeralarm, ein Luftangriff folgte auf den anderen. Sein Architekturbüro hatte er jetzt in der Schlageterstraße (heute Kinderdorf am Pedro-Jung-Park). Von da musste er also schnellstens weg beim ersten Heulton, denn schließlich war es nur eine Frage der Zeit, bis die Innenstadt –

Wohin aber? Er hetzte mit seinem Fahrrad über unser Viertel, über Wilhelmsbad hinaus bis in den Wald, wo allenfalls mit Zufallstreffern zu rechnen war (die es dann übrigens tatsächlich gehagelt hat). Oft genug war er kaum wieder an seinem Reißbrett, und schon ging es wieder los. Auch nachts, von zu Hause aus, machte er diese Fahrten. Unvorstellbar! Mein Vater war oft am Ende. Lustig war, und als innere Unterstützung vielleicht ein Segen, dass er eine Mitfahrerin hatte. Das war unsere gute »Tante Anna«, die seit Menschengedenken treusorgende Haushälterin unserer Nachbarn, die ihre Herrschaft aus den Trümmern retten wollte, wenn es denn etwa sein musste. Sie war eine robuste ehrliche Haut vom Lande.

So saßen wir Frauen, Röschen, eine Nachbarin oder zwei und ich im Luftschutzkeller. Es gab ja die Betten, und so gingen meine Mutter und ich schließlich gleich da unten schlafen, immer in voller warmer Kleidung. Aber wenn der Donner anfing, wenn die Einschläge krachten, nahmen wir unsere Igelposition ein. Die Ziele waren noch überwiegend die Industrieviertel, Eisenbahnanlagen und Flakstellungen. Bald fiel der bleierne Regen auch auf unsere Wohngebiete. – Nur einmal ohne Angst in einem Bett liegen! Nur das, lieber Gott!

Das Leben war Angst, Angst, Angst. Ein Gang in die Stadt konnte mit Panik enden. Niemand kann sich jetzt eine Vorstellung davon machen, wie entnervt damals alle waren. Wer heute sagt: »Wir brauchen keinen Gott«, der hätte in dieser Zeit die Menschen auf ihren Knien liegen sehen und zum Himmel schreien hören können. Viele reagierten auch mit Stumpfheit. Stumpf und stumm (vielleicht nur aus Angst, seine Meinung zu verraten) stand man auch in der langen, breiten Frauenschlange auf der Straße, frierend, oft im Regen, Milchkännchen in der Hand, wartend und wartend und – hoffend, dass der weiße Vorrat erst ausgehen möge, wenn man noch an die Reihe gekommen war. Der liebe Milchmann Grebe war nicht mehr da, der zu uns in die Straßen gekommen war. Wir mussten in die Vorstadt wandern (wenn wir Milchmarken hatten) zu dem kleinen Lädchen, in dem seine Frau sich abmühte, um die kleinen Portiönchen der Kostbarkeit gerecht zu verteilen. Niemand spürte die stumme Verzweiflung so sehr wie sie selbst, wenn sie den ausgehungerten Gesichtern gegenüberstand. Sie war eine schöne, tüchtige Frau mit rötlichen Wangen und dunklem Haar.

Wenn es ging, nahm meine Mutter den Milchweg auf sich, schon wegen der Alarmgefahr. Aber ich war auch oft da. Gerade hatte es schwerste Großangriffe auf Frankfurt gegeben, Zerstörungen auch in Hanau mit vielen Todesopfern folgten Schlag auf Schlag. Da stand ich in der stummen Kolonne, als unsere Milchschöpferin in die Stille hinein einen Verzweiflungsausbruch bekam: »Nein, nein, es gibt keinen Gott. Nein, es gibt keinen Gott! Wenn es einen Gott gäbe, dann würde er all das Elend, all das Elend nicht mit ansehen!«, und so ging das fort, immer über die schweigende Frauenschlange hin. An solche Erlebnisse, solche Ausbrüche war man gewöhnt, sie gehörten zum Alltag. Dieses ist mir nur so gut in Erinnerung geblieben, weil ich darüber nachgedacht hatte. Ich meinte damals, dass eigentlich nur eine tief Gläubige so aufschreien konnte, und dass sie vielleicht besser dran war als die Stummen.

Aber wohin sollte man auch schauen – damals, als am 20. Juli 1944 bei dem Sprengstoffanschlag seiner Offiziere Adolf Hitler durch ein WUNDER, wie es hieß, gerettet worden war. Was für lächerliche Kleinigkeiten lenken immer wieder den Gang der Geschichte, auch dann, wenn es darum geht, Millionen von Menschen vor der Vernichtung durch einen Wahnsinnigen zu retten.

Es wurde alles immer schlimmer. Ich glaube, es war wie die Nacht, in der die Luftmine bei uns heruntergegangen ist, von der an ich keine klare Erinnerung an viele Tage oder Wochen habe.

Ein Ende

In den ersten Dezembertagen fing ich an, eigenartig zu werden.

Schon im Oktober hatte es nur noch einen Tag ohne Fliegeralarm gegeben. Frankfurt und Offenbach wurden schwer bombardiert, der Hanauer Raum wurde immer wieder angegriffen, und bei jeder Attacke gab es jetzt Tote. Bei Tag und Nacht dröhnten die Verbände, zunehmend die »Fliegenden Festungen« der Amerikaner, über uns hin. Ich wusste später nicht, welcher Tag es war, an dem unsere Schrecken den Höhepunkt erreichten.

Wir waren im Keller, und es ging los mit dem Feuer der Abwehrkanonen und dem Bombenkrachen. Wie immer, wenn es soweit war, saß ich auf einem kleinen Fußschemel dicht neben meiner Mutter. Sie besaß einen dicken, eleganten Pelzmantel. Der hatte ihr noch wenig als Schmuck gedient, aber umso mehr zum

Warmhalten im winterkalten Keller. Sobald ein Angriff anfing, zog sie meinen Kopf in ihren Schoß. Ich fühle noch das Fell in meinem Gesicht, rieche seinen leicht tierischen Duft und spüre die Wärme meiner Mutter. Fest beugte sie sich über mich herunter, drückte meinen Kopf in sich hinein und hielt mir dabei die Ohren zu.

Aber dieser Ton drang durch und durch. Erst ein fernes Pfeifen – lauter – lauter – näher – näher, immer auf uns zu – so laut, wie man sich Pfeifen nicht vorstellen kann – jetzt – jetzt – und dann der Einschlag, so laut, so laut, dass man glaubte zu platzen, sein Gehirn und seinen Körper zu verlieren. Die Erde bebte, der Boden unter uns schaukelte hinauf und hinunter, und dann kam das Krachen, Poltern, Klirren einstürzender Gemäuer. Da waren wir zusammen einen Tod gestorben. »Jetzt ist unser Häuschen hin«, höre ich meine Mutter flüstern, wie wir da in der Totenstille und Finsternis sitzen.

Als man mich an die Kellertreppe zerrte, kam mir Schutt und Staub entgegen. Dann erfuhr ich, dass das Haus nur abgedeckt und ausgeblasen war. Die Detonation war in der Adolf-Hitler-Straße erfolgt, weiter weg, als man hätte meinen sollen; aber das war keine normale Sprengbombe, sondern eine Luftmine gewesen, und in einem großen Umkreis unserer Nachbarschaft waren die Häuser zerstört. Ich habe das erst später gesehen. Damals kam nicht mehr viel in meinem Bewusstsein an.

Jedenfalls war ich von einer solchen Nacht an aus dem Keller nicht mehr herauszubringen. Schon seit einiger Zeit geriet ich in Panik, wenn jemand versuchte, mich hervorzuholen. Panik, sobald ich ein Stück Himmel sah. Es war der Himmel, der mich fast um den Verstand brachte, wenn man mich aus meinem Loch zog.

Den Unterschied zwischen Tag und Nacht gab es für mich nicht mehr. Der Strom war inzwischen ganz ausgefallen. Irgendwo im dunklen Raum brannte dann ein »Hindenburglicht« (einer Teekerze ähnlich). Da lag ich wie in einem Sarg, um mich und dicht über mir die Latten des engen Etagenbetts. Man konnte mich wohl auch nicht auffordern wenigstens aufzustehen, weil es dort unten viel zu kalt war. Ob Fliegeralarm war oder nicht, ich nahm es nicht mehr wahr. Sobald ich halbwach wurde, warf ich meinen Kopf hin und her, bis ich wieder im Dämmerzustand war. Allmählich muss es zu einer Art Dauertrance gekommen sein. Wie lange das war, weiß ich nicht. Es mögen vielleicht nur Tage gewesen sein, wenn es mir auch hinterher wie Wochen vorgekommen ist.

Irgendwann kam meine Mutter hereingestürzt und riss mich aus dem Stall. »Schnell! Mach ganz schnell!« Ihr Tonfall war so aufgeregt und so anders als sonst, dass ich automatisch an ihrer Hand mit die Treppe hinauf und auf die Straße lief. Es war Tag. Wir rannten um die nächste Ecke. Da stand in der Händelstraße ein kleiner Lastwagen mit einem offenen Laderaum voller Kram. Es türmten sich Hausutensilien, Kisten, Bündel und ein paar Kinder, Helmut, Gertrud und Erhard Walter. Ich hörte und sah, wie meine Mutter verzweifelt diskutierte mit den Eltern der drei Kleinen, die aufs Land zu ihrer Tante geschafft werden sollten. Der Vater setzte sich kurzerhand ans Steuer des Fahrzeugs, das seiner Firma gehörte. Aber seine Frau flehte ihn zusammen mit meiner Mutter an, doch auch mich mitzunehmen.

Er blieb fest. Ich sage nicht: Er blieb hart. Denn was er in den Lärm des angelassenen, scheppernden Lastwagens hineinbrüllte, war die Wahrheit: Das Haus der Tante war zum Bersten überfüllt und die Frau zum Verzweifeln überfordert. Und es fehlte sowieso an Betten. Das Chaos auf Rädern setzte sich in Bewegung. Meine Mutter rannte mit mir hinterher, half mir, auf einen rückwärtigen Vorsprung zu steigen, und sie schmiss mich mit dem Kopf voran über die Laderampe, ein Bündel mit Zeug hinterher.

Ich reckte schnell meinen Kopf aus dem Durcheinander und sah, dass auf dem Gehweg uns eine außerordentlich sonderbare Erscheinung entgegen kam. Ein großer, schlanker Mensch kam mit eiligen, leichten Schritten dahergelaufen. Auf seinem Kopf trug er eine riesengroße Ladung, von der man sich nicht vorstellen konnte, wie sie da hinauf gekommen war. Der leicht getragene Stapel bestand aus den drei Matratzenteilen meines großen Betts. Wie die Henkel einer hohen Amphore sahen die zum Halten erhobenen Arme aus. Es war zu spät, die Ladung noch aufzunehmen. Wir fuhren vorbei. Das war das letzte Mal, dass ich Gerhard gesehen habe.

Hainchen im Krieg

Auch für das Weitere ist meine Erinnerung etwas flau. Aber es gab genügend Eindrücke, die so stark waren, dass sie als klare Bilder vor mir stehen. Von der Autofahrt aufs Land und von dem Dorf Hainchen, in das wir fuhren, weiß ich nichts mehr, aber genau habe ich noch im Gefühl, als was für eine Invasion wir da auf dem Bauernhof angekommen sind. Verzweifelt sah die Bäuerin aus. Und was ich auch noch weiß ist, dass man zu verbergen bemüht war, was das mitgebrachte Kuckucksei für eine Zumutung war. Es hat mich stark beschäftigt, diese Zumutung zu sein.

Überall in dem Bauernhaus war es eng geworden. Es waren noch mehr Kinder da, alle mussten zusammenrücken, zu zweien in einem Bett oder zusammengeklappt auf Sofas schlafen. Die Eltern unserer Nachbarskinder blieben dann auch da. Sehr grausam war der Hintergrund, vor dem sich das alles abspielte. Ein schwarzer, beklemmender Schatten lag über jedem Tag. Der Bauer lebte nicht mehr. Diese Familie hatte schon ein viel schwereres Kriegsschicksal erlitten als unsere. Die Ehrfurcht vor dem Leid dieser Menschen verbietet mir, mehr darüber zu berichten.

Den ganzen Landwirtschaftsbetrieb hatte in dieser Krise Otto in die Hand genommen. Der Hof war nicht (mehr) sehr groß, aber es gab noch großes und kleines Vieh, Schweine, Zugtiere und die nötigen Ackergeräte. Ottos unermüdlicher Arbeit vom ersten Hahnenschrei bis in die Nacht, seiner Tüchtigkeit, seiner landwirtschaftlichen Sachkenntnis, seinem zünftigen Schwung, den häuslichen Werken seiner Hände hatten wir zu verdanken, dass wir alle dort leben konnten. Wenn wir am Morgen aufwachten, hatte er schon das Vieh gefüttert, hatte eingespannt und war mit lustvollem »Hüh« und »Hott« auf dem Weg zu den Äckern.

Otto war sechs Jahre alt. Ein prächtiger kleiner Junge mit einem Apfelgesicht. Sein runder Kopf saß gewöhnlich auf dem Rollkragen eines seiner dicken weißen Wollpullover, die er selbst gestrickt hatte. Abend für Abend nach dem Nachtessen, solange ich da war, saßen bis zum späten Schlafengehen wir Kinder alle beisammen zum »Wollzaase«, zum Wollezausen. Da musste das abgeschorene Fell der selbstgezüchteten Schafe in einen watteähnlichen Zustand versetzt werden. Unermüdlich saß Otto mit seinen kleinen Händen an der Haspel neben uns.

Tüchtig anpacken musste auch der elfjährige Bruder Werner, der aber zur Schule ging, in seiner freien Zeit. Abends zwirnte er die Wollfäden am Spinnrad. Die Oberaufsicht im Hof hatte der alte, aber erfahrene Großvater.

Die Nahrungsmittel waren auch hier sehr knapp geworden bei den vielen Mägen, die da knurrten. Ich, die eingeschmuggelte Kostgängerin, war in ständigem Konflikt zwischen meinem Hunger und der Einsicht, dass in erster Linie meine Gastfamilie selbst, deren Fleiß und Großmut ich alles zu verdanken hatte, satt werden sollte und musste.

Vor Weihnachten kam bei einer von Herrn Walters Lastwagenfahrten meine Mutter mit zu einem kurzen Besuch. Sie brachte zwei meiner Puppen mitsamt ihren schönen Garderoben mit, meinen Kaufladen, glaube ich, und anderes Spielzeug. Aufs Strengste schärfte sie mir ein, mir am Heiligen Abend nicht anmerken zu lassen, dass es meine Sachen und nicht die Gaben des Christkinds waren, die da verteilt wurden. Ich war ja froh, bei der schönen Bescherung ein bisschen Freude beisteuern zu können. Aber schrecklich verlassen kam ich mir trotz der lieben Menschen vor. Es war klar, dass ich da nicht bleiben konnte als die zusätzliche Last, die ich war. Aber vorerst war kein besserer Platz für mich in Aussicht.

Meine Mutter hatte auch zwei Nachrichten mitgebracht, eine gute und eine sehr schlimme. Die gute war, dass zur großen Erleichterung meiner Eltern Gerhard für eine Bruchoperation in das Hanauer Standortlazarett Yorkstraße gekommen und so zunächst von seinen Geschützen entfernt war. Die schlechte Nachricht, die im höchsten Maße beängstigende Tatsache war, dass Lotte versetzt wurde. Der Reichsarbeitsdienst hatte mit ihr Großes vorgehabt, sie sollte zukünftig eine führende Position einnehmen. Unser Lottchen sagte rundweg: »Nein!« Und nicht nur das. Sie gab als Begründung für die Ablehnung an, dass es ihr nicht läge, zu kommandieren. Die Folge war eine Strafversetzung zum Kriegshilfsdienst. In Darmstadt-Eberstadt gab es eine Munitionsfabrik. Dort wurden nur Kriegsgefangene und Zwangsarbeiter beschäftigt. Lotte wurde da mit eingesperrt und hatte die Aufgabe, von morgens bis abends Pulver, Sprengstoff, abzuwiegen. Dieses Pulverfass galt als die einzige Fabrik dieser Art in Deutschland, die noch nicht in die Luft gejagt worden war. Sie stand jetzt an erster Stelle als Ziel für einen Angriff, dessen Auswirkung man sich leicht vorstellen konnte. Und wir wussten das alles.

Irgendwie ging die Zeit hin, ich weiß nicht wie. Am 6. Januar 1945 sahen wir in der Ferne über Hanau den Himmel glühen. Das war der erste schwere Terrorangriff auf unsere Stadt. Ich war wie gelähmt. Am nächsten Tag drangen die Schreckensmeldungen vom Ausmaß der Zerstörung bis in unser Dorf. Einen Tag später hat meine gute Nachbarfamilie in Erfahrung gebracht, dass nicht nur ihr eigenes Haus verschont geblieben war, sondern auch unseres. Meinen Eltern war nichts passiert. Nachbarhäuser in der Huttenstraße waren zerstört, zwei Bewohner hatten nicht mehr lebend aus den Trümmern geholt werden können.

Der Entlastung folgte Leere. Kein Mensch schien mehr Lust zu haben, mit mir zu sprechen. Und mit der Zeit vermisste ich mehr und mehr ein Zeichen von meiner Mutter. Niemand wusste, wo und was überhaupt das Standortlazarett sei. Ein paar Jungen, entfernte Verwandte, kamen nach dem Angriff auch noch von Hanau zu uns ins Haus. Sie wussten auch nichts über das Lazarett Yorkstraße. Sie schienen auch kein Interesse an meinen Fragen zu haben und ließen mich stehen. Dem Anschein nach war allen alles andere wichtiger. Ich fühlte mich immer verlorener. Zwei Wochen lang machten alle einen großen Bogen um mich. Ich wagte dann auch nicht mehr, mich mit Fragen aufzudrängen, weil die liebe Frau Walter so bedrückt war, dass sie nur noch mit verweinten Augen herum lief. Nur ob sie nicht etwas über Gerhard wüsste, habe ich vergebens herauszufinden versucht.

An einem Nachmittag waren alle verschwunden. Nur der Vater setzte sich im Wohnzimmer mir gegenüber. »Dein Gerhard, der ist tot«, sagte er unvermittelt. Er erlaubte mir nicht, mich ins Schlafzimmer zu verkriechen. Das war sicher so ausgemacht, vielleicht sogar mit meiner Mutter. Mein Problem war aber kein anderes als das, dass ich nicht weinen konnte. Alles in mir war wie abgestorben, und ich schämte mich.

Es blieb bei meiner Totenstarre. Wenigstens verstand ich jetzt, warum meine Mutter nicht mehr kam. Aber ich vermisste sie bitterlich. Und wenigstens war meine mütterliche Freundin jetzt etwas beruhigt, und man redete wieder mit mir.

Endlich, endlich, kam sie, meine Mutter. Alles Erwartete blieb aus. Wie eine Königin kam sie mir entgegen.

Erbarmen und Donnergrollen

Das Architekturbüro meines Vaters lag in den schönen Räumen eines Altbaus der Schlageterstraße – ein schwarzes Gemäuer mit rotem Sandstein natürlich. Man kam zuerst in das geräumige Büro der Sekretärinnen. Hier hatte Tante Andreas (das war ihr Nachname) das Sagen. Zu ihr hatte ich einen ganz heißen Liebesdraht. Als ich noch klein war, hatte sie mich in ihre Obhut genommen, wenn meine Eltern verreist waren. Sie sammelte die »Zigarettenbilder« für meine geliebten Märchenalben, und bei ihr lernte ich, mit der Rechenmaschine und zweifingerig mit der Schreibmaschine umzugehen.

Von diesem Büro ging es zu den lichtvollen, fensterreichen Zeichensälen. Einer der wenigen verbliebenen Mitarbeiter meines Vaters war der Bauingenieur, für dessen Gutmütigkeit ich nicht genug danken kann. Herr Schneider kam täglich mit der Bahn nach Hanau gefahren, von seinem Dorf zwischen Kinzigtal und Spessart, trotz der Folgen einer Beinverletzung. Aber noch schwerer war der Anteil seiner Frau, die ihre drei kleinen Mädchen, Mariechen, Frieda und Karin, versorgen und die gesamte Kleinlandwirtschaft betreiben musste, in die sie wohl hineingewachsen war. Es war ein wirkliches Opfer: Diese Menschen nahmen mich nun bei sich auf.

Zum Glück gab es da eine verhältnismäßig nützliche Aufgabe; ich konnte mich um die Kleinste der Kleinen kümmern, die fast noch ein Säugling war, aber mit kleingehackten Schinkenstückchen gefüttert wurde und wundervoll rote Backen davon hatte. So war die geplagte Frau wenigstens frei für die Versorgung der Tiere und die Bearbeitung eines großen Gemüsegeländes.

Hier hatte man noch satt zu essen. Es waren ein paar wohltuende Wochen. Allein der Anblick des Misthaufens im Zentrum des kleinen Hofs war eine Lust, wenn das Federvieh unermüdlich herumkratzte, immer etwas Delikates zu finden schien und zufrieden vor sich hin gackerte. Das waren »meine« Hühner, ich durfte »tucktucktuck« ihr Körnerfutter ausstreuen. Zu allem Überfluss konnte man dann in den Hühnerstall kriechen und aus den Lieblingsecken der Bewohnerinnen die noch bauchwarmen Eier holen. Ich hatte schließlich sogar wieder das alte Märzgefühl. Ich spazierte durch den Küchengarten, und da war es, das aufsteigende Glück beim Blinzeln in die ersten glasigen Sonnenstrahlen, wenn sie auf die frostgeplagte, winterblasse Erde treffen, wenn man entdeckt, dass all das halbtote Geästel schon grüne Spitzchen hat. Ich weiß es noch, noch ganz genau. An den Wochenenden kam meine Mutter an diesen Ort des Friedens, gelegentlich auch mein Vater für einen Tag.

Längst schob sich jetzt mit dumpfen Trommeln das Heer unserer Erlöser heran. Erst murmelnd, dann deutlicher und von Tag zu Tag lauter konnten wir den Dauerdonner der Kanonen hören. Jetzt blieb meine Mutter bei uns und packte im Haus mit an. Natürlich war die Spannung groß, die Erwartung bang, wie die Front uns wohl überrollen würde. Wenigstens meinte man zwischen dem Getöse die Trompeten des Finales zu hören. Am 18. März warteten wir noch auf meinen Vater, der am folgenden Tag mit den wichtigsten Gegenständen auch die Stadt zu verlassen vorhatte. Die Gefechte waren jetzt so nah, dass es nur noch ein paar Tage dauern konnte, bis für uns aus der Heimatfront die Front wurde.

19. März 1945

»In der Nacht des 19. März 1945, zwischen 4.24 und 4.40 Uhr, wurde Hanau durch einen Angriff der Royal Air Force bombardiert. Die Innenstadt und der Hanauer Süd-Osten (Industrie- und Eisenbahngebiet) wurden nahezu völlig zerstört. Etwa 2000 bis 2500 Menschen fanden dabei den Tod. 272 Lancaster-Bomber und 7 Moskitoflugzeuge luden über der Stadt 525 (britische) Tonnen Sprengbomben und 13,8 (britische) Tonnen Ziel-Markierungsbomben und Leuchtbomben ab. Da die alliierten Flugverbände einen Scheinangriff auf Kassel flogen, wurde für Hanau kein Alarm gegeben und die Stadt ungewarnt getroffen. Die alliierten Bodentruppen standen um diese Zeit bereits in der Nähe von Mainz. Zehn Tage später wurde die Stadt von US-amerikanischen Truppen eingenommen (...). Am 28. März war die Stadt besetzt und der Krieg für Hanau beendet.«

Ich übernehme den Text aus einer Veröffentlichung des Magistrats der Stadt Hanau in Zusammenarbeit mit der Wallonisch-Niederländischen Gemeinde und dem Hanauer Geschichtsverein.

Eine große, ungewisse Anzahl nicht identifizierter Schwerverletzter, so nimmt man an, starben noch in den Notlazaretten der umliegenden Ortschaften. Die Innenstadt war zu neunzig Prozent zerstört. Damit galt Hanau als eine der prozentual am schwersten getroffenen Städte Deutschlands. Schon lange hatten wir uns abgewöhnt, »Warum?« zu fragen.

Inferno

Ich fahre fort mit unserer Geschichte. Nach Unruhen am Morgen des 18. März war am Abend dieses Sonntags der Luftraum ruhig. In den frühen Morgenstunden wurden wir von ungeheurem Dröhnen geweckt, wir sprangen aus den Betten und liefen zu den Dachfenstern. Weithin leuchtete der Himmel über Hanau glutrot. Man glaubte, einen Vulkanausbruch zu erleben. Das Bombenkrachen war so dicht und anhaltend, dass man kaum einzelne Einschläge oder Abwehrkanonen unterscheiden konnte. Und das nahm kein Ende. Noch nie hatten wir ein so gewaltiges, langes Dauerbombardement erlebt oder von so etwas gehört. Neunzehn Minuten lang laut Zeitzeugen und Erinnerung.

Als es Tag wurde, stieg immer weiter der Feuerrauch auf. Eine Telefonverbindung nach Hause gab es nicht mehr. Schließlich kamen die ersten Nachrichten: »Ganz Hanau ist dem Erdboden gleich!«

Was war aus unserem Vater geworden? Wir klammerten uns fest an seine Gewohnheit, in den Wald zu fahren. Obwohl er ja allein daheim und das nicht nötig war. »Der Angriff ging ohne Alarm auf die schlafende Stadt herunter«, hieß es. Zerrissen stand meine Mutter neben ihrem Fahrrad im Hof. Aber die Stadt schwelte und rauchte; im Umkreis ging es chaotisch zu. Und es war ja vereinbart, dass mein Vater heute zu uns stoßen sollte. – Er kam. Und er kam nicht allein. Bei ihm war Lotte.

Meine Schwester war am Abend zuvor befreit worden aus ihrem Sprengstoff. Ein paar Kameradinnen aus Hanau waren ebenfalls dort eingesperrt gewesen. Einem Vater war es gelungen, geheimen Kontakt mit seinem Mädchen aufzunehmen. Verabredungsgemäß wartete er an jenem Sonntag, dem 18. März, bei Einbruch der Dunkelheit neben dem Fabrikgelände außerhalb der Mauern mit Fahrrädern. Mit Hilfe dieser Gestelle war es ihm möglich, seine Tochter über ein Tor ins Freie zu ziehen. Das gute Mädchen – wie vielen Menschen hatte man zu danken! – hatte Lotte und eine weitere Leidensgenossin mitgebracht, und ihrer beider erbarmte sich der Vater. Nur die Verzweiflung erklärt den Wahnsinnsakt dieser Fluchthilfe. Das Terrain war von bewaffneten Posten bewacht. Der mutige Vater forderte die Wächter auf, wegzugucken. Sie haben weggeguckt. Auch dazu gehörte Mut. Es war allerhöchste Zeit. Es gab schon versprengte deutsche Soldaten, die Amerikaner hatten den nahen Rhein überquert. Zu viert auf zwei Rädern wurde in der allergrößten Eile die Fahrt bewältigt. Lotte hatte eins der Mädchen auf dem Gepäckträger sitzen. Mehr als sechzig Kilometer waren es bis Hanau, wenn man die notwendige Umfahrung der Ortschaften einbezieht, die notwendig war, denn: DAS WAR FAHNENFLUCHT!

Fahnenflüchtige wurden standrechtlich, ohne Verfahren, hingerichtet, bestenfalls erschossen, in den meisten Fällen öffentlich erhängt an Ort und Stelle.

Die Munitionsfabrik, um es gleich zu sagen, wurde wenige Tage später bombardiert. Um zehn oder elf Uhr abends kam Lotte bei ihrem Vater an; ihren Zustand brauche ich nicht zu schildern. Die beiden kamen zu dem Entschluss, nach einer kurzen Ruhepause im Schutz der Dunkelheit aus der gefahrvollen Umgebung zu flüchten, in der jeder meine Schwester kannte. Dazu kam es nicht mehr.

Wie immer gebe ich treulich wieder, was sich in mein Gedächtnis tief eingeritzt hat.

Der Bombenhagel ging los. Mein Vater und meine Schwester schliefen zum Glück im Keller, doch hatten sie die Luftschutztüren nicht gesichert. Der Luftdruck der Massendetonationen machte das Einrasten der massiven Riegel unmöglich. Die äußerste Kraft der beiden war erforderlich, um sich mit den

Schultern, dem ganzen Körper, so gegen die Tür zu stemmen, dass sie nicht aufflog, und das bei wackelnden Wänden und unentwegt schlingerndem Boden unter den Füßen. Die Beiden waren die »Härtesten« in unserer Familie. Aber beide sagten immer wieder, wir könnten uns unmöglich vorstellen, wie lang zwanzig Minuten sein können. Ich glaube das.

Unser Haus war ausgeblasen wie alle von denen, die in den nahen Straßen noch standen. Nebenan brannte das Heim der guten Familie Walter, die mich seinerzeit mitgeschleppt hatte. Mein Vater und Lotte machten sich allein daran, es zu löschen. Alles musste mit heraufgeschlepptem Sand, den man gegen Phosphorbomben im Haus hatte, bewältigt werden – mehrere Stunden lang. Darauf warfen beide sich auf ihre Fahrräder und machten sich so schnell wie möglich davon, denn Lotte war jetzt vielleicht erkannt worden. Den Fahrradanhänger, schwer beladen, nahmen sie mit. Zwanzig Kilometer oder mehr um die brennende, wie eine Fackel rauchende Stadt herum und durch ein Menschen- und Fahrzeuggewirr bis zu unserem Asyl lagen vor ihnen.

Tiefflieger waren außerordentlich gefürchtet. »Sie greifen alles an, was nach Mensch aussieht«, hieß es. Es war eben das, was Hitler gewollt hatte: der »Totale Krieg«. Rettungsfahrzeuge und die aus Qualm und Trümmern strömenden Überlebenden waren ihnen jetzt auf den Landstraßen ausgeliefert. Es war das »Aufmichzu«, was das grell pfeifende Herunterstürzen der wendigen Ungeheuer so grausam den Tod erleben ließ – ob er nun wirklich eintrat, der Tod, das machte fast keinen Unterschied mehr. Der einzige war der, dass man immer wieder weitere Tode starb. Man brauchte eine Weile, bis man das Leben wieder fühlte, und es dauerte oft lange, bis man sich darüber freuen konnte.

Noch fünf Kilometer bis zu uns fehlten unseren beiden Lieben, als die Landstraße neben einem Bahnhof verlief. Genau dort befanden sie sich, als Tiefflieger im Sturzflug auf die Bahnanlage losgingen. Lotte und mein Vater warfen sich in den Straßengraben, konnten aber ihr verräterisches Gefährt erst beim kurzen Hochjaulen der Ungeheuer von der Straße reißen. Die Einschläge und das Bordwaffenfeuer krachten und knallten herunter, wieder und wieder und wieder. Wenn die Flieger aufstiegen, robbten die beiden weiter weg ins Buschwerk. Endlich war der Bahnhof zerstört und das Martyrium zu Ende. Es war überstanden.

Das Wiedersehen war erschütternd. Was hatten alle durchgestanden! Wir erfuhren alles über die Hölle, durch die meine Schwester Schritt für Schritt gegangen war. Sie sagte, dass nicht das Pulverwiegen, nicht die Flucht mit dem Tod im Rücken, auch nicht der Terror in Hanau, sondern der Angriff der Tiefflieger das Furchtbarste gewesen sei. Endlich war unser starkes Lottchen kaputt. Aber nur bis zum nächsten Tag, denn Ruhe gab es nicht für sie.

Karwoche und Erlösung

Meine Mutter, Herrin der Lage wie immer, tat alles, um unserer Gastgeberin die Hausarbeit eher leichter als schwerer zu machen. Dennoch konnten wir da zu viert nicht bleiben. Es hörte sich jetzt so an, als ob die Front immer schneller heranrückte. Die Mutter der kleinen Kinder flehte uns (mit Recht!) an, den einzigen kleinen Schutzkeller, den es gab, ihrer Familie zu überlassen, sobald es losging. Dann war da noch das brisanteste Problem: die Anwesenheit meiner Schwester. Das Verbergen Fahnenflüchtiger, auch das Verschweigen einer Kenntnis davon, hatte grauenhafte Folgen. Aber unsere Sorgen um die liebe Gastgeberfamilie und die ganze mitwissende Dorfbewohnerschaft wurden in den Wind geschlagen. Da könnten wir uns auf alle verlassen, hieß es.

In jeder Morgenfrühe zog mein Vater mit Lotte hinaus, und mit Einbruch der Dunkelheit kamen die beiden zurück. Hinter dem Dorf lagen ausgedehnte offene Felder, ungefähr einen Kilometer entfernt zog sich eine bewaldete Hügelkette hin. Dort, mitten im Wald, hatte mein Vater eine Stelle ausgesucht, die er für eine Schutzhütte, eher eine Höhle, geeignet fand. Mit seiner Tochter zusammen unternahm er mit Spaten und Hackwerkzeugen unter dem größten Zeitdruck das schwere Ausheben der Erde. In einem scharfen Taleinschnitt, durch den ein Rinnsal lief, grub sich die breite Höhle, die »Lottenhütte«, seitlich in den Steilhang ein, tiefer und tiefer. Der geringe Erdübergang wurde ergänzt durch ein Dach, das aus unzähligen Schichten von noch unzähligeren aufgestapelten und ineinander verflochtenen starken Fichtenzweigen bestand. Der Zeitdruck war enorm, denn wem mochte Lotte in die Hände fallen, wenn die rückwärts rollende deutsche Wehrmacht durch das Dorf kam?

Mittags wurde ich hinausgeschickt, um das Essen zu bringen und dann das Herbeischleppen der Äste zu übernehmen. An einem sonnigen, kalten Tag war ich gerade halbwegs über den Feldweg gestapft, als ich zwei Tiefflieger über mir sah und hörte. Es gab weder Baum noch Strauch, nur eine flache Rinne neben dem Weg. Da warf ich mich hinein und drückte mein Gesicht ins dürre Gras. Mit Schrecken wurde mir bewusst, dass ich eine rote Jacke anhatte. Nach einigen heulenden Sturzflügen ließen die Piloten von mir ab – wegen der roten Kinderjacke? Man braucht dieselbe Sache nicht mehrmals zu erzählen, und am Ende hatte ich ja Glück. Es genügt sicher zu erwähnen, dass ich von da an noch viele Jahre lang in meinen Träumen von hinten erschossen wurde.

Innerhalb einer Woche war alles fertig, und es war nun auch höchste Zeit, dass wir hinauszogen mit Sack und Pack in unsere Gruft, einigermaßen versorgt mit Decken und Lebensmitteln. Schon in der nächsten Morgenfrühe wurden wir überrascht von erst vereinzelten, dann pausenlos anhaltenden Knallgeräuschen. Dann merkten wir, dass es rund um unsere Hütte Einschläge von Geschossen gab, immer stärker und immer gerade hier in unserem Taleinschnitt. Bald war der Wald ringsum in eine flache Rauchschicht gehüllt, so dass man nur noch einige Meter weit sehen konnte. Und es roch beißend nach Schießpulver. »Das sind

Schrapnells!!«, sagte mein Vater. Diese Kanonenmunition bestand aus Sprenggeschossen mit Kugelfüllung, die man vor allem bei Bodenkämpfen zur direkten Tötung von Menschen, von Soldaten einsetzte. Wir konnten die kleinen zersprengten Teile vor uns herumspritzen sehen und hören. Wie kam es nur dazu, ausgerechnet hier, an unserem einsamen Plätzchen?

Alles wäre erträglicher gewesen, wenn nicht mein Vater sich etwas ausgedacht hätte, was uns im Ernstfall retten sollte. Man dachte ja in jedem Augenblick, in jeder nächsten Minute die ersten amerikanischen Soldaten zu sehen. Dann also, wenn sie daherkamen, sollten sie so frühzeitig wie möglich wissen, dass in unserer Unterkunft sich keine Wehrmacht verschanzt hatte, sondern dass hier eine Familie war. So gesehen war die Strategie nicht falsch: Ich musste heulen »Mama, Mama!«, so laut wie möglich und mit so heller, quakender Kinderstimme wie möglich, damit weithin erkennbar war, dass hier ein Kind heulte. Es war entsetzlich. Ein paar Stunden lang ging das ja noch, aber keine Unterbrechung, kein Nachlassen war erlaubt. Irgendwann fing ich an, mich in eine Art Ekstase hineinzuheulen. Ich fing an, Texte herauszuschreien, ein immer und ohne Unterlass wiederholter Satz klingt mir noch grell im Ohr: »Was haben wir nur getan? Was haben, was haben wir nur getan?« – und so weiter fort.

»Das ist ja nicht auszuhalten!«, entfuhr es Lotte ein einziges Mal. Sie bekam eine Rüge, und ich wurde ermuntert: »Nur so weiter! Du machst das sehr gut.« Bedenkt man, dass das drei Tage und drei Nächte so fortging, muss man sich wundern, dass ich mich da nicht um meinen Verstand geplärrt habe.

Wenn man eine Bemerkung über das Verhalten meiner Mutter an dieser Stelle vermisst, dann kann ich sagen, dass es über sie nichts zu sagen gibt. Sie war still während dieser ganzen Zeit. Sie mag im Hintergrund geweint haben. Aber gesprochen hat sie nur Gefasstes.

In der Nacht gab es eine Feuerpause, die mir nur kurz vorkam. Vor der Morgendämmerung ging es wieder los. Gleichzeitig sahen wir im Halbdunkel etwas Unheimliches. Schattenhafte Gestalten zogen durch den vernebelten Wald, eher träge als schnell, alle unmittelbar, zum Greifen nah, an unserem Erdloch entlang. Deutsche Soldaten. Soldaten ohne Ende. Entkräftet blieb gelegentlich einer bei uns stehen. So erfuhren wir, dass der ganze Rückzug der hiesigen Front durch die Einschnitte zwischen unseren niederen Bergen ging.

Der Beschuss ging intensiv weiter. Von Zeit zu Zeit hörte man knatterndes Maschinengewehrfeuer. Nur ganz kurze Essenspausen, anscheinend, wurden mit Regelmäßigkeit eingehalten. Was nicht nachlassen und nicht unterbrochen werden durfte, war mein Geschrei. Vom zweiten Tag an hörte man unter dem Geschützfeuer ein sonderbares Geräusch, ein tiefes, leicht dröhnendes Brummen, wie wir es noch nie gehört hatten. Transportfahrzeuge? Nein. Es war, als ob nahebei die ganze Landschaft vibrierte und das ohne Unterlass, auch in der Nacht. Auch dieses Brummen ist mir jahrelang nachgegangen.

Schließlich setzte ein Regen ein, und wir erfuhren, wo unser dickes Dach doch leck war. Auf dem Boden sammelten sich Pfützen an, trotz der darauf verteilten

Kochutensilien. Im Verlauf des dritten Tages schleppten sich nur noch die langsamsten der armen Geschlagenen über den matschigen Trampelpfad, der vor unserer Festung entstanden war. Oft genug traten sie als umschlungene Paare auf, wobei einer am anderen hing, mit Verletzungen ohne Zweifel. Stabil blieben das Kanonenfeuer und das Brummen.

Am Morgen des vierten Tages waren wir alle vier am Ende dessen, was wir aushalten konnten. Die Angst kippte in Fatalismus um. Jetzt war uns alles egal. Sollten sie uns doch totschießen! Wir packten unseren Kram auf drei Fahrräder und die Karre. Mein Vater stellte aus einem Holunderstecken eine Fahnenstange her. An ihr wurde ein Unterhemd von mir gehisst, ein plattes weißes Ding mit angenähten Trägern, wie meine Mutter das so erzeugt hatte. Mit wehender Friedensfahne stapften wir in breiter Front aus dem Wald hervor und ins weite freie Feld hinaus, meine Mutter etwas vorweg. Abwechselnd schoben wir unsere hochbeladenen Fuhrwerke über die grob bearbeiteten Äcker auf unser Dorf zu. Das war der Morgen des Karfreitags.

Wir konnten jetzt sehen, dass genau uns gegenüber, am anderen Rand der Felder, in halber Deckung eine Batterie von Geschützen aufgestellt war. Sie feuerten weniger wild, aber die Geschosse flogen gut sichtbar in hohem Bogen über uns hinweg. Wir bewegten uns weiter und weiter auf die Stellung zu, immer geradeaus über die Äcker hin. – Keins der Kanonenrohre wurde ein paar Zentimeter tiefer gestellt. – Auf einem Feldweg bogen wir nach links ab und kamen auf eine Dorfstraße. Das war für uns das Ende des Krieges.

Erst eine kleine Gruppe, dann – so kam es mir vor – die ganze Bewohnerschaft des Orts kam in heller Aufregung herbeigelaufen. »Ach, mein Gott! Wie haben wir uns alle gesorgt um euch bei Tag und Nacht! Die Amerikaner sind längst hier angekommen, ganz friedlich. Wie haben wir gezittert um euch, als die entsetzliche Schießerei anfing – und immer in euer Tal hinein! Jetzt waren wir ganz sicher, dass wir euch nicht wiedersehen würden.« Wir wurden umarmt von Frauen, die wir nie gesehen hatten. Beim Ausbruch der Freude und Entlastung waren alle Augen voller Tränen. Die guten Menschen konnten schluchzen – wir nicht.

Eine Woche war Lotte, die Fahnenflüchtige, bei ihnen gewesen, und niemand hat sie verraten in dem Ort, dessen Namen ich in Dankbarkeit hier laut und deutlich aussprechen will: NIEDERMITTLAU, zwischen Kinzigtal und Spessart.

Zum fernen Eden

Ostersonntag. Zurück nach Hanau

Am Ostersonntag schoben wir unsere beladenen Drahtesel samt Zubehör auf Hanau zu. Das war keine idyllische Wanderung, bei der man die erste Baumblüte genoss, denn auf der Landstraße war nur wenig Platz für uns. Sie wurde fast in ganzer Breite eingenommen von dem, was jetzt nicht mehr ein fernes, sondern ein alles überdeckendes Dauerbrummen war: einer endlosen Kette von amerikanischen Panzern, dazwischen schwere Transporter, soweit das Auge reichte. Zu einigen Panzern, die im Dorf herumstanden, hatten mich die Kinder schon mitgenommen: »Damit du keine Angst mehr vor ihnen hast.« Aber wo waren die Leute, die diese Ungeheuer fuhren? Man bekam kein Gesicht zu sehen. Auf einmal blitzten unter einem braunen Helm zwei weiße Augen hervor. Das waren Schwarze! Noch nie war mir so etwas begegnet! Ich sage das so, wie wir damals gesagt haben; den Beigeschmack, den das Wort »Nigger« hat, kannten wir nicht (wenigstens das). Sie hatten wohl den Befehl, in ihren Fahrzeugen zu bleiben. Aber sie warfen uns kleine gefüllte Schokoladenriegel zu. Gefüllte Schokoladenriegel! Als die Soldaten dann noch ihre schönen weißen Zähne zeigten, hatten sie mein Herz für sich gewonnen. Übrigens: Ausschließlich von Schwarzen wurden die Panzer gefahren.

Unser Vorankommen auf der Landstraße wurde auch durch eine andere neue Erscheinung schwieriger: Der Asphalt war in breiten Streifen völlig aufgewühlt von den Panzerketten der Panzerketten. Endlich, mit Hunger und schon abgeschlafft, kamen wir in ein Waldstück, das schon zum Umkreis unserer Stadt Hanau gehörte. Die Panzerstrecke hatten wir glücklich verlassen. Da drängte mein Vater uns plötzlich, in den Wald hineinzugehen. Ganz unverständlich war das. Mindestens von mir kam Protest, denn es war ziemlich mühsam, sich mit all unserer Ladung voranzuarbeiten. Unter den hohen, lichten Baumkronen war der Laubboden weithin aufgewühlt. Alles war bedeckt mit den Gegenständen, die Soldaten mit sich tragen: Taschen, Feldflaschen, Helme, Koppel und andere deutsche Uniformteile lagen da in wildestem Durcheinander herum. Ein Schlachtfeld, das war klar. Aber wer konnte Soldaten veranlassen, das alles von sich zu werfen? Mein Vater bestand darauf, dass wir weitergingen und unsere Sachen stehen ließen. Ich verstand ihn nicht. Denn das Chaos war ein schlimmer Anblick. Meine Mutter stand irritiert herum. Etwas schien an ihr zu rütteln. Ich durfte nichts anrühren, und es war mir auch nicht danach zumute. Eine Versuchung waren nur ganze Kommissbrote und anderer Proviant. Aber der Hals war uns zugegangen, und wir ließen alles liegen.

Mit einem Blick in die Richtung, aus der wir gekommen waren, änderte mein Vater plötzlich seine Meinung, und er trieb uns wieder auf die Straße hinaus. Ich sah flüchtig etwas hinter uns langsam die Straße heraufkommen. Barsch befahl mein Vater, dass ich weitergehen sollte. Ich drehte mich nach vorn und stolperte fast über etwas. Vor uns, auf einer Art Gehweg, lag unter einer Felddecke verborgen ein deutscher Soldat. Nur seine linke Hand war nicht bedeckt. Ach, diese

Hand!, sie war so schön. Eine weiche, weiße, jugendliche Männerhand. Der goldene Verlobungsring war wie in Samt gebettet. Er erzählte eine große, traurige Geschichte. Wir gingen weiter mit hängenden Köpfen, jeder mit seinen eigenen Gedanken. Jetzt ging vor meinen inneren Augen auf, was ich zuvor gesehen hatte: den Grund für die Verwirrung meiner Eltern. Hinter und vor uns bewegten sich Militärlastwagen. Die Ladung häufte sich schon. Aus dem Wald schleppten von rechts und links Männer die toten Soldaten. Unser Waldstück war schon »geräumt« gewesen.
Nichts zählt weniger als das Leben eines Menschen in der Geschichte der Kriege!

Die Stadt war zugeschüttet, und wir mussten sie umwandern. Als wir in unser zerrüttetes Musikerviertel kamen, hatte Röschen ihren ersten und einzigen Ausbruch: »Unser Häuschen steht!!!« Es war ein Jubelruf, ansteckend wie ihr altes Lachen! Wie ein fürstlicher Festzug zogen wir in unser Schloss ein. Ich hatte gar nicht daran gedacht, dass der Krieg hier noch in vollem Gange war, als die beiden Letzten von uns das Haus verlassen hatten.

Das »Häuschen« hatte zwar ein paar Schönheitsfehler, zum Beispiel den, dass es wie mit Zahnstochern, mit einem Gerüst aus Balken und Sparrenresten gekrönt war. Einen Luxus wie Türen gab es natürlich nicht und Fenster schon gar nicht. Zum Ausgleich waren dicke Teppiche aus Mörtel für uns ausgerollt, bestreut mit allen beweglichen Schätzen des Hauses. Aber alles war unberührt, keine Plünderung! Was wollten wir mehr? Und im Keller waren noch Kartoffeln.

Neuanfang im Chaos

Wenigstens konnte man jetzt die Ärmel hochkrempeln und etwas tun! Über dem Schwingen von Schippen, Besen, Eimern und Lappen, vergaß man erst einmal den Rest der Welt. Der Garten musste regelrecht entrümpelt werden. Bei der Inspektion des Umfelds fanden wir interessante Phänomene. Bei näherer Betrachtung lagen die Fenster platt auf dem Rasen oder auf der Straße, mit säuberlich erhaltenen Umrissen: der äußere, aus der Mauer gerissene Rahmen samt Fensterflügeln und Scheiben da, wo sie hingehörten, diese in Tausende von Splittern zerlegt. Die Glasscheibenmosaiken, die nun überall zum Straßenbild gehörten, waren so platt, dass ich barfuß über sie gehen konnte.

Erst einmal sammelten wir die Möbelteile, Türen und Fensterläden ein. Mein Vater vollbrachte große Werke als Zimmermann, Schlosser und Dachdecker. Meine Schwester war ihm eine geschickte Gesellin. Meine Mutter übernahm den Innendienst. Nur was ich machte, weiß ich nicht mehr – so viel ist es gewesen.

Leider konnte man die Angst nicht abschalten wie ein inneres Radio. Darum hatte ich ein Problem, das mein Vater bestimmt unterschätzt hat, als er verlangte, dass mein Bett da stehen bleiben sollte, wo es stand. Das war nämlich so: Wir hatten das große Glück, dass von der Innenstadt ausgehend, unser Haus eines der ersten der Peripherie war, die noch alle vier Außenwände hatten. Aber eine der Mauern war abgesprengt, vom Gegensog der Luftminen losgelöst, und im oberen Stockwerk war ein ungefähr fünf Zentimeter breit klaffender Abstand zwischen Zimmerdecke und Hauswand entstanden. Darunter war das Kopfende meines Bettes. Nicht das gelegentliche Hereinregnen störte mich; nein, das grausame Hereingucken des Himmels war es, was mich stundenlang um den Schlaf brachte.

Mit der Zeit gab es wieder ein Dach, und später ließ mein Vater einen »Anker« durch die ganze Länge des Hauses ziehen, der die Wand noch heute festhält. Es gab noch manche Überraschungen. Als sich in der Decke, zwischen Dachboden und Schlafzimmer, eine schräg hineingebohrte Brandbombe fand, die nicht getan hatte, was sie tun sollte, da meinten wir, eine gnädige Hand über unseren Häuptern zu fühlen.

Alle Straßen unserer Umgebung waren mit »Ausgeblasenem« und Trümmern bedeckt. Das blieb auch lange so, weil die Hausbewohner fehlten. Allmählich kam diese oder jene Familie zurück. Überall, vor allem zur Innenstadt hin, steckten Menschen hinter Verschlägen oder in irgendeinem Raum ihrer Ruine, meist einem Keller, aus dem ein Ofenrohr ragte. Man sah wieder einige Nachbarn und erfuhr, was sich nach dem 19. März abgespielt hatte. Man hörte von dem Wahnsinnsbefehl des Kampfkommandanten Schumacher, der zur Verteidigung Hanaus (Hanaus ??) »bis zum letzten Mann« aufgerufen hatte, von den erbitterten Kämpfen im Umkreis unserer Stadt, von der Vernichtung des letzten Militäraufgebots, bei dem es sich zu einem wesentlichen Teil um herangezogene blutjunge Unteroffiziersschüler aus der Pionierkaserne gehandelt habe (– Ostern !!!).

Der Weg in die Stadt führte durch Gespensterstraßen. Wie hohle Zähne sahen rechts und links die Gemäuer altehrwürdiger Villen aus, soweit sie nicht einfach Haufen waren. In der Vorstadt hörten die Ruinen auf. Dann sah man das Trümmerfeld der untergegangenen Stadt. Von einem Ende bis zum anderen konnte man das große Grab überschauen. Es gab im Stadtinneren nur einzelne größere Ruinen, zu denen die des Alt- und des Neustädter Rathauses gehörten und die der Kirchen, als Denkmäler solider Baukunst.

Wenn man heute Fotoaufnahmen aus den Nachkriegstagen sieht, erhält man nicht den richtigen Eindruck von dem Urbild der Vernichtung. Da sind die Straßen schon geräumt, die Haussockel freigelegt. Man hört die Totenstille nicht mehr. Der Mensch ist schneller im Reparieren als die Spinne an ihrem Netz. Manche Viertel waren durchsetzt von bizarren Mauerkulissen mit viereckigen Löchern, durch die man in die lichte Leere sah. Sonst war da, am Anfang, alles fast eben auf der Höhe der Untergeschosse. Nur die Schornsteine, weithin, streckten ihren langen Finger gegen den Himmel.

133

Die Trümmer im Gelände des St. Vincenz-Krankenhauses werden geordnet.

Leben in den Trümmern

Leute in friedlicheren Weltregionen fragen mich gelegentlich: »Man hat so viel über den Krieg gehört – aber was habt ihr gemacht, als er plötzlich vorbei war?« Da kann ich nur sagen: »Wir haben gearbeitet«. Wir haben ungeheuerlich gearbeitet. Kein Mensch hatte Zeit oder gar Lust zum Zurückschauen. Mit Großeinsätzen von 10 000 freiwilligen Helfern wurden die Trümmermassen aus den Straßen geräumt. Bauern aus den Dörfern halfen mit Pferdefuhrwerken. Später wurde der »Ehrendienst« eingeführt. Die Schuttbewältigung war Sache der jungen Frauen, der »Trümmerfrauen«. Auch Lotte hat geschippt. Allmählich konnten Schienensysteme mit Loren angelegt werden, und diese wurden mit Schwung, Tatkraft, Blümchenschürze und buntem »Turban«-Kopftuch gefüllt. Hanau wurde abgekarrt.

Wir Kinder waren die Steineklopfer. Unermüdlich, bis die Hände voller Blasen und blutig waren, haben wir Tag für Tag mit Hämmern den Mörtel von den Mauersteinen geklopft. Vor den Nachbarhäusern wuchsen die Stapel von neuem Baumaterial. In der Innenstadt gab es schließlich Trümmerverwertungsanlagen.

Aber wie ich den monströsen Steinhaufen, der einmal unsere Stadt war, schon in seinem Urzustand kennen gelernt habe! Denn über diesen musste ich klettern, meinen Weg von einem Ende bis zum anderen machen, von der Gluckstraße bis zur Ehrensäule, nämlich zu dem Klavierlehrer, der da wohnte, und zurück. Nachdem ich schon mit vier Jahren alle meine Kinderliedchen von »Fuchs, du hast die Gans gestohlen« bis »Die Tiroler sind lustig« samt einer kleinen Begleitung nach dem Gehör geklimpert hatte, bekam ich jetzt, jetzt endlich Klavierstunden. Die Straßenzüge der Innenstadt waren noch meterhoch mit Trümmern zugeschüttet, und nur schmale Trampelpfade hatten sich auf dem Geröll ausgebildet. Da schlängelte ich mich entlang, zweimal pro Woche, durch trostlose Einsamkeit, manchmal ohne einem Menschen zu begegnen. Wenn die Sonne brannte, wurde der Stadtschutt zu einem glühenden Steinbackofen. Solange die aus dünnen alten Gummireifen gefertigten Sandalen hielten, war das alles mit Not zu schaffen. Aber auf dem Gestein und Mörtel rutschten die Füße ab, und die Textilriemchen rissen aus, so dass ich bei jedem Schritt einen Schlenker machen und möglichst die lappige Sohle wieder unter den Fuß klatschen musste.

Man sollte ja nicht meinen, dass das alles nicht einmal das Schlimmste war. Alle Übel wurden übertroffen von der Tatsache, dass ich nach einem halben Wanderjahr immer noch nichts als rauf und runter Tonleitern klappern durfte, während mein kriegsmüder Musikpädagoge seine Zeitung las. Meine pianistische Laufbahn nahm also auf eigenen Wunsch ein rasches Ende.

Der Hunger hatte nun endgültig jede Moral aus den Menschen vertrieben. Alles zieht sich noch in mir zusammen, wenn ich an den selbstgepflanzten Kirschbaum denke, dessen heranreifende kleine rote Kugeln wir Morgen für Morgen beobachtet hatten, vor dem wir endlich mit unseren Körbchen standen – Da haben wir jämmerlich geweint. Unser Zweitgarten wurde so gnadenlos im Schatten der Nacht abgeerntet, dass dann mein Vater mit einem Trick das Diebesvolk an der Nase herumführte: Jetzt erhoben sich auf der ganzen Fläche nur noch derbe grüne Sprösslinge, die schließlich mannshoch wurden, und mit denen keiner etwas anzufangen wusste, – und die unsere Rettung waren. Das war Mais mit seinen in grüne Hüllen gepackten Kolben, damals ein bei uns total unbekanntes Gewächs. Für unser Maiskörnerfutter wurde zusätzlich ein kleines Feld vor der Stadt gepachtet, zum Preis eines nachgelassenen alten Wintermantels unseres Großvaters. Aber leider wuchs das Grünzeug nicht von selbst. Mit unseren kleinen Gerätschaften mussten wir zwei Mädchen die Erde wenden, die Oberfläche ebnen, Löcher für die Samen hacken, sie füllen und zuharken. Was für ein heißer Sommer war das! Die Erde wurde steinhart gebacken, man musste hacken, hacken und sich mitbacken lassen, immer Lottchen vorneweg und ich keuchend hinterher wie eh und je. Auch ein paar Kartoffeln hatten wir. Da konnte man das Bücken lernen.

Wer nicht gleich zurückgekommen war, fand sein Haus geplündert vor. Diese Form des Diebstahls galt als ziemlich das einzige gemeine Delikt. Im Übrigen war die Unmoral dieser Zeit mit keiner anderen vergleichbar. Keiner richtete über den anderen, sondern man hatte ein gewisses Verständnis füreinander, mehr Verständnis, als wir das heute kennen. Das war ein Ethos ganz eigener Art.

Jenseits der Kinzigbrücke: Das Haus Dr. Eisenberg am Milchweg vor der Zerstörung, ehemals Gästehaus der Familie Deines

Das Schwarzmarktgeschäft blühte. Was an diesem Markt so schwarz war, habe ich nicht verstanden. Jedenfalls war dieser Handel, meistens Tauschhandel, streng verboten. Die Übervorteilung sollte wohl auf höherer Ebene stattfinden, nur gab es diese nicht. Unsere Welt war weniger chaotisch, als das hier scheint. Denn die neue Menschheit hatte ein gemeinsames Ziel vor Augen.

Meine Mutter war unser Kabel zur Mitwelt. Wie immer stand sie umso fester auf dem Boden, je schwankender er war. Gelegentlich gingen ihre Zuwendungen für andere, ganz recht, auf Kosten ihrer Töchter. Familien, die wie so unzählige nichts mehr besaßen, gab Lottchen fast alle ihre Kleider. (Sie bekam bald neue genäht). Röschen war es auch, die unerschrocken auf den Schwarzmarkt ging. Der Rest meiner Kindersachen wanderte allerlei schwarze Wege. Ich bekam ein klappriges altes Fahrrad dafür. Eine meiner Puppen war auch klappriger, als sie aussah. So glich sich alles aus.

Die Familie Eisenberg vor ihrem Haus: die Eltern und ihre acht Kinder, hinten auch Freundinnen (mit dunklem Haar)

Das Nachtleben war also rege, vor allem wenn irgendwo ein Kohlenzug abgestellt war. Das überall angebrachte Plakat mit dem sich unter seinem Sack krümmenden »Kohlenklau« trug eher dazu bei, dass man den Sport witzig fand. So viel »vom Zug gefallene« Kohle gab es gar nicht, wie plötzlich in den Kellern gutbürgerlicher Haushalte auf den nächsten Winter warteten.

Da hatten wir aber, das muss ich sagen, eine feinere Lebensart. Mit Stolz, den ich hier bestimmt nicht verbergen kann, berichte ich von der hohen Birke, die mein Vater und ich mit Zustimmung der Besitzer zu Brennholz gemacht haben. Sie stand auf dem schon erwähnten Pfersdorfschen Grundstück im Garten hinter der ausgebombten Villa unmittelbar an der Grenze zum Nachbargarten Hausmannstraße 10. Da wohnte die Familie des Landgerichtsrats Thomas, die in diesem Baum seit vielen Jahren das zukünftige Schlafzimmer der Tochter hatte heranwachsen sehen! Man sollte nicht meinen, was an so einem hölzernen Riesen alles dran ist. Wir zwei haben ihn abwechselnd mit der Axt gefällt, das Geäst zerlegt, den Stamm mit der großen Baumsäge in Meterstücke zerteilt, sie im Anhänger nach Hause gekarrt, mit Meißel, Brecheisen, dicken Holzkeilen und der langen Axt grobe Längsteile hergestellt; sie mit der großen Säge und dem Beil zerkleinert, bis wir die Scheite samt ihrer geheimen Wärmeenergie aufstapeln konnten. Die letzten, die Holzarbeiten am Klotz, allerdings, machte mein Vater fast ganz allein. Darüber gibt es noch viel zu sagen.

Unsere Mutter, bei ihren Bemühungen um ein paar Nahrungsmittel, kam täglich mit neuen Nachrichten heim. »Denkt nur, wen ich getroffen habe! Denkt nur, wer noch leben soll, obwohl es doch hieß...!« Mitten auf der Straße fiel man Leuten um den Hals, die man kaum kannte. Eine Freundin von mir verfiel fast in Depressionen, weil alle Welt meinte, dass sie eigentlich tot sein müsste. Was für Geschichten über Familienschicksale erfuhr man da! Ich habe Menschen gesehen, die an ihrem Totalverlust, dem Verlust ihrer Lieben, aller Lebensbesitztümer, verzweifelt sind und schließlich zum äußersten Mittel gegriffen haben.

Und es war noch nicht einmal alles ausgestanden. Der forsche kleine Nachbarjunge Karl-Heinz Mittelmann, vier oder fünf Jahre alt, hielt eine auf der Wiese liegende Panzerfaust für ein Spielzeug – o Himmel!

Das Leben hatte neue Maßstäbe bekommen. So auch für die Familie meiner Freundin, Tochter des Rechtsanwalts Dr. Eisenberg. Eltern und acht Kinder hatten ein wunderschönes Haus an der Kinzig bewohnt mit genug Raum für alle. Als in den letzten Kriegstagen das Gemäuer über ihnen zusammenstürzte und Feuer ausbrach, konnte einer nach dem anderen durch einen Tunnel mit Notausgang kriechen und in den Garten gelangen. Als das letzte Kind herausgezogen war, stellte die Mutter sich mit ihrer geretteten Schar vor ihrem in Flammen stehenden Heim auf und fing mit allen zusammen an zu singen: »Nun danket alle Gott...«.

Trauer

Man wird etwas vermissen bei dem, was ich berichte. Man könnte meinen, dass wir unseren Gerhard schon ganz vergessen hätten.

Bis ich alle Einzelheiten erfuhr über den schmerzlichsten Tag, den meine Familie bis dahin erlebt hatte, sind Jahre vergangen. Selbst Freunde ließen sich nicht hinreißen, mit mir über den 6. Januar 1945 zu sprechen, über diesen Tag, der jedem Bewohner unserer Stadt ins Herz gemeißelt war wie der 19. März. Erst als mir Veröffentlichungen in die Hände kamen, wurde ich mit dem ganzen Ablauf des Geschehens bekannt.

Schon am 5. Januar war Hanau schwer angegriffen worden von den »Fliegenden Festungen« (B 17), mit sechshundert Spreng- und achthundert Brandbomben. Am 6. Januar unternahmen die Engländer eine Attacke, bei der mehr Sprengbomben, schwere Minen, Phosphorkanister und Brandbomben abgeworfen wurden als später im März; allerdings war die Ladung, 1653 Tonnen laut Einsatzbericht, weitgehend daneben gegangen. Aber Stadtschloss, Stadthalle, Stadttheater, die historische Infanteriekaserne und das Zeughaus sind damals schon ausgebrannt.

Unter der großen Zahl hervorgehoben wurden die Toten, die es im Umkreis des Musikerviertels gegeben hat und im Lazarett Yorkstraße: etwa fünfundvierzig Soldaten. Gesprochen wurde also damals, in der folgenden Zeit, fast nicht über das, was bei uns, bei meinen Eltern, bei meiner Schwester und bei mir ganz obenauf lag. Alles war überdeckt von einem schwarzen Schleier, den man am besten liegen ließ.

Denken wir zurück an unsere lachende, träumende, singende und mit dem Fahrrad tanzende Mutter! Wie naiv sie sein konnte. »Warum trittst du mich denn andauernd?«, fragte sie ihren Mann, wenn sie mit Gästen am Tisch saßen. »Schorchel« nannte sie ihn liebevoll. Wenn Fremde anwesend waren oder am Telefon klang das ganz anders: »Geórg«, mit Betonung auf dem »o«. Sie waren ein innig verbundenes Paar.

Nie hat diese Rose sich sichtbar ihrem Jammer hingegeben, nachdem sie den größten Verlust für eine Mutter erlebt hatte. Nach und nach konnte ich erkennen, was ihr diese enorme, diese unvorstellbare Kraft gab. Es war das Drama meines Vaters. Den ersten Schmerz der armen Eltern habe ich nicht miterlebt, und ich kann ihn mir auch nicht vorstellen. Mein Vater war aber seither verändert. Er, der Starke, der Baum in der Familie, litt schweigend vor sich hin. Es war ein lautes, verbissenes Schweigen, das sehr schmerzhaft war für uns alle.

Als Gerhard in das Lazarett gekommen war, gab es schon fast täglich Bombenabwürfe auf Hanau. Sobald die Entwarnungssirene ertönte, warf mein Vater sich auf sein Fahrrad und hetzte durch die Stadt, um zu sehen, ob mit Gerhard alles in Ordnung war. So fuhr er auch los nach dem Angriff am 6. Januar 1945. Als er um die erste Ecke bog, sah er, dass ein Doppelhaus in Trümmern lag. Der Familie Broegmann konnte er heraushelfen. Zusammen mit der jungen Tochter Hanne wurde der verzweifelte Kampf um zwei Menschen aufgenommen, die unter dem Schutt des Hauses Koppel begraben waren. Ich weiß nicht, wie lange es gedauert hat, bis die Getroffenen aufgefunden werden konnten. Sie lebten nicht mehr.

Mein Vater raste schließlich zum Lazarett. Nie mehr ist er frei geworden von dem Gedanken, dass er seinen verschütteten Sohn vielleicht hätte retten können, wenn er gleich zur Stelle gewesen wäre. Bis zum Morgen hat er nach ihm gegraben.

Überaus bedrückend ist das Vorgefühl, die erstaunlich detaillierte Vorstellung, die unser Frohli schon lange mit sich herumgetragen hatte von dem, was ihm bevorstand. Ich habe es schon angedeutet, aber es war eine ganz auffallende Tatsache, dass mein Bruder, der Lebenstapfere, der Draufgänger, der von mir Bewunderte, Angst hatte, wenn er mit uns im Luftschutzkeller war. Am liebsten war er bei seinen Kanonen. »Wenn ich draußen im Freien bin, dann machen mir die Angriffe weniger aus.« Er hat mir auch erklärt, dass er es furchtbar fände, in seinem Bett zu liegen mit der Kellerdecke über sich. So, im Keller in einem Bett liegend, hat mein Vater ihn schließlich unter dem Gestein vorgefunden. Gerhard hatte eine Kopfverletzung, und es hieß, dass er nicht mehr hätte gerettet werden können. Aber wer kann so etwas abschütteln?

Die Reste des Doppelhauses Broegmann-Koppel kurz nach der Zerstörung am 6. Januar 1945. Links im Hintergrund unser Haus mit dem schon reparierten, beschneiten Dach. Foto: Kurt Leipold

Aus einem schlanken Birkenast zimmerten wir dann, mein Vater und ich, ein weißes Kreuz. Wir gingen damit zum Hauptfriedhof und stellten es an der Stelle auf, wo auf einem kleinen, in der Erde steckenden Holzschildchen der Name meines Bruders stand. Mein Vater sagte, Gerhard sei dort vor seinen Augen beerdigt worden. Er sagte das darum, weil das Gelände dann zu einem Massengrab wurde, das nach dem 19. März geschaffen werden musste. Heute sind für uns alle Menschen, alle Toten, gleich. Es gibt nur eine breite Rasenfläche mit in Reihen eingelassenen kleinen Plaketten, die an ihre Namen erinnern. Kreuze, Steine oder Blumen werden beseitigt. Denn wer bringt Blumen für die Familien, von denen niemand mehr am Leben ist? Für die Zwangsarbeiter aus dem fernen Russland? Und die vielen Namenslosen? Auf einer schönen Gedenktafel am Eingang des Grabbezirks kann man alle bekannten Namen lesen.

Jedenfalls hat mein Vater nur noch Holz gehackt in jeder freien Minute. Wochenlang, Monate hat er am Hackklotz gestanden, gehackt und gehackt.

Unsere Mutter unterband jeden Versuch, über Gerhard zu sprechen. Sie hob dann nur ihr Kinn, sonst nichts. Sie kam mir unverändert, liebevoll, so wie in den letzten Jahren vor. Wie Stahl war ihre Festigkeit. An Andere denken ist Power.

Erst als alle Schrecken vorbei waren, fingen bei mir die Schmerzen an, und ich bemerkte die große, breite Wunde. Ich kann nichts gegen die Tränen tun, wenn ich nur denke an das Lied vom guten Kameraden, das in mir fest verschmolzen ist mit dem Tod meines Bruders.

»Ich hatt' einen Kameraden,
einen bessern findst du nicht.
Die Trommel schlug zum Streite,
er ging an meiner Seite
in gleichem Schritt und Tritt.
Eine Kugel kam geflogen,
gilt sie mir, oder gilt sie dir?
Ihn hat es weggerissen,
er liegt zu meinen Füßen,
als wär 's ein Stück von mir.«

Von meinen ersten Jahren an war tief in meinem Innern die schöne alte, ergreifende Melodie, dieser Text mitgewachsen als das immer öfter gehörte, von der Blaskapelle gespielte Symbol für den Tod junger Soldaten.

Mein Bruder ist keinen Heldentod gestorben. Sein Leben wurde sinnlos einem Wahn geopfert.

Kapitulation und doch kein Ende

Nicht nur Gerhard fehlte. Wo war Hans?

An dem vollendeten Geschehen können wir in unserem Inneren arbeiten, bis eine Scheinruhe eintritt, von der wir wissen, wie sie trägt. Für das Unvollendete lassen wir einen großen Raum frei, und man hütet sich davor, an Schweres zu denken, das ihn sprengen könnte mit seiner Wucht. Man glaubt nicht an den Tod, solange es noch Raum für den Glauben gibt.

Was war los mit Röschens ältestem Sohn, mit unserem lieben Bruder an der Ostfront? Der Krieg war für Deutschland ja keineswegs zu Ende. An allen Fronten wurde noch erbittert gekämpft »bis zum letzten Mann«. Die sowjetischen Streitkräfte drangen Schritt für Schritt und längst unaufhaltsam vor. Tag für Tag mussten wir den Wahnsinnswiderstand, die Durchhalteparolen und den Rückzug verfolgen. Damals, nach Gerhards Tod, war mir sicherlich gesagt worden, dass Hans ein Sonderurlaub genehmigt worden war, dass er bei seinen Eltern sein konnte in den schweren Tagen. Das war an meinem leicht zerrütteten Geist vollkommen vorbeigegangen. Jetzt war seitdem, seit er sich wieder auf den Weg zu seiner Armee gemacht hatte, keine Nachricht mehr von ihm gekommen.

Warten, warten. Es kam nichts.

Nach und nach wurde durch unterirdisches Raunen bekannt, dass längst, allen Wehrmachtsberichten entgegen, die Ostfront weitgehend in Auflösung begriffen war. Wir wussten nicht einmal, ob Hans überhaupt seine Einheit erreicht hatte. Immerhin wurden nach wie vor die Namen der Gefallenen und die der vermisst Gemeldeten bekannt gegeben. Man nahm das zur Kenntnis mit einem dankbaren Blick zum Himmel, obwohl der uns schon einmal hatte fallen lassen. Wir hielten uns an diesen Negativlisten fest. Die leere Zeit ging weiter, und närrisch fing ich an, ein gutes Zeichen darin zu sehen, dass mein Bruder nie dabei war, bei den endlosen Kolonnen der Toten.

Das ist alles, was ich an dieser Stelle von Hans berichten kann. Da wir also nicht wussten, wo derjenige war, auf den sich unser ganzes Wunschdenken konzentrierte, war uns schließlich vollkommen gleichgültig, wo welcher Brückenkopf eingenommen wurde.

Auch die Nachricht vom glorreichen Tod des Helden Adolf Hitler hat uns schwach berührt. Nicht nur wir, sondern auch der Rest der Hanauer machten blind wie die Maulwürfe weiter bei der Bemühung um das Weiterleben.

Vielleicht rührte eine gewisse Schweigsamkeit auch daher, dass man jetzt den amerikanischen Soldatensender und andere hörte, alle Tatsachen erfuhr. Im Hitlerreich hatte das Abhören von ausländischen Sendern, von »Feindsendern«, als Verbrechen, als Zersetzung des Deutschtums gegolten. Wer dabei erwischt wurde, zumal in einer Gruppe, dem drohten KZ oder Hinrichtung; so vollzogen auch bei Jugendlichen.

Neben dem Gefühl der Befreiung stand das der Demütigung. Man hatte sich missbrauchen lassen. Des Deutschen »Treu und Redlichkeit«, die Ideale »Pflicht«

und »Ehre«, hatten sich als Mangel erwiesen, als Mangel an Verantwortungsgefühl und handlungsbereitem Selbstbewusstsein. Individuen mit begrenzten geistigen und ethischen Mitteln war Selbsterhöhung durch Niedertrampeln gelungen.

In unserem alten Hanau waren sie jetzt wie vom Erdboden verschwunden, die Leute, zu denen man besonders laut hatte »Heil Hitler« sagen müssen. Sie hatten einfach ihren Glanz verloren, sonst nichts. Schon bald gab es wieder nur noch die netten kleinen Bürger, die sie wohl auch vorher gewesen sind.

Sicherlich war bei denen, die auf Arbeit, Fortkommen und eine gesicherte Zukunft gehofft hatten, so mancher zuversichtliche Glaube an das versprochene glückliche Großdeutschland zusammen gebrochen. Darüber habe ich damals, eben noch zwölfjährig, zu wenig erfahren.

7. Mai 1945. Endlich die bedingungslose Kapitulation Deutschlands. Was ich weiß ist, dass ich nirgends ein Zeichen von Emotion gesehen habe, die über die jedes Tages hinausging. Das Ende des Krieges war kein mit Begeisterung gefeiertes Ereignis. Wir haben keine Freude gefühlt. Man denke sich einen Menschen, der überfallen und geprügelt wird, bis er halbtot auf der Erde liegt. Der Schläger lässt von ihm ab. Wird der Geschlagene Freude fühlen?

Es war ganz anders. Man sah nur, dass die Nachrichten von Menschenopfern nicht aufhörten. Wir waren von Trümmern und Gräbern umgeben. Die immense Arbeit mag für alle ein Segen gewesen sein.

Wachgerüttelt wurden wir aber, als wir mit den Berichten, den Bildern vom Konzentrationslager Dachau konfrontiert wurden. Beim ersten Schock waren wir wie gelähmt. Allgemeines Verstummen. Es war so furchtbar, dass zunächst jeder für sich allein mit den Wahrheiten fertig werden musste. Bei allen ohne Ausnahme war das Entsetzen grenzenlos, ganz gleich, was man »gewusst« hatte. Ich verehre die zahllosen Heiligen ohne Gloriole, die ihr Leben riskiert, die gerettet und die auch bezahlt haben.

Man lebte weiter, weil man an das Weiterlebenmüssen gewöhnt war. Man trug die Schuld der Schuldigen.

Der nächste Schock folgte im August dieses Jahres 1945: der Atomkrieg, Hiroshima und Nagasaki. Wie hat es Adolf Hitler an Eleganz gefehlt.

Trost in Ruinen

Der Krieg war aus. Kein Lebenszeichen von unserem Hans. Und er war ja nicht der Einzige, der im Unbekannten verloren war – auf Zeit oder für immer. Russische Gefangenschaft, Sibirien, setzten wir mit einer Todesnachricht gleich.

Ob man nun nach vorn sah oder zurück, mit weiterer Sorge oder mit zaghafter Hoffnung auf die Zukunft schaute oder voll Trauer um die Verlorenen war, man versammelte sich in Scharen an ungewohnter Stelle: in der Kirche. Die Lebensgeister kehrten wieder, und das Leitmotiv war Dank. Dank dafür, dass ein Ende weiterer Schmerzen abzusehen war. Man versuchte, irgendwo, in einem sicheren Raum, seine Lasten abzuladen. Am Ende hat es Jahrzehnte gedauert, bis man mit vollem Blick das Abgeworfene ins Auge zu fassen imstande war.

Spät tauchen die alten Kriegsbilder wieder auf. Und schon ist es um uns wieder früh.

Jedenfalls strömten die Menschen zusammen, standen zwischen den Trümmern bis auf die Straße, wenn ein feierlicher Dankgottesdienst abgehalten wurde, ganz gleich, welcher Konfession sie waren, gleich auch, ob sie zuvor je eine Kirche von innen betrachtet hatten. Man sah viele Tränen, die alle ihre eigene Geschichte hatten. Viele Menschen waren freilich auch zu Nihilisten geworden.

»Kirche« habe ich gesagt! Ehe Notdächer und Baracken gezimmert werden konnten, war der Himmel das gemeinsame Kathedralendach für alle, die in Höfen, im Mauergerippe der Wallonisch-Niederländischen Kirche, im Garten des zerbombten St. Vincenz-Krankenhauses ihre Lieder sangen. Von da, aus dem Krankenhausgarten, kamen Lottchen und ich an einem sonnigen Julisonntag frohgesungen zurück und wurden von unserer Mutter schon an der Haustür empfangen. Sie hatte ein rotes Gesicht, war ein bisschen durcheinander und sagte: »Ihr dürft aber keinen Schrecken kriegen. Ich meine, es ist aber etwas Schönes – geht mal ins Wohnzimmer...« Im Wohnzimmer, auf dem großen Tisch lagen zwei verschränkte Arme, und auf den Armen lag der Kopf eines Menschen mit einem breiten, verschmitzten Grinsen im Gesicht – er war da! Hans!

Ein neues Kapitel

Jetzt fing in unserem Leben ein neues Kapitel an. Zunächst saßen an vielen langen Abenden meine Eltern mit Hans zusammen, und er konnte abladen. Lange Berichte müssen es gewesen sein von allem, was hinter ihm lag. In welcher Form er die Qualen der sterbenden deutschen Wehrmacht erlebt hat, weiß ich nicht. Das meiste davon sollten Lotte und ich nicht hören.

So gebe ich wieder, was ich über die Schlussphase erfahren und grell im Gedächtnis behalten habe. Nach seinem Heimaturlaub im Januar herrschte schon überall ein ungeordneter Rückzug, und mein Bruder fand überhaupt nicht mehr zu seiner Einheit zurück. Hierauf folgt eine große schwarze Lücke. Ein Leben lang haben wir vermieden, ans Licht zu zerren, was sie an begrabenen Erlebnissen enthält.

Am 7. Mai – am Tag der bedingungslosen Kapitulation der deutschen Wehrmacht !! – erreichte mein Bruder die Elbe. Da stand er nicht mit einer Kompanie, sondern als einer von fünf Mann, die durchgekommen waren. Nur der Fluss gehörte ihnen noch, wenn man es so sehen will. Am östlichen Ufer stand die russische, am westlichen die amerikanische Armee. Das Feuer der Russen im Nacken, stürzten sich die deutschen Soldaten zu Hunderttausenden in den Fluss, um Sibirien zu entgehen. Die Elbe wurde vom Osten her unter permanenten Beschuss genommen. Wenn ich nicht irre, dann schossen die Amerikaner auf die Russen, um dem Massaker ein Ende zu machen, zumal der Krieg zu Ende war.

Auch Hans und seine Kameraden wählten bei der Hetzjagd in letzter Sekunde und in voller Montur den Sprung ins Wasser und in den Granatenhagel. Drei von den Fünfen sind am Westufer angekommen.

Ein großer Teil der dort gefangen Genommenen wurde jedoch, wie man bald wusste, von den Alliierten an Russland ausgeliefert – gegenüber weit über zwanzig Millionen geopferten Menschen, der russischen kämpfenden Jugend und der Zivilbevölkerung Russlands.

Mein Bruder gehörte nicht zu den Unglücklichen (»Mir kann nichts passieren!«). Er blieb samt seinem Elbwasser am Ufer liegen und nahm einen Amerikaner wahr, der da stand und ihn nicht wahrnahm. Irgendwie kam er schließlich in britische Internierung. Er konnte entfliehen und sich auch durch die amerikanischen Besatzungstruppen schlagen, ohne festgehalten zu werden – anscheinend nicht ohne sein gewinnendes Geschick zum Davonkommen. Er fand einen LKW und sonst etwas, um nach Hanau zu gelangen. »Was wollen Sie in Hanau?«, hieß es. »Hanau ist nur noch ein Schutthaufen.«

Daran hatte ich überhaupt nicht gedacht. Dass auch Hans nichts wusste, nichts darüber, was mit seinen Eltern und Geschwistern (Lotte in ihrer Pulverfabrik!) los war.

Nur ein paar wenige junge Männer aus unserer Bekanntschaft, Freunde meiner Geschwister, kamen schon in den ersten Monaten zurück. Ach, wie jung, wie jung alle noch waren! Mit sechzehn Jahren war Gerhard ums Leben gekommen. Hans war einundzwanzig Jahre alt, als er von den Schlachtfeldern zurückkam, Lotte neunzehn bei ihrer Fahnenflucht. Wie sind sie alle, eine ganze Generation, um ihre Jugend betrogen worden!

Ein Fettauge auf der Suppe

Der Mangel an Viktualien fing jetzt erst richtig an. Ich weiß nicht, ob man heute noch verstehen kann, dass wir, unsere Familie, uns geradezu schämten, als wir plötzlich wie ein Fettauge auf der Suppe des Daseins schwammen.

Noch viel zu wenig habe ich über die »Amis« gesagt. Vom ersten Tag an waren die frisch nach Seife duftenden, auf Gummis herumkauenden und in ihren wie maßgeschneidert knapp sitzenden braunen Uniformen steckenden Jungs unsere Freunde, vor allem die der Kinder (und der jungen Mädchen). Es machte ihnen Spaß, uns zu beschenken, oder einer Hübschgelockten ein Päckchen Zigaretten zuzuwerfen. Überhaupt: Sie waren Menschen, denen etwas Spaß machte, ich meine Freude machte. Wie sah man jetzt die tiefen Furchen in den Gesichtern, an die man gewöhnt war! Der Anblick dieser Soldaten war, wenn ich zurückdenke, das erste seit langer Zeit, was sich bei mir mit dem Begriff »Hoffnung« vermengte, mit der Ahnung von etwas ungeheuerlich Schönem! Dass diese jungen Menschen einfach normale junge Menschen waren, das konnten wir uns nicht vorstellen. Sie waren aber wirklich alle sehr lieb, die Amis mit ihren Klosettbürstenköpfen.

Zurück zum Fettauge. Eine amerikanische »Elitetruppe« wurde in Hanau stationiert und in unserem Musikerviertel einquartiert. Ziemlich nervös guckten wir durch die Vorhänge, als längst alle untergebracht waren und ein Trupp von Offizieren ausgerechnet auf unserer Straße, immer wieder ausgerechnet vor unserem Haus herumstanden und es musterten. Die wollten es sich doch nicht allesamt bei uns gemütlich machen? Endlich kam eine Abordnung von zwei oder drei Mann, und alle Räumlichkeiten vom Keller bis zum Söller wurden begutachtet. Wollten die vielleicht die ganze Behausung erobern? Mit Befriedigung im Gesicht zogen die Späher wieder ab und machten Meldung.

Ein Offizier kam, stellte sich mit größter Höflichkeit vor und erklärte, dass man beschlossen habe, bei uns die Küche (!!!) für die Versorgung der Truppe einzurichten. Erst einmal wurde uns nur schwindelig. Viel Zeit zum Schwindeln blieb aber nicht, denn man schritt gleich zur Tat. Der Plan war: Kochen in der Waschküche, Essenausgabe im Erdgeschoss, Wohnen im ersten Stock.

»Wohin mit unserem Zeug im Erdgeschoss?« »Das machen wir schon.« »Aber die großen Möbel?« »Die bleiben da.« »Dann sind die guten Stücke ja wohl hinüber?« »O nein, keine Sorge.« »Und der ganze Inhalt?« »Keine Sorge.« Dass ich an dieses Zwiegespräch zurückdenke, hat einen Grund; nämlich den, dass in der folgenden Zeit dreimal am Tag einhundert Mann mit dem Essnapf in der Hand in unser Haus kamen und wieder gingen – und wir es oben in der Regel gar nicht wahrnahmen. Keine Spur, keinen Kratzer fanden wir vor, als der ganze Spuk nach Wochen vorbei war.

Betäubende Düfte von gebratenem Speck und Bohnenkaffee stiegen aus dem Keller auf und setzten sich im Wohnzimmer fest. Irgendwie wurde mit Petroleum gekocht, und auch dessen fette schwarze Emission lagerte sich bei uns auf allem Inventar, sogar an den Hälsen ab (wie schade, dass wir kein Waschbenzin mehr hatten). Das Erste, womit das Geschick uns beglückte, war eine zum Zweck der Reinigung im Vorgarten abgestellte Pfanne, die noch eine dicke Schicht von altem Bratfett aufwies. Ich könnte diesen Markstein auf unserem Lebensweg noch malen, so genau habe ich ihn vor Augen. Die Küchenbesatzung bestand aus einem netten deutschen Koch, Adolf, und zwei deutschen jungen Frauen. Die Entlohnung der Leute waren die essbaren Reste, die sie unter sich aufteilen durften. Es blieb mit Fug und Recht nichts übrig. Lottchen war aber gleich gut Freund mit allen. Man konnte zwei weitere tüchtige Hände nur zu gut gebrauchen, und der Himmel öffnete sich für uns. Weniger für meine arme Schwester selbst, die bis zum Umfallen in dem heißen Küchenkessel kochte.

Unser himmlischer Zustand ging wenig darüber hinaus, dass jeden Tag etwas Essbares auf dem Tisch stand. Dosenspinat mit Corned beef und dergleichen. Das schneeweiße Wattebrot war selbst für uns nicht viel mehr als Luft. Wie es die Armee gefechtstüchtig erhalten konnte, war uns ein Rätsel. Man schmierte aber Erdnussbutter darauf, oder man legte es auf eine Scheibe Käse, und so ging es. Besonders beliebt waren offenbar (auch bei uns!) eine Art »Arme Ritter«, Weißbrot in süßem Ei gebraten und schön ölig.

Beim Ruf der Nachteulen schlich Röschen in den Garten und vergrub heimlich ihre Schätze für spätere Notzeiten: lappigen Spinat in Wasser und – Weinflaschen. Diese enthielten ihre »Goldsammlung«, ihren bestgehüteten Besitz: nicht etwa Wein, auch nicht Kaffee, sondern Kaffeesatz und ausgebratenes Rinderfett. Es war streng verboten, sich an amerikanischem Gut zu bereichern. Die zuständige deutsche Polizei wusste wohl gut, was sie sich und den Amerikanern schuldig war. In ernstliche Verlegenheit kam meine Mutter, als sie die einzige große Beute machte: ein ganzes halbes Rad Holländer Käse. Eine befreundete Dame, Frau Maas, die in Kesselstadt wohnte, nahm ihn in Pension, legte ihn auf ein Tischchen, verschleierte ihn mit einem Spitzendeckchen und stellte ihr Radio darauf.

Jeden Abend kam der oberste Befehlshaber der Truppe zum Nachtessen zu uns. Das war ein großartiger Mann, nicht mehr jung, sehr groß, mit einer Menge von Verdienstzeichen dekoriert, sehr fein, taktvoll und gebildet. Sein Deutsch war viel besser als unser Englisch. Gewöhnlich hatte er zwei oder drei Offiziere bei sich, die sich aber nach dem Essen »davonmachten«; anders kann ich nicht bezeichnen, was wir mit immer neuer Verblüffung sahen: Dass sie stumm aufstanden, sich umdrehten und aus der Tür gingen ohne Abschied und Kommentar, geschweige denn einem »shake hands«. Wir waren an fremde Sitten nicht gewöhnt. Ohne Ausnahme waren die Elitesoldaten nicht nur an Länge überdurchschnittlich, sondern auch an geistiger Bildung und guten Umgangsformen.

Die beiden Männer, unser militärischer Freund und mein Vater, hatten Gesprächsstoff bis in die Nacht hinein. Sie schienen sich in ihrer Weltanschauung völlig einig zu sein. Nach seiner Gottverlassenheit wirkte mein Vater jetzt wie gestählt.

Diese Besuche brachten eine angenehme Begleiterscheinung mit sich: Der Herr trank gern ein Gläschen Wein bei seiner Konversation. Das kostbare Getränk gab es nur in den »Amikneipen«. Das nächstliegende Etablissement dieser Art war am Beethovenplatz in einem Keller eingerichtet. Also wurde meine Schwester mit dem Steinkrug in der Hand zum Weinschöpfen losgeschickt. Das dauerte und dauerte eines schönen Abends, kein Wein, kein Lottchen. Es wurde dunkel, und meiner Mutter wurde bange. Hans war im Haus. Er wurde hinter seiner Schwester hinterhergejagt, und er fand sie: Kaum erkennbar in einem Bad von gedämpftem rotem Licht und Zigarettenrauch, auf einem Stuhl sitzend, umlagert von langen Kerls, von welchen einer ihr auf den Knien zu Füßen lag. Der Wein ist dann bei uns angekommen.

Die bekannteste Vergnügungseinrichtung der amerikanischen Besatzungssoldaten hieß »Zur weißen Feder«. Man muss ja mit dem Hessischen vertraut sein, um zu verstehen, dass ein abwechslungsbedürftiger Ami, der nach dem Weg dorthin fragte, in Großkrotzenburg bei den »Weißen Vätern« gelandet ist. Bei ihnen waren übrigens die Hanauer Kranken untergebracht.

Ein kleiner Soldat war dabei, der Hilfsdienste bei der Truppe tat. In seiner Freizeit war ihm langweilig, und er kam, um mit meiner Mutter zu plaudern. Diese stand mit großen Augen ratlos da, denn sie verstand kein Wort. »Ich kann doch Englisch«, sagte sie frustriert zu mir. Der Kleine litt auch an Frust und wurde immer lauter. Ich hatte eine Erleuchtung: »Weißt du was? Er spricht Deutsch!« Das Thema seiner Rede war »Die Fraa do hiwwe«. Seine Oma war aus Frankfurt in die Neue Welt gekommen, und er hatte bei ihr Deutsch gelernt.

Die Schlaraffenzeit ging zu Ende. Die Elite zog weiter. Der Koch gab meinem Vater einen Schlüssel in die Hand mit einem langen, bedeutungsvollen Blick. Das war der Schlüssel zur Speisekammer, und diese war bis oben hin voll mit Ölkanistern, Fleischkonserven, Zucker, Mehl, Milchpulver, Eipulver und anderen Vorräten, die nicht mitgenommen werden sollten. Mein Vater, nach einer Zwiesprache mit seinem Inneren, holte die Polizei und übergab ihr den Schlüssel. Ich hoffe, dass die Polizisten viele Kinder hatten. Nur Erdnussbutter hatten wir vorher geklaut.

Hunger und andere Menschenfeinde

Anders gestaltete sich das, worin Röschen ihre Aufgabe sah. Voll unbegreiflicher Energie ging sie mit ihrem Fahrrad auf Hamsterfahrt in Ortschaften und zu entlegenen Plätzen, wo es, wie von Haus zu Haus gemunkelt wurde, etwas Essbares gab. Nur sie und der Himmel wussten oft, wo sie die merkwürdige Nahrung aufgetrieben hatte, und wir hüteten uns auch, zu viele Fragen zu stellen. Was wir wussten war schon genug.

Die ergiebigste Quelle, die da floss, waren die Abfalltonnen der amerikanischen Kasernen. Die großen Behälter waren mit Wasser gefüllt, und in diesem schwammen Delikatessen herum, die man herausfischen konnte. Um niemandem den Appetit auf sein nächstes Mahl zu verderben, beschreibe ich nur einen der Fischzüge, die meine Mutter da gemacht hat: Zu Mittag stand vor uns auf dem Tisch eine so große Platte, wie wir schon lange keine mehr gebraucht hatten. Auf ihr dampfte und duftete ein Berg von Hühnerfüßen. Ich spreche nicht von Schenkeln, sondern von Füßen. Es scheint, dass immerhin der Knabbertrieb befriedigt wurde.

Später nahm ein gewitzter Mann aus Kesselstadt die ganze Fischerei in die Hand, transportierte in einem großen Fass alles ab und verkaufte es dann zu Wucherpreisen an die herbeiradelnden Hungermütter. Bestimmt ist er nach Amerika ausgewandert und Multimillionär geworden.

Besonders schweigsam aßen wir unseren Teil auf, wenn Röschen plötzlich richtiges, echtes Bratenfleisch auf den Tisch brachte. Merkwürdigerweise verzichtete sie gerade in diesen Fällen auf die Teilnahme am Festmahl. Ich weiß vermutlich, wie »Trabtrab« schmeckt – vielleicht auch nicht.

Triumphierend kam meine Mutter in die Küche und stellte einen großen, flachen Kasten auf den Tisch. Wir hatten ihr eine bedeutende Bereicherung unserer Hausgemeinschaft zu verdanken. In dem Pappkarton war ein Gedränge von piepsenden gelben Puderquästchen. Die energiegeladenen Minischreihälse waren noch so klein, dass die animalische Wärme des Mutterbauchs durch die Strahlen einer Rotlichtlampe ersetzt werden musste. Wir hatten einige Wochen lang nichts anderes zu tun, als uns um den Hühnernachwuchs zu kümmern. Wir erfuhren auch, was Hackordnung ist. Da gab es nämlich ein Tierchen, das sich ein Bein gebrochen hatte. Mit Entsetzen sah meine Mutter, wie das hinkende kleine Geschöpf von seinen Mitgeschöpfen blutiggehackt wurde. Sie nahm es in ihre Obhut, schiente fachmännisch das Stelzchen mit einem Streichholz, und siehe da – bald konnte ihr Patientchen wieder hüpfen. Wir bastelten aus engem Maschendraht eine Freilichtmanege, die wir bei Tag auf den Rasen stellten. Die meiste Zeit aber musste man in allen Winkeln des Gartens hinter Hühnchen her sein. Was unsere ornithologischen Kenntnisse bisher nicht ans Licht gebracht hatten, zeigte sich, als die Tiere samt ihren Kämmen stattlicher wurden. Neben zwei Hühnchen hatte sich Röschen achtundzwanzig Hähnchen andrehen lassen. Eine der beiden kleinen Hoffnungsträgerinnen war Adelheid, die mit dem Beinchen! Sie blieb ein bisschen kleiner als Kunigunde, und auch die Eier, mit denen sie ihrer Dankbarkeit nach Kräften Ausdruck gab, waren etwas zierlicher als die der Schwester. Die Hähnlein hat meine Mutter an Interessenten zum Herausfüttern und Braten verschenkt. Kuno blieb als stolzer Hahn dabei.

Warum hatten wir nicht schon lange gefiederte Freunde, die uns mit Proteinbomben beschenkten? Weil man sie erstens nicht bekam ohne das Glück, das meine Mutter wie auch immer hatte, und weil zweitens nicht nur die Eier, sondern gleich auch die Legetiere geklaut wurden. Mein Vater schlosserte also einen Panzerstall, der nur mit Hammer und Brecheisen lautstark hätte geknackt werden können. Der schon bekannten Achtkinderfamilie Eisenberg wurden alle sechs Hühner geraubt und dann auch noch der Nachschub. Das war ein Drama, das allgemeines Mitgefühl erregte. Es wurde dann eine Klingelanlage oder so etwas am Stall installiert. Der Garten dort war jetzt ein Barackenlager, in dem man hauste. Das Badezimmer war ein in der Mitte der Küche stehender Hocker, daneben auf dem Boden eine Schüssel Wasser. Da traf ich gewöhnlich meine Freundin Erdmute an, mit einem Lappen in der Hand und einem kleinen Nacktfrosch vor sich, der auf dem Möbel stand. Wie man mir glaubhaft versichert hat, war aber das größte Übel das Plumpsklo, das bei keiner Witterung aufhörte, sich abseits im Garten zu befinden.

Im Herbst wanderte unsere Mutter mit uns nach Wilhelmsbad. Da haben wir unter den Parkbäumen Bucheckern gesammelt, um aus ihnen Öl pressen zu lassen. Täglich zogen wir zu mehreren Familien aus und hatten auch ein bisschen Spaß dabei. Aber stundenlang musste man sich bücken, bis man nicht mehr konnte und der Buckel krumm war. Röschen, Lottchen und ich hatten einen Berg zusammengebracht, gegen den die Pyramiden von Giseh verschwindend waren, oder jedenfalls genug, um auf mehrere Flaschen Öl hoffen zu können. Die Früchte unseres Fleißes wurden zur Presse gekarrt, worauf wir zusammen mit vielen anderen Eckernpickern vergeblich auf den kostbaren Saft warteten. Der Ölmensch war davon geglitten.

Was uns an Leib und Seele aufrecht erhielt, war unser Mais. Nach Ernte und Abschälen haben wir die Kolben getrocknet, dann die Körner abgelöst und durch die Schrotmühle gedreht. In den drei Hungerjahren nach dem Krieg bis zur Währungsreform horchten wir Mädchen in unseren Zimmern, ob unsere Mutter in der Küche mit dem gewissen Donnern den dicken Brei auf dem Topfrand vom Rührlöffel schlug und ein Fest bevorstand. Einen ganz besonderen Dank möchte ich unserem Mirabellenbaum aussprechen, ihn in einem Nachruf würdigen und herausstellen, dass er Jahr für Jahr einen umfangreichen Familienwaschkorb voll rotbackiger gelber Früchtchen hervorgebracht und so das Eingemachte zum Brei geliefert hat. Einmachzucker gab es nicht, aber unser lieber Baum hinter dem Haus lieferte die wohltätige Süße mit.

Im ersten Sommer zeigte sich, dass der Krieg doch noch nicht ganz zu Ende war. Wir waren von oben mit Kartoffelkäfern gesegnet worden, die ihrem biologischen Rhythmus gemäß heranwuchsen und desto besser gediehen, je mehr die lebenswichtigen Pflanzen Anstalten machten, ihre Knollen zu liefern. Man erinnerte sich wieder daran, dass es »Schulkinder« gab. Wir mussten uns bei den Feldern versammeln und die Biester von dem angeknabberten Blattwerk lesen. Diese Tiere waren ungefähr halb so groß wie Maikäfer, schwarz mit gelben Streifen, und sie hatten etwas Unheimliches an sich.

Mir ist die Unternehmung in besonders unangenehmer Erinnerung, weil ich auf dem Heimweg von den anderen Käferschülern mit Dreck beschmissen wurde. Das kam daher, dass ich das absolut schönste Modell aus dem Atelier meiner Mutter an hatte: Ein im »Russenstil«, wieder einmal, genähtes Kleid, an Stehkragen, Ärmeln und Saum wunderhübsch mit Kreuzstichen bestickt von meiner Schwester. Das Besondere daran war aber der Stoff, seine gegenüber dem gewohnten lumpigen Zeug auffallende Qualität. Vor allem aber bestach die Grundfarbe, das wohltuend gedämpfte Rot, das unsere Hakenkreuzfahne in den Stürmen des Krieges angenommen hatte.

Nachkriegserscheinungen

Die größten Kriegsgewinnler waren die Flöhe. Irgendwie merken diese Tiere, dass etwas los ist. Je größer der Aufruhr in ihrer Umwelt, desto enthusiastischer scheint ihre Paarungsbereitschaft und der Drang nach Familiengründung zu sein. Ich hatte schon in der Kriegszeit manche Bekanntschaft mit den Lebewesen gemacht, die auffallend gern in der Kirche zwischen Mensch und Mensch Brücken schlugen. Leider kenne ich keinen Experten auf dem Gebiet der Insektenkunde, keinen Parasitologen, der mich darüber aufklären könnte, warum Flöhe allen Kongregationen die kirchlichen deutlich vorziehen. Ob fromme Menschen besser schmecken als Atheisten? Nach der Kapitulation der Nationalsozialisten übernahmen diese Partisanen die Aktion, kamen aus geheimem Hinterhalt und attackierten uns im Nahkampf mit kleinen Giftdepots, die sie in die Haut setzten.

Außer den Flöhen gab es nach dem Krieg den Hanauer Kippestecher. Er war entweder ein alter Mann, der wie ein junger Mann, oder ein junger Mann, der wie ein alter Mann aussah. Ich glaube aber, es war ein Mann in mittleren Jahren, der wie ein alter Mann aussah, mit einem unter der Hutkrempe versteckten unrasierten Gesicht. Eindeutig alte Lumpenkleidung schlabberte um den mageren Menschen herum, sein langer Mantel streifte die Straße, wenn er sich bückte. Er ging durch die Gossen mit einem Stock in der Hand, dessen Spitze zweckdienlich präpariert und befähigt war, Zigarettenstummel aufzuspießen. Die Ausbeute war sicher nicht schlecht. Die amerikanischen GI's rauchten ihre Camels oft nur aus Langeweile etwas an und warfen die langen weißen Kippen dann aufs Pflaster. So schlich der Kippestecher als ortsbekanntes Original auf den Straßen herum und ging seinem Spießgeschäft nach. Die Kinder riefen freche Wörter hinter ihm her. Aber er war ein Stoiker und erwies sich als Philosoph mit schönen Gedanken, wenn ein Mensch ihm sympathisch war. Dann konnte er mit weisen Reden aus einem reichen Bildungsschatz überraschen. Lotte könnte darüber einiges erzählen. Sie erhielt von ihm zu ihrer Hochzeit sogar einen Brief mit einem Zitat, den schönsten Worten, die an diesem großen Tag gesagt worden sind.

Gefühlskontraste

An Schulunterricht war nicht zu denken, weil es keine Schule gab. Nachdem die meisten von uns schon seit einem Jahr nicht mehr das dazugelernt hatten, was hätte gelernt werden sollen, fuhren wir schließlich, ein Teil meiner Klasse, zu den Armen Schulschwestern der Mädchenrealschule St. Joseph in Großauheim. Mit Schwung traten wir jeden Morgen zu unserem Frühsport, nämlich dem Algebra-Quiz an, bei dem sich niedersetzen durfte, wer am schnellsten die Lösung rufen konnte. Wie im Spiel haben wir gelernt im lebendigen Unterricht der Schulleite-

Schwester Walburgis in späteren Jahren; seinerzeit Leiterin der Mädchenrealschule St. Joseph in Großauheim

rin Schwester Walburgis. Wie habe ich die feine und humorvolle Dame verehrt! Es gab auch eine kleine Schwester Innozenz. Mit fliegenden Gewändern spielte sie mit uns Völkerball auf dem Schulhof über dem Main.

Der allmorgendliche Weg von Hanau West nach Großauheim zog sich, je nach den Launen unserer örtlichen Witterung, oft wie ein Gummi in die Länge. Dann hörte die Sache auf, Spaß zu machen, vor allem nachdem die bewusste Erdnussbutter dahingeschmolzen war. Unsere klapperigen Fahrräder waren aber die einzigen Vehikel, mit denen ein Pendelverkehr möglich war. So gingen fast alle von uns noch im ersten Jahr von der schönen Schule wieder ab. Mir war das sehr schmerzlich. Wie gern wäre ich dort geblieben! Damals machte aber unsere alte Lehranstalt, die jetzt Realgymnasium für Mädchen genannt wurde, wieder auf. Das »Aufmachen« bestand darin, dass wir in der Wohnung unserer Lehrerin Fräulein Burchard an der Burgallee im ausgeräumten kleinen Schlafzimmer dicht und krumm auf Luftschutz-Lattenbanken saßen ohne Tisch und ohne Lehne (ich schreibe heute noch auf dem Schoß). Ähnlich waren alle Klassen irgendwo untergebracht. Die Lehrerinnen und Lehrer mussten als Radrennfahrer in den Pausen ganze Stadtumfahrungen machen. Im Sommer waren die Wilhelmsbader Kurhaussäle unsere Klassenzimmer – und der Park war unser Schulhof!

Wir bekamen jetzt die »Schulspeisung«. Nicht die Schule wurde gespeist, sondern für uns wurde täglich eine kleine Tonne mit dicker Suppe oder ähnlichen Aufbaustoffen angeliefert. Das war ein Geschenk Amerikas an uns. Ich glaube, dass es mit der CARE-Organisation zusammenhing. Wer von den Schicksalsgöttern oder amerikanischen Freunden bevorzugt war, bekam die CARE-Pakete geschickt und wurde sehr beneidet.

1946 wurde Karl Rehbein Oberbürgermeister von Hanau. Im folgenden Jahr wünschte unsere Direktorin seinen Geburtstag mit einem Blumenstrauß zu würdigen. Als Abgeordnete des Realgymnasiums für Mädchen hatten eine Mitschülerin und ich den Auftrag, das Angebinde zu überreichen. Pünktlich um zehn Uhr, wie befohlen, klingelten wir an der Rehbeinschen Haustür und fanden uns in einem Haus voll ungemachter Betten sowie verwirrt-verlegener unausgeschlafener Bewohner und Gäste. Der Jubilar war noch nicht unter denen, die den Tag begonnen hatten, und so nahm uns jemand auf dem Weg zu den oberen Zimmern die Blumen ab. Wir waren nicht böse darüber, dass wir unsere Sprüche nicht vortragen mussten!

Nicht nur in wirtschaftlicher Hinsicht war der Krieg noch lange nicht ausgestanden. Bei uns Jungen war die nun aufkommende Überaktivität keine Euphorie, sondern Lebenshunger. Ein freies Leben lag vor uns wie ein unbekanntes uferloses Gewässer. Es ist schwer zu beschreiben, wie sehr man sich seiner Unwissenheit, einer gewissen Armut, umso mehr bewusst wurde, je mehr kulturelle Substanz man jetzt kennen lernte. Alles in uns war durchdrungen von dem Wunsch zu erfahren, was es außerhalb der Düsternis gab, in der wir so lange gelebt hatten.

Unsere Eltern hatten die Welt mit allen geistigen, moralischen und künstlerischen Werten erlebt. Sie haben die Reichtümer gekannt, die jetzt zunichte gemacht waren. Reichtümer, deren Träger aus der Bahn geworfen, zu einem erheblichen Teil im Konzentrationslager vernichtet, emigriert oder an der Front getötet worden waren. In der frühen Nachkriegszeit folgte dem allgemeinen Schockzustand ein ungeheures Verlangen nach innerer Nahrung. Was man darüber sagt, wird chaotisch klingen. Aber so eben ist es gewesen. Die Menschen strömten unter den widrigsten Umständen und in den lappigsten Schuhen zu kulturellen Veranstaltungen, die für lange Zeit nicht über (für mich total unverständliche) Vorträge hinausgingen, denn diese konnten ohne Aufwand in einer Baracke am Rand der Stadttrümmer gehalten werden. – Nur langsam wurde es mehr. Gemeinsam wurde gelesen und zu Hause musiziert. In der Schule haben wir bald gesungen wie eh und je und in der Freizeit auch – bei uns nicht zuletzt zweistimmig beim Geschirrspülen, oder die ganze Familie sang aus voller Brust mit Lottchen am Klavier. Ich habe sie gezählt und notiert, die Lieder, die sonderbare Mitgift, mit der ich in meinen Jugendjahren – wie auch immer – beschenkt worden bin. Über sechshundert Lieder sind es, die ich alle heute noch singen kann: Morgen-, Abend-, Wander-, Kriegs-, Jungmädel-, Marsch-, Weihnachts-, Kirchen-, Frühlings-, Scherz-, Jagdlieder, Kanons, Opern, Schlager, klassische Lieder.

Im Schloss Philippsruhe konnte schon bald ein Saal gebrauchsfähig gemacht werden. Dort gab unser hochgeschätzter Lokalkünstler Willi Bissing Klavierabende. Man drängte schon darum zu diesen Veranstaltungen, weil man sich und anderen zeigen wollte, dass man noch Kultur hatte. Aber Herr Bissing wusste auch das Innerste zu erschüttern. Er hatte einen Beethovenkopf, um den Beethoven ihn beneidet hätte, und er wählte die aufwühlendsten Stücke. Jeden dieser Abende beschloss er, neben seinem Instrument stehend, mit den Schlussversen des Abendlieds von Matthias Claudius:

»So legt euch denn, ihr Brüder,
In Gottes Namen nieder.
Kalt ist der Abendhauch.
Verschon uns Gott! Mit Strafen,
Und lass uns ruhig schlafen!
Und unsern kranken Nachbar auch!«

In Tränen ging man nach Hause.

Mit der Zeit konnten wieder Theateraufführungen gegeben werden: in der Militärreithalle im Lamboyviertel, in der Sport- und Kulturhalle am Freiheitsplatz, ab 1950 in der Stadthalle. Im überfüllten Saal brach die Menge in endlose Beifallstürme aus, wenn auf der Bühne Schillers Marquis Posa seinem König entgegenschleuderte »Gebt uns Gedankenfreiheit!« Nicht einmal, nein dreimal setzte man sich mit Zuckmayers »Des Teufels General« auseinander. Da erst wurden uns die Zerreißproben vieler unserer Generäle bewusst, viel erschütterter ergriffen, als wir das heute noch erleben, wenn wir die großartige Verfilmung mit Curd Jürgens in der Hauptrolle sehen. (Tagebuchaufzeichnung des Generals von Bock nach der Kriegserklärung im September 1939: »Die Masse der Generäle war gegen den Krieg.«)

Unsere Eltern kämpften um ein geordnetes Dasein. Die meisten von uns lebten noch in zerrütteten, notdürftig reparierten Häusern, zusammengepfercht in kleinen Zimmern unter fremden Dächern. Und doch: Ich war etwa fünfzehn Jahre alt, als bei uns, den jungen Jahrgängen, alles umkippte. Wir hatten unsere Lektion gelernt. Wir wollten auch leben, nicht nur den Glücklichen zusehen, nicht mehr in die Todeszeit zurückschauen.

Ich eher Kleine hatte einen Schuss gemacht und war so groß wie meine Schwester, die jetzt meine beste Freundin war. Wir haben getanzt und getanzt bei unzähligen Gelegenheiten, zu Hause oder auf Ballveranstaltungen in den Sälen von Wilhelmsbad, mal nach »In the mood«, mal nach einem Wiener Walzer. Es war eine Explosion.

Die später weltbekannte Altistin Christa Ludwig, Tochter des letzten Intendanten unseres Stadttheaters Anton Ludwig, war da noch ein junges Mädchen. Bei jeder Ballvergnügung wurde sie von uns angebettelt, bis sie mit ihrer vollen, weichen Stimme »Über die Prärie« sang und umjubelt wurde. Im kühlen düsteren Park hat man die ersten Zärtlichkeiten ausgetauscht. Diese Bälle der noch frischen neuen Zeit waren von der unschuldigsten Art: Es waren Tanzstundenbälle, die von unserem etablierten Tanzlehrer Ersch veranstaltet wurden, Schülerbälle und Kostümfeste (ohne Masken). An den Tischen rund um die Tanzfläche saßen unsere Mütter! – genannt der »Drachenfels«. Der Hammer kam am nächsten

Morgen, wenn wir mit dicken Köpfen zwischen Girlanden und kitschigen Riesenplakaten im Zigarettenmief saßen und Matheaufgaben lösen sollten. An warmen Tagen war die Flucht möglich. Dann hockten wir mit einer Lehrerin hinter dem Kurhaus im Gras unter den Rotbuchen.

Der Einfluss der amerikanischen Welt war enorm. Man rannte jede Woche mit seinem Freund ins Kino. Anfangs zog Hollywood in einen Seitenflügel von Schloss Philippsruhe ein. Man verpasste keinen »Amifilm«, sah, dass die schöne »Badende Venus« in ihrem Pool herumgeschwommen war, während wir im Keller saßen. Das sage ich nicht mit Bitterkeit, sondern voller Dank für den Kick ins Leben, den uns die freie Welt jetzt gab.

Die Besatzungsmacht stieß viel Material ab, das sie nicht mehr brauchte, und so konnte unsere Mutter in ganz neuen Dimensionen ihre Fantasie und Kunstfertigkeit in modische Unikate umsetzen. Braune »Amidecken« wurden in der Waschbütte dunkelblau gefärbt und von ihr zu schicken langen Mänteln im Stil des »New Look« oder zu den neuen Dreiviertelhosen für uns verarbeitet. Weiße Kleider aus Fallschirmseide waren ganz in. Zum Tanzen gingen wir in Träumen von Abendroben aus himmelblau getönten Moskitonetzen. Im Kreis meiner Freundinnen stahlen auch farbenfrohe Fenstervorhänge einander die Schau bei einem Dasein, das sie sich als alte Stores so wenig hätten träumen lassen wie die Fallschirme, als sie ihre Reise nach Deutschland antraten.

Wir fuhren ja nicht im Mercedes vor, wenn wir die Festlichkeiten besuchten. Man scheute nicht davor zurück, in seinem wallenden Ballstaat auf dem Fahrrad angestrampelt zu kommen. So erklärt sich auch, dass mein Vater eines Morgens vor dem Badspiegel einen Zettel vorfand: »Montiere bitte mein Ballkleid aus dem Kettenrad. Es sieht so komisch aus, wenn die Herren vom Büro kommen.« (Auf das Büro komme ich noch zu sprechen).

Bei unseren Vergnügungen tranken wir ein Elixier, das allein durch seine Farbe und wahrhaftig nur durch diese eine Anregung zum Fröhlichsein war: das »Heißgetränk«. Nur die Farbe war daran heiß. Kleine Flaschen enthielten die röteste Flüssigkeit, die ich je gesehen habe. Sie schmeckte penetrant nach Petroleum oder einer ähnlichen chemischen Verbindung, leicht gesüßt.

Mitten in diesen übermütigen Höhenflügen erlebte man immer wieder Abstürze, wenn neue Bilddokumentationen bekannt wurden mit Details über Auschwitz, Dachau, die Methoden bei der Verfolgung der Juden und der Regimegegner. Daneben las man zerreißende Berichte wie über den – ach so erfolgreichen – deutschen U-Bootkrieg in der Zeitschrift *Quick*, später verfilmt mit Hans Jörg Felmy. Was wir damals verarbeitet, mitgeschleppt haben, möchte ich nicht noch einmal bewältigen müssen. Aber die Auseinandersetzung war notwendig. Neue Erschütterung brachten die langsam bis zu uns dringenden Berichte von den dramatischen Schicksalsschlägen der Flüchtlinge aus dem europäischen Osten. Fast war man nicht mehr in der Lage, an weiteren Leidenswegen Anteil zunehmen. Nicht für Monate, sondern über Jahre wurden im Radio täglich die langen Listen der noch gesuchten Angehörigen und Freunde verlesen.

Kostümball: Mein Vater macht ein Tänzchen mit mir (Mitte). Mein »Rokokokostüm« ist aus amerikanischer Fallschirmseide und blau gefärbten Moskitonetzen hergestellt.

Gespannt hörte man mit, um nur ja nicht einen Namen vorbeigehen zu lassen, über den man etwas wusste. Allein die Masse der Vertriebenen bei der Aussiedlung der Deutschen aus Polen, der Tschechoslowakei, Jugoslawien und Ungarn schien grenzenlos zu sein.

Junge Menschen haben alle Arten von körperlichen Mängeln, selbst die schwersten, außer Acht gelassen. Kriegsheimkehrer, denen man einen Arm oder ein Bein hatte amputieren müssen oder die eine Augenklappe trugen, gehörten zum Straßenbild. Doch damals, in der ersten Zeit, schienen sie sagen zu wollen: »Schaut her, ich habe überlebt!« Sie lernten, auf einem Bein Ski zu fahren, sprangen von der höchsten Plattform der Türme in den Schwimmbädern. Bei Aufnahmeprüfungen behaupteten sie, früher prima Geige gespielt zu haben, als sie ihren Arm noch hatten – bis sich herausstellte, dass es mit dem Notenlesen nicht klappen wollte. Der Wille, eher doppelt als halb zu leben, war bei diesen jungen Nachkriegshelden eine auffallende Reaktion. Wunder der menschlichen Natur hat man da kennen gelernt. (Nicht vor Anfang der fünfziger Jahre gab es eine gesetzliche Entschädigung für kriegsbedingte Körperschäden und Gesetze über die Wiedereingliederung der Betroffenen in das Berufsleben).

Der Isolierbau des St. Vincenz-Krankenhauses, den mein Vater errichtet hatte, konnte, mit Notfenstern versehen, nach dem Krieg wieder in Gebrauch genommen werden. Inzwischen wurde der Klinikkomplex neu gestaltet.

Wie schmerzlich blieb das Fehlen der vielen, vielen jungen Männer, deren Leben noch gar nicht angefangen hatte. Und oft hielt nur der Wille der Angehörigen die in Sibirien verschwundenen Gefangenen und die Verschollenen am Leben. – Die Gefühlskontraste muss man als Hintergrund sehen, wenn man sich ein treffendes Bild von der Nachkriegszeit machen will.

Beginn einer neuen Ordnung

Die vier Siegermächte USA, UdSSR, Großbritannien und Frankreich standen vor der schweren Aufgabe, das darniederliegende Deutschland geordnet zu regieren. Sie kamen bekanntlich überein, das Land in vier Besatzungszonen aufzuteilen, die amerikanische, russische, englische und französische. Der Raum Berlin wurde in Sektoren gegliedert, gemeinsam besetzt und über Luftkorridore mit den westlichen Zonen verbunden. Die Vereinbarung der Militärregierungen, alle Regelungen übereinstimmend zu treffen, stieß immer wieder auf die Widerstände von Seiten Stalins. Damit kündigte sich die bevorstehende Verhärtung der Fronten zwischen Ost und West früh an. Wir in Hanau waren sehr begünstigt,

Der als »Hanauer Zimmer« bekannt gewordene Pflegeraum mit Veranda und Waschgelegenheit, St. Vincenz-Krankenhaus 1928

den Amerikanern zu unterstehen. Ihr Vorgehen war denkbar human gegenüber unserer zerschlagenen Bevölkerung. Von Anfang an war das Bestreben zu erkennen, die Deutschen unter strenger Kontrolle zu mündigen Mitwirkenden bei der weiteren politischen und kulturellen Entwicklung zu machen.

In der ersten Zeit konnte man nichts beantragen, erwerben, nichts abwickeln und keinen Schritt tun, ohne dass ein mehrere Seiten langer Fragebogen ausgefüllt werden musste. Die oft lächerliche Belästigung, die mit deutscher Gründlichkeit betrieben wurde, fing schließlich an, komisch zu werden, und wir sangen frei nach dem alten Lied: »Wer hat dich, du schöner Wald, abgeholzt für Fragebogen?« Allerdings war die systematische Entmilitarisierung und Entnazifizierung Deutschlands vordringlich. In allen Städten wurden Spruchkammern eingerichtet und Nazis aus dem öffentlichen Leben gezogen. »Sind Sie schon entnazifiziert?«, fragte man naiv. Mein Vater wurde milde als »Mitläufer« (Gruppe 4) eingestuft, war nunmehr gekränkt über die miese Bezeichnung und musste sich dafür von uns auslachen lassen. Natürlich war es kein bisschen komisch gewesen, das Mitlaufen mit der Last der Konflikte auf dem Rücken.

1946 erwirkte Kurt Schumacher eine Generalamnesie für die gesamte verführte deutsche Jugend. Unser Familienoberhaupt durfte jetzt wieder arbeiten. Nachdem der Küchendunst abgezogen war, blieben wir in den modifizierten Schlafzimmern, und unter der Beletage kam nach und nach wieder ein Architekturbüro in bescheidenem Maßstab zustande. Nichts war übrig geblieben von der ganzen Schlageterstraße und von dem Gebäude, wo in den weiten hellen Räumen die großen Reißbretter gestanden hatten. Ein neuer Bleistift und ein neues Blatt Papier waren das Fundament zum Wiederaufbau. Dass es an Aufträgen nicht fehlte, brauche ich nicht zu betonen. Aber ein architektonisches Eldorado war das freilich nicht. Die Stadt, die wieder aus dem Schutt zu kriechen begann, wurde nun geprägt von Häusern, die so eilig und billig wie nur möglich errichtet werden mussten, damit man ein Dach über dem Kopf hatte. Das war angesichts des Elends das oberste Gebot. Die Hanauer waren dicht zusammen gerückt. Es war Vorschrift, entbehrliche Zimmer an ausgebombte Familien abzugeben. Da wurde nun als Großfamilienkonzentrat erbärmlich gehaust. Die Zahl der aus dem Ort der Zerstörung Geflüchteten war kaum abschätzbar.

Erbittert lehnte mein Vater die leider anfänglich angeordnete Gestaltung des Stadtkerns ab, bei der historische Werte durch kleinbürgerlich-pseudomoderne Häuser ersetzt werden sollten. Vorschrift für alle Bauten war: nicht mehr als drei Stockwerke, die Traufe der Straße zugewendet und Satteldach mit Gauben. »Das wird ein Gäubchenshausen«, höre ich ihn noch sagen. Viele erhaltene Ruinen unseres kulturreichen Hanaus wurden abgerissen, wie die des Stadttheaters, des Zeughauses und Teile des Stadtschlosses. Die Zeit hat manche Wunden geheilt, aber die alten Stadtansichten tun noch weh. Abgesehen davon, dass bei uns fast alles zerstört war, stehen wir mit dieser Nachkriegskatastrophe nicht allein da. In sehr vielen anderen Städten wurden dieselben Sünden begangen. Da waren die schwelenden Emotionen wie der Wunsch, radikal mit der Vergangenheit Schluss zu machen, alle Erinnerungen an sie auszulöschen. Jahrzehnte hat es gedauert, bis die Nostalgiewelle heranschwappte und eine Altbauwohnung als schön empfunden wurde. Heute noch, sechzig Jahre später, wird mit immensem Aufwand daran gearbeitet, nach Kriegsende niedergerissene historische Bauwerke zu rekonstruieren. Ich nenne nur das Braunschweiger Schloss, das bei der schweren Zerstörung der Stadt in seinen Umrissen überlebt hatte.

Das einsam in der Hanauer Wüste stehende Gemäuer des von meinem Vater erbauten Kaufhauses Tietz-Kaufhof wurde zunächst wieder hergerichtet und später abgerissen. Mein Vater widmete sich in Hanau und im Raum Hessen dem Wiederaufbau von Industrieunternehmen, Krankenhäusern, Kindergärten und Privathäusern. Auch dabei gab es natürlich Probleme. So hatte man im Fuldaer Mutterhaus den selbstverständlichen vordringlichen Wunsch, dass das St. Vincenz-Krankenhaus aufs Schnellste und Sparsamste wieder gebrauchsfähig gemacht werden sollte. Auf eine Modernisierung musste darum verzichtet werden. Immerhin waren die einst von meinem Vater kreierten Krankenzimmer mit Wasch- und Verandateil als »Hanauer Zimmer« bekannt geworden. Sein elegant geschwungener Isolierbau für Infektionskrankheiten hat das Schicksal des Kaufhofs geteilt. In verschiedenen verbliebenen Klinikbauten meines Vaters erkenne ich noch seine Handschrift: abgerundete Mauerkanten an den Türen und die unverwüstlichen Steinplatten an den Wänden der Korridore. Gegenüber dem, was ich bei meiner chirurgischen Tätigkeit anderswo gesehen habe an Einschüssen durch eilig geschobene Betten, Tragen und sonstiges Gerät, weiß ich diese Prophylaxe zu schätzen.

Erst mit den fünfziger Jahren fing ein Aufschwung im Bauwesen durch Förderung der Bausparverträge an. Gewaltige finanzielle Beiträge leisteten auch die USA für den sozialen Wohnungsbau bei Millionen von Arbeitslosen.

Schatten und Lichtblicke – die Währungsreform

Bei der Rückschau auf viele Jahre, vom Beginn des Krieges bis weit in die Fünfziger hinein, dürfen die dunklen Schatten nicht übersehen werden, vor denen unser Alltag sich abspielte. In den Kinos wurde die Wochenschau gezeigt. Mit Grauen sahen wir die Gesichter der vierundzwanzig Hauptkriegsverbrecher, die ab Ende 1945 vor ein internationales Militärgericht gestellt wurden. Über den »Nürnberger Prozess« brauche ich keine Worte zu machen. Das waren also die kaltblütigen Massenmörder! Göring, Heß, Ribbentropp, Schirach – sie saßen alle nebeneinander, als ob sie einfache Menschen wären! Ein gespenstischer Anblick. Ich war aber zu jung, um alle Einzelheiten zu verfolgen, die unsere Eltern im Radio hörten.

Und immer wieder die niederschmetternden Bilder aus den Konzentrationslagern. Es sollte Jahre dauern, ehe mit Wiedergutmachungsleistungen oder -versuchen der Deutschen an die jüdischen Organisationen und Israel begonnen werden konnte, von den privaten Ansprüchen ganz zu schweigen.

Große Probleme nahmen ihren Fortgang. Hunderttausende, die ihr Heim hinter sich ließen, drängten jährlich aus der kommunistisch regierten Ostzone in den deutschen Westen, wo es schon freie Wahlen und persönliche Freiheit gab.

Und da war der Hunger! 1947 hörte man von Hungerdemonstrationen. Lotte und ich hatten aufgetriebene »Kartoffelbäuche«. Vielen mag es schlimmer ergangen sein. Noch immer war man von ausgezehrten Gesichtern umgeben.

1948 endlich: Auf Veranlassung der USA wird in allen Westzonen die Währungsreform durchgeführt. Das bedeutete die Zahlung einer Kopfquote von 60 DM und die Abwertung der Reichsmark bei Privatvermögen zehn zu eins.

Mein Vater hatte sein ganzes Vermögen bei der Zerstörung und den Reparationsleistungen der Großindustrie eingebüßt. Er hatte es in Aktien angelegt in der Hoffnung, seinen Kindern den Start ins Leben leichter zu machen, als er selbst es erlebt hatte. Jetzt, mit zweiundsechzig Jahren, stand er da mit drei Kindern, die noch ausgebildet werden mussten, und einem Besitz von 72 DM. Wir entbehrten das verloren gegangene Geld nicht. Aber für denjenigen, der seinen Lebensfleiß dafür aufgebracht hatte, dürfte das anders gewesen sein. Unser Vater hat jedoch alles wieder herausgerissen mit unglaublich jugendlicher Energie.

Die Stabilisierung der Währung bewirkte endlich einen mehr und mehr spürbaren Aufschwung, den wir den von Ludwig Erhard eingeführten neuen wirtschaftlichen Strukturen zu verdanken hatten. Bald gab es keine Arbeitslosen mehr, trotz der ungeheuren Masse von Zugewanderten. Der Anfang war gemacht, ganz klein und armselig für den Einzelnen. Aber die deutschen Ameisen haben mit rasantem Tempo auf ihren Wohlstand zugearbeitet. 1950: Abschaffung der Lebensmittelkarten, Ende der Rationierung!! Konsumgüter tauchten aus ihren Schlupflöchern auf, und der inzwischen professionelle Schwarzmarkt verschwand.

Unsere Ernährungsprobleme waren denen, die wir heute haben, sehr unähnlich. Nichts konnte schwer und fett genug sein. Der »Kalte Hund« hatte seinen Auftritt und nahm seinen Platz bei jeder Kaffeerunde ein. In einer Kastenform wurden hierzu Leibnizkekse in eine massive braune Masse, die aus geschmolzener Blockschokolade, Zucker und gehärtetem Fett bestand, geschichtet. Nach dem Stürzen wurde alles mit Schokoladenguss angestrichen, und der Hund war fertig. Zwei dünne Scheiben davon genügten, um an die Grenzen des Machbaren zu stoßen. Ein Luxus, der an Beliebtheit alles andere hinter sich ließ, war die Buttercremetorte. Was eine richtige Buttercremetorte war, brachte mindestens eine Höhe von sieben Zentimetern auf und bestand mehr aus Butter als aus Teig. Mit dem Spritzbeutel wurden noch Zwiebeltürmchen aus Buttercreme auf das Bauwerk gesetzt. Dass man in der Regel einen Beigeschmack von Margarine wahrnahm, störte wenig. Bei uns, den Mädchen meiner Schulklasse – wir waren von der Mittelstufe an nur noch zu acht – entwickelte sich eine Tradition, die vermutlich ihresgleichen sucht, es sei denn, man denkt an die alten Römer. Wir jungen Lateinerinnen nannten das »accumbere«, sich zu Tische legen. Wenn innerhalb einer Woche zwei Klassenarbeiten geschrieben werden sollten, wenn wir fanden, dass man da dringend solcher Zumutung etwas entgegenhalten, sich etwas Gutes tun müsste, war es Zeit für einen »Fressabend«. Reihum wurde in den Elternhäusern das Wohnzimmer freigeräumt, wurden aus den Betten die Matratzen geholt, diese auf dem Fußboden zu einem großen Oval geschlossen und mit Decken belegt. Der Innenraum dieser Anlage war mit Tischtüchern ausgekleidet, und auf diesen türmten sich die mitgebrachten fressbaren (Entschuldigung!) Schätze. Aus gutem Grund denke ich an eine dieser Veranstaltungen, die bei Erika Kroegel in der Eberhardstraße stattfand, mit besonderen Gefühlen zurück. Maria Kämmerer, die aus der Ländlichkeit von Großauheim kam, brachte ein riesiges Tablett, oder zwei, voller Mohrenköpfe mit. Ihre Mutter hatte sie für uns gemacht. Mohrenköpfe, nicht Negerküsse. Das waren hohe gewölbte Kuchen mit dem Durchmesser einer Untertasse. Sie waren wie ein Brötchen aufgeschnitten, mit einer Buttercremeschicht von ein bis zwei Zentimetern gefüllt und dick mit Schokoladenmasse übergossen. Jedes Werk eine braune Peterskuppel! Wer hatte so etwas schon einmal gesehen oder gar gegessen?

Drei Stück habe ich geschafft – oder auch nicht. Meine Eltern waren schon im Bett, als ich zusammengekrümmt vor ihnen von einer Wand zur anderen rannte

Meine Klasse beim »Fressabend« im Hause Clormann

und jammerte: »Ich platze! Ich platze! Kann man platzen? Kann man platzen?« Meine Mutter hieß mich im Badezimmer niedersitzen und die vor mir aufgestellte gebauchte rosa Familienkanne mit heißem Pfefferminztee bis auf den Grund leeren. Röschen hatte – wieder einmal – das richtige Händchen gehabt. Als der aus dem Bett gejagte Dr. Gathof kam, war die Patientin bereits geheilt.

Bisher waren allein die Jeeps der Amerikaner durch die Straßen der Garnisonstadt Hanau gekurvt, vor allem aber ihre Straßenkreuzer von monströser Länge und Breite, deren Ausmaße noch durch weit überstehende Blechflossen betont wurden. Auf den Highways von Amerika mögen diese aufgeblasenen Flundern sich besser ausgenommen haben als auf unserer Hammerstraße. Leider entsprach die Fahrtüchtigkeit der GI's nicht dem Format der Luxusmobile. Ich meine mich zu erinnern, dass noch nach Jahren achtzig Prozent der Verkehrsunfälle von diesen fahrenden Kisten verursacht wurden. Die Jungs fuhren aber so zaghaft, dass nicht immer Schlimmes passierte, obwohl sie in der Regel betrunken waren, wenn es knallte.

Wir fuhren noch immer auf unseren rostigen alten Rädern umher – vorausgesetzt, dass man so ein Fortbewegungsmittel besaß. Die zehn Eisenbergs zum Bei-

Klassenkameradin Annemarie Schäfer posiert für eine Vespa-Reklame vor der Tankstelle im Hof der Firma Himmler in der Nürnberger Straße

spiel hatten zunächst nur ein einziges. Aber jetzt! Es fing an mit einer Art Außenbordmotor am Fahrrad, der die Sache leichter machte. Dann tauchten mehr und mehr Motorräder auf und schließlich kleine Kabinenroller. Dazu kamen Typen wie das Goggomobil mit vierzehn PS. Ein Fahrzeug, das dem neuen Schwung unseres Lebensgefühls noch mehr Schwung gab, war die überaus beliebte Vespa, der todschicke hell lackierte Motorroller aus Italien. Sie wurde, eine große Neuerscheinung, auch von vielen jungen Frauen gefahren. Die hatten ihre Kopftuchzipfel nach hinten um den Hals gewickelt, sahen umwerfend aus und waren vielbeneidet. Umwerfend ist allerdings auch dieses Fahrzeug, auf dem man leicht ins Schleudern gerät, und so verschwand es (wie auch die ähnliche Lambretta) mit den Jahren bei uns weitgehend von den Straßen.

Unser erstes Nachkriegsauto war ein hellbraunes eckiges Gefährt, dessen Marke mich, glaube ich, nicht beschäftigt hat, mit einem rückwärtigen Reserverad. In den fünfziger Jahren war der VW-Käfer schon ein Exportschlager. Man war froh, endlich schneller und mit trockener Haut voranzukommen. Es dauerte noch ein paar Jahre, bis das Auto zum Statussymbol wurde. Sehr beliebt war jetzt auch der »Autostopp«. Welcher Junge hatte Reisegeld, um zu seinem Studienort zu kommen, welches Mädchen, um dort seinen Freund zu besuchen?

Wir haben dabei wohl, an die disziplinierte Ordnung im Hitlerreich gewöhnt, die Moral unserer Mitmenschen überschätzt. Wenn auch nicht die von allen, denn wenn ich bei meinen drei Experimenten dieser Art mit meinem winkenden Daumen am Autobahnzubringer stand, hielt in allen Fällen ein Mann an (Frauen

Auf Radtour mit Klassenfreundinnen

hatten kein Auto) und sagte: »Ich nehme dich nur mit, damit das kein anderer tut! Und mach das nicht wieder.« Das gab mir schließlich zu denken. Das Hitchhiken kam dann auch aus der Mode, nicht nur weil es verboten war.

Ein neues Lebensgefühl stieg auch in unserem Inneren auf, sobald wir unser Äußeres von den Lumpen befreien und uns ein bisschen schön präsentieren konnten. Ein großer Schlager war Popelin-Kleidung. Mein Vater baute in Fulda die Konfektionsfabrik Valentin Mehler AG. Von da bekamen Lotte und ich »Valmelinmäntel« in den ungewohnt frischen Farben, die wir bisher nur auf Bildern aus Amerika gesehen und zuerst schockierend kitschig gefunden hatten. Sie waren sensationell. Lottes Luxusgewand war hellblau, meines mattgelb.

Eine in jeder Hinsicht erhebende Neuheit waren die Kreppsohlenschuhe. Auf überdicken weichen Polstern schwebte man über die Unebenheiten des Alltags hin. Diese Fußbekleidung war nicht nur bequem, sondern auch formschön und haltbar. Und es gab die ersten Slipper. Vorausgegangen waren harte, auf die Zehen drückende Kähne aus Pappeleder, bei denen man leicht über Bord ging. »Salamander, vorne spitz und hinten auseinander« war der Slogan gewesen. Wenn man seine Schuhe loswerden wollte, brachte man sie zum Schuhmacher. Einen ganzen Sommer lang bin ich zwischen Gluckstraße und dem Wilhelmsbader Kurhaus hin- und hergependelt, denn in die ehrwürdige Umgebung hatte sich ein Schuster eingenistet. Er saß, halb begraben unter kaputten Schuhen, in einem finsteren kleinen Raum, der nach kaputten alten Schuhen roch. Die schönen von Gerhard geerbten weichen Sommerschuhe, auf deren Besohlung ich

Am Kahler See, der damals nur ein Baggerloch war

sehnlich wartete und an denen mein Herz hing, spazierten längst an glücklicheren Füßen als meinen herum.

Die Herren, wie man auch ganz junge Männer nannte, trugen ihren hellen Übergangsmantel oder Trenchcoat lässig über die Schulter geworfen. Besonders flott was es für sie, eine Sonnenbrille auf der Nase oder gut sichtbar in der Brusttasche des Sakkos zu tragen. Cordjacken waren der letzte Schrei.

Kann man sich vorstellen, wie man überhaupt gelebt hat, als kaum eine Familie ein Telefon hatte? Erst das »Wirtschaftswunder« brachte diese angenehme Verdrahtung mit sich. Selbst ein Radio gab es höchstens in jedem zweiten Haushalt. Das Wirtschaftswunder, der Höhenflug dieser neuen Epoche, war auf die Reformen und die enorme Energie der Deutschen beim ökonomischen Wiederaufbau zurückzuführen, nicht zuletzt aber auf den Marshallplan. Dieser hatte zum Ziel, der Sowjetunion ein stabiles, freiheitliches Europa entgegen zu stellen. Die Amerikaner haben Milliarden investiert. Ab 1949 standen sich die Deutsche Demokratische Republik und die Bundesrepublik Deutschland mit Konrad Adenauer als Kanzler gegenüber. Die endgültige Spaltung unseres Landes war vollzogen. Wir bekamen auch unsere eigene Nationalhymne, die dritte Strophe des Deutschlandliedes nach der schönen Melodie von Joseph Haydn: »Einigkeit und Recht und Freiheit«. Bei einer Feierlichkeit in der Wallonisch-Niederländischen Kirchenruine, bei der abschließend in innerlich aufgewühltem Zustand die neue Hymne gesungen wurde, stand ich in einer großen Menschenmenge, die den Umkreis der Kirche überflutete. Als ich mit Schrecken meinen Fehler bemerkte, stellte ich fest, dass ich nicht als einzige von der Etsch bis an den Belt ins falsche Fahrwasser geraten war.

Deutschland diente den Amerikanern als Stützpunkt mit aus unserem Westen gegen unseren Osten gerichteten Raketenabschussrampen, als eine Pufferzone – als ein potentielles Schlachtfeld. Über die Raketen in der Eifel sprach man (bei uns) nur mit vorgehaltener Hand. Erst als in den sechziger Jahren jede der beiden mit Atomwaffen ausgerüsteten Großmächte in der Lage war, die Welt in die Luft zu jagen, fing der Kalte Krieg an, und wir waren eine Art Gewinner.

Den jahrzehnte währenden Frieden, der jetzt folgte, haben wir viel mehr der Angst als der Friedfertigkeit zu verdanken. Behalten wir aber die Friedfertigkeit fest im Auge. Die Angst scheint nicht immer zu genügen.

Nachhollust ohne Ende

Außer bei unseren früheren alljährlichen Autofahrten mit der ganzen Familie zur kinderreichen Sippe nach Heidelberg – wobei viertelstündlich angehalten werden musste, damit Lotte sich übergeben konnte, und der Besuch abgebrochen werden musste, wenn mein emailliertes Töpfchen mit dem blauen Rand und dem gewissen Schwung nicht mitgekommen war –, hatte ich noch nichts von Deutschland kennen gelernt.

Jetzt haben wir nachgeholt, meine Schulfreundinnen und ich. So oft es ging, machten wir Radtouren: Nach Rothenburg ob der Tauber (wo wir Erdmute Eisenberg die Zöpfe haben abschneiden lassen), nach Würzburg (wo man nach dem Zapfenstreich aus dem Fenster der Jugendherberge kletterte, um auf der Residenz beim Mozartfest dabei sein zu können), durchs Rheintal mit einer Lehrerin (die mir einen ganzen Tag lang ihre schlimme Lebensgeschichte erzählt hat), durch die Lüneburger Heide (wo wir bis auf die Haut nass wurden und im Gasthaus Krüger von Mandelsloh darauf bestanden, ohne Bettwäsche zu schlafen, um nicht mehr bezahlen zu müssen als für eine Jugendherberge, die pro Nacht achtzig Pfennige kostete), an die Ostsee, durch Schleswig Holstein (über das wir etwas von Norddeutscher Tiefebene gelernt zu haben glaubten, und wo wir auf unseren schwerfälligen Stahlrössern die Holsteinische Schweiz vorfanden), nach Hamburg (wo Erdmute und ich uns unterwegs verloren und die ganze Jugendherberge in Aufregung versetzt haben), mainaufwärts über Kitzingen (wo ich die erste Dose Hering in Tomatensoße meines Lebens durch die Jugendherberge spuckte), nach Heidelberg, durch die Pfalz (wo wir beim Hinauf und Hinunter so knieweich wurden, dass wir einen Kleinlastwagen anhielten und uns nach Hanau transportieren ließen).

Gewandert sind wir in der Rhön mit der ganzen Klasse (wo wir in Hilders in einem Kindergarten auf 1,30 m langen und 50 cm breiten Pritschen geschlafen haben). Zu dritt durch die Rhön (wo ich mich beim Schneeregen in den Schlamm gesetzt habe und rückwärtig mit Tannenreisig gereinigt werden musste). Mit der Schule waren wir in Hindelang im Allgäu (wo es keine Milch gab). Zu einer evangelischen Jugendfreizeit auf Langeoog (wo wir den weißen Ausflugsdampfer rundum mit Rotkohl verziert haben). Im Spessart und so weiter.

»Wenn du auf Tour bist«, bemerkte meine Mutter, »bist du billiger als zu Hause«. Mit Marmelade und anderen mitgenommenen Grundnahrungsmitteln wurstelten wir uns durch. Die Wurst! Erdmutes Mutter hatte einmal eine Schlackwurst gespendet. Ein unvergessliches Ereignis. Wenn das Metzgerwerk auch mit etwas Weißem angestrichen war, das ohne Einbuße der halben Wurst nicht abzukriegen war. Zu den Fahrten gehörten die Pannen. Mit abgesprungenen schwarzschmierigen Ketten oder geplatzten Reifen war man keineswegs selten stundenlang beschäftigt. Natürlich hatten wir Gummiflicken, Gummilösung, Muttern- und Schraubenzieher in der Satteltasche, und Übung hatten wir auch.

Paddeln auf dem Main und der lauschigen Kinzig war sehr beliebt. Da durfte ich bei Klaus Thomas aus der Hausmannstraße mit einsteigen. Er hatte zu den wenigen (relativ!) Glücklichen gezählt, die früh aus russischer Gefangenschaft zurückkamen. Zum Schwimmen fuhren wir am liebsten an den Kahler Baggersee, meist viele von uns zusammengetan, unter anderem mit einem Physikstudenten aus Köln, der einmal mein Schwager werden sollte. Wir hatten das sandige Gestade dann für uns allein, weil nämlich das Baden verboten war.

Vielgenutzte Jugendtreffpunkte waren die Sportvereine. Für uns waren im Sommer die Wilhelmsbader Tennisplätze zwischen den Parkbäumen der Lieblingsversammlungsort. Lottchen war natürlich immer Cluberste. Unsere Jahrgänge, fürchte ich, sahen nur die vergnügliche Seite. Zu den Jugendturnieren in allen möglichen Städten Hessens ließ man sich zum Beispiel in irgendjemandes väterlichem Auto mitnehmen. Vor den Endspielen wurde bis zu den Morgenstunden getanzt, der Rest der Nacht auf Clubhausbänken oder neben den Plätzen auf aneinandergestellten Gartenklappstühlen verbracht. Nach Frankfurt zu den Hessischen Jugendmeisterschaften fuhr ich jeden Tag mit dem Fahrrad und ließ mich in beiden Jahren im Endspiel von einem korpulenten Mädchen besiegen, das jeden Schlag mit einem haushohen Lob zurücklöffelte. Das Spiel wurde allgemein für nichtig erklärt. Aber wir hatten unseren Spaß. Das wurde alles kein bisschen ernstgenommen.

In der amerikanischen Zone gab es in jeder Stadt ein sogenanntes Amerikahaus. Das waren Bildungsstätten, in denen eine Annäherung der deutschen an die amerikanische Kultur gefördert wurde – man konnte die Einrichtung aber auch als eine ausgestreckte Hand betrachten. Es gab Vorträge, Filmvorführungen, Musik und neue Bücher, und man konnte sich mit der englischen Sprache vertraut machen. So lernte man da ein bisschen mehr kennen als die Gepflogenheiten, die uns die GI's mitgebracht hatten: Kaugummi kauen, Coca-Cola trinken, Camel rauchen, auf dem Sofa herumlümmeln und die Füße auf den Couchtisch legen. Auf allen möglichen Wegen breitete sich die Mickeymaus in Deutschland aus. Bei uns wurde das Amerikahaus neben der Villa an der Philippsruher Allee errichtet, in welcher sich die Militärregierung niedergelassen hatte (jetzt Olof-Palme-Haus). Der Bau des Amerikahauses wurde später wieder abgerissen.

Unsere Schuldirektorin Fräulein Coßmann arrangierte, ohne eine Ahnung von den Abgründen unserer Sprachkenntnisse zu haben, zum Zweck der Verbrüderung und der Übung im internationalen Umgang, einen Tanztee für unsere Klasse und eine Kompanie junger amerikanischer Soldaten. Das war der komischste Tee, der je getanzt wurde. Wir verstanden kein Wort und sagten kein Wort. Stumm schob man einander herum und war heilfroh, als Zapfenstreich war.

Großen Einfluss hatte auf viele von uns Jugendlichen der Militärsender AFN, der deutlich eine Umerziehung zum Ziel hatte. Mehrmals am Tag erklang der Yankee Doodle und kündigte die »Stimme Amerikas« an. Wir waren gläubige Zuhörer, auch wenn unsere Eltern kritischer waren. Das Tollste war die neue Musik, die wir da zu hören bekamen! Schlager aller Art, Jazz! Bis in die Nacht hinein konnte man Tanzmusik hören, danach swingen und foxtrotten. Boogie-Woogie haben wir kennen gelernt und die schwingenden Rhythmen der lateinamerikanischen Tänze Rumba, Samba, Raspa, Tango, später den Cha-Cha-Cha. Ausgelebt wurde das bei den vielen Bällen. Sie behielten (hier) lange den Charakter einer Privatveranstaltung: Vereins-, Ärzte- und Juristen- oder Schulbälle. Vor allem tanzte man in ausgeräumten Wohnzimmern herum bei Eltern, die so etwas hatten. Dazu gab es sauren Kartoffelsalat als umfassendes kaltes Büffet. Sauer macht lustig. Einer der Freunde hatte einen Plattenspieler und dazu Schellackplatten mit dem neuen Sound. Er wurde überall mit eingeladen. Das alles gilt für meinen persönlichen Hanauer Umkreis.

Der Unfug schloss in diesen Anfangsjahren nicht aus, dass wir mitmachten bei der Bewältigung der Alltagsschwierigkeiten: beim Entrümpeln, Bauen und Reparieren, beim Stricken, Nähen, Flicken, beim Öfen heizen und Kohle schleppen. Möglichst mussten noch Kohl, Kartoffeln und Einmachobst aus dem Eigenanbau bezogen werden. Jede Fortbewegung war mühsam. Beim Einkaufen – wo es gerade etwas gab – war langes Schlangestehen selbstverständlich. So stieß man bei jedem Schritt auf Hindernisse. Nichts funktionierte von selbst. Unsere Augen sahen fast nichts als Trümmer. Und die Toten blieben tot. Das kann nicht erkennen, wer heute die Bilder aus der Nachkriegszeit betrachtet, die unseren unbändigen Lebenswillen widerspiegeln.

Zurück zur Kultur

Große Konzerte wurden bei uns in Hanau für lange Zeit selten aufgeführt. Die Berliner Philharmoniker und viele Orchester der Großstädte konnten bald wieder zusammengestellt werden und in irgendwelchen Sälen vor ein begierig herbeiströmendes Publikum treten. Ganz am Anfang waren meine Eltern mit mir in Frankfurt zu einem Klavierabend. Es gab nur ein Piano, nicht etwa ein Pianoforte. Die Pianistin war eine Amerikanerin. Nach einiger Verwirrung und Verzögerung trat sie vor das Instrument und sagte: »I am sorry, but I have no ‚f'«. Sie spielte für uns das Konzert ohne ‚f'.

Wir, ein paar Freunde und Freundinnen, fuhren auch, wenn es ging, zusammen in unsere nachbarliche Großstadt, um Theaterstücke zu sehen oder Musik zu hören. Mein »Tanzstundenherr« und Freund Heinrich Gerland, aktiv der Wallonisch-Niederländischen Gemeinde angehörend, nahm mich einmal mit zu einer Aufführung der Matthäuspassion von Johann Sebastian Bach. Zum ersten Mal hörte ich ein Oratorium. Eine ganze wunderbare neue Welt ging da in der Kirche für mich und für viele auf. »Wir setzen uns in Tränen nieder« ließ alle Anwesenden in Tränen dasitzen.

Später wurde in Hanau unter Günther Bruchhaus ein Oratorienverein mit einem großen Chor gegründet. Herr Dr. Eisenberg hatte den Vorstand übernommen und war wohl auch der Initiator. Gesanglich war meine Mutter ein Stützpfeiler des Unternehmens. Der Messias von Georg Friedrich Händel wurde zu Anfang einstudiert und mit einem Frankfurter Orchester in der Stadthalle aufgeführt. Dass Erdmute und ich, in der ersten Reihe stehend, »Coca-Cola« statt »Halleluja« gesungen haben, ist kein Grund zu bezweifeln, dass wir im Übrigen mit tiefer Freude bei der Sache waren. Irgendwann kam ich zu meiner zweiten und dritten künstlerischen Karriere. Lotte machte sich nicht lange etwas aus dem Prunkstück von einem großen roten Schifferklavier, das ihr Vater ihr samt Notenmaterial geschenkt hatte. So riss ich mir das tolle Gerät unter den Nagel und spielte mit Begeisterung nach, was ich von ihr gehört hatte. Das war aber auch meine sentimentale Mädchenphase. »La Paloma« und »Die Capri-Fischer« berieselten von meinem Dachzimmer aus stundenlang das Haus, bis dem Geheule durch Verkauf der Quetschkommode ein Ende gemacht wurde. Schließlich, fast schon erwachsen, bekam ich die ersehnte Violine. Das Lernen bei dem sehr angesehenen Hanauer Musiklehrer Winter ging ganz flott. Aber ich weiß nicht, ob die Geige schöner als der instrumentale Vorgänger geklungen hat.

Bei einem anderen musikalischen Anlauf war ich gleich in den Startlöchern stecken geblieben. Es sickerte durch, dass es anscheinend doch eine frühe heiße Geschichte im Leben unseres Vaters gegeben hatte, als eine Dame aus Amerika in ihre Heimatstadt zurückkam, die sie als junges Mädchen verlassen hatte. Zum Empfang der inzwischen berühmt gewordenen Hanauerin luden unsere Stadtobrigkeiten zu einem Festakt ein. Auch mein Vater nahm teil und begrüßte die vornehme Lady hingerissen mit »Marieche!!«. Sie wich schockiert zurück. Denn sie hieß längst Marion Matthäus und war eine in Amerika hochgeschätzte Sängerin geworden. Jetzt, etwa um 1950, war ihre Karriere beendet, sie ließ sich hier in einem, so meine ich, ererbten Haus nieder und gab Gesangsunterricht. Eines Tages klingelte meine Mutter an ihrer Tür, um mich bei ihr anzumelden, meine Stimme ausbilden zu lassen. Frau Matthäus war drei Tage zuvor von Hanau weggezogen. So hat die arme Welt nicht erfahren, wie schön ich hätte singen können.

Wir waren nicht die Einzigen, die sich in das Erlebnis »Musik« gestürzt haben. Wenn man sich vor Augen hält, dass ein ganzes Volk über viele Jahre nichts als Marschmusik, Kanonendonner und Bombenkrachern gehört hatte, wird man verstehen, dass unser Inneres eine musische Tabula rasa war. Ja wir, unsere Altersgruppe, waren noch Kinder gewesen, als allenthalben der Vorhang fiel: Musiker, Schauspieler, Regisseure, die nicht als Getreue von dem kulturbeflissenen Joseph Goebbels bevorzugt wurden, waren im Krieg an der Front. (Zu den Regimeanhängern hatten Wilhelm Furtwängler und Gustav Gründgens gehört. Vorübergehend durften sie jetzt nicht auftreten, aber auf ihr Genie verzichten wollte man dann doch nicht). Unzählige große Künstler waren emigriert oder in Konzentrationslagern verschwunden. Nach der totalen Leere war für viele von uns selbst eine Beethovensymphonie etwas Neues oder Wiederauferstandenes.

Die Komponisten der zwanziger Jahre wurden überwiegend skeptisch als modern empfunden. Am ehesten hat man Bela Bartok oder Igor Strawinsky akzeptiert und war ganz stolz, wenn man etwas Schönes heraushörte. Man war bemüht, sich damit anzufreunden. Paul Hindemith, der aus unserer Heimatstadt Stammende und nach Amerika Ausgewanderte, spielte damals in Deutschland eine große Rolle. Aber es fehlte etwas. Es fehlte das, was sich normalerweise innerhalb der langen Nazijahre hier entwickelt hätte. Immerhin etablierten sich die Darmstädter »Ferienkurse für Neue Musik« (denen ich die erste Begegnung mit einem Musikstudenten zu verdanken habe, der später Dirigent und mein Mann geworden ist). Als schließlich – wie das immer ist – die junge Generation nach neuen Ausdrucksmitteln suchte, wurden wir von der Zwölftonmusik überrascht. Sie stieß auf viel Missfallen. Das mag vor allem daran gelegen haben, dass wir da die Zerstörungen durch den Weltkrieg widergespiegelt zu finden meinten, die uns noch genug zu schatten machten. Wir wollten auch selbst, im Inneren, wiederaufgebaut werden.

Mit der bildenden Kunst ging es uns nicht viel anders als mit der Musik. Eine Lichtgestalt in der Schule, das darf nicht unerwähnt bleiben, war die Lehrerin Fräulein Jakoby. Sie verstand es, unser Kunstverständnis für den Rest unseres Lebens zu schärfen. Ich habe ihr einen Reichtum von Genüssen für Augen und Seele zu verdanken. Mit der Antike, dem Mittelalter und den Werken unserer Zeit waren wir bestens vertraut. Bildbände waren rar und für uns unerschwinglich. So hielt Fräulein Jakoby uns nicht nur zum Zeichnen und Modellieren an, sondern auch zum Ausschneiden und Einordnen aller Abbildungen von Kunstwerken, die uns in Zeitungen oder sonst wo begegneten. Ich hatte einige hundert.

Unsere Kunstlehrerin fuhr mit uns nach Frankfurt ins Städel, um uns mit Originalwerken bekannt zu machen. Sie konfrontierte uns erstmals mit den Expressionisten. Ich kann nur für mich selbst sprechen, wenn ich sage, dass es damals anstrengend war, sich mit etwas zu befassen, das zu zeigen schien, wie wenig die Welt intakt war. Erst mit der Zeit habe ich gelernt, auch hier das Künstlerische über alles zu stellen. Sehr unserem Geschmack entsprachen die erdverbundenen Arbeiten von Ernst Barlach. Käthe Kollwitz, die große Darstellerin des menschlichen Dramas im Krieg, – war auch zu anstrengend.

Zunächst hatten wir nur das *Mitteilungsblatt* der Hanauer Stadtverwaltung. Die Vielfalt von freien Presseprodukten gehörte aber bald zu den bedeutendsten Neuheiten. Es gab die *Frankfurter Hefte*, Wochenzeitschriften mit religiöser Tendenz, schließlich *Die Zeit*, *Die Welt* und allenthalben die regionalen Zeitungen. In unserem Umkreis war die *Frankfurter Rundschau* das vielgelesene und -diskutierte Blatt. Als ein Forum für kritische freie Meinungsäußerung war *Der Spiegel* etwas völlig Neues. Begierig blätterte man in den bilderreichen Illustrierten, die auch einen Blick über unsere Grenzen gewährten. Die *Quick* lag immer auf unserem Sofa. Es dauerte nicht lange, bis der Blätterwald der Regenbogenpresse aus dem Boden zu schießen anfing. Wer etwas auf sich hielt, der hatte auch ein kleines, aber dickes Heftchen auf dem Tisch liegen: den *Reader's Digest*. Auch das war eine Art »Stimme Amerikas«. Wenn es etwas enthielt, das über harmlose Unterhaltung und verallgemeinerte Information hinausging, dann habe ich es nicht gelesen.

Zum Thema Literatur muss ich mich bescheiden in weitgehendes Schweigen hüllen. Es sei denn, man interessiert sich für die Bändchen, die meine Freunde sich vom knappen Geld abgespart und mir geschenkt haben: »Gedichte« von Eugen Roth oder Heinz Erhard und dergleichen auf dünnem Papier, das schneller vergilbte, als die Werke gelesen waren. Ich war zu jung, um Zugang zu finden zu der Flut von Schöpfungen, die aus den erlebnis- und emotionsreichen letzten Jahren hervorgegangen waren. Es wurde aber viel und immer mehr geschrieben und gelesen. Zunehmend fluteten die literarischen Einflüsse der angelsächsischen Welt zu uns herüber, Autoren wie Ernest Hemingway, James Joyce, William Faulkner, T.S. Eliot, Graham Greene.

In der Schule hatte bei uns die fernere Vergangenheit den Vorrang. Ideal war, dass ständig Gedichte jeder Länge auswendig gelernt werden mussten. Man kann nicht früh und gründlich genug sein Hirn darin üben, dass es nicht wieder herauslässt, was hineingekommen ist. Aber musste es »Schillers Glocke« sein, wenn man soeben die »öden Fensterhöhlen, in denen das Grauen wohnt« in sehr viel weniger hochtrabendem Zusammenhang kennen gelernt hatte? Es ist bestimmt ein individuelles Problem gewesen, dass ich erst weit in meinen Zwanzigern zum unersättlichen Bücherwurm geworden bin.

Unmittelbar nach dem Einrücken ihrer Truppen richteten die Siegermächte Rundfunksender her, um unser deutsches Denken in neue Bahnen zu lenken. In unserer Region machte der bewusste amerikanische Soldatensender AFN den Anfang, in der britischen Zone der NWDR, viele weitere Stationen unterschiedlicher Reichweite folgten. Vielbeachtet war der bald von den Amerikanern gegründete RIAS Berlin.

Das Radio spielte eine große Rolle. Die Informationen waren natürlich aufschlussreich. Aber auch zum Beispiel die von Schauspielern vorgetragenen Hörspiele waren von Bedeutung; auch wer keine Bücher mehr besaß oder neu bekam, konnte so Literatur kennen lernen. Klassische Musik war immer in einem Sender auffindbar, Unterhaltungsmusik natürlich auch. Es scheppert noch in meinen Ohren, wenn ich an die Sportreporter denke, wie sie mit ihren schrillen, schnatternden Kommentaren ein Rennen oder Fußballspiel so spannungsgeladen vor Augen zu führen verstanden, wie es nie gewesen sein kann. Auf der Höhe der Wortfontäne folgte auch in der Regel ein »Aber nein!!« (Mancher kennt vielleicht noch das Lied vom »Theodor im Fußballtor«). Das war der Moment, in dem meine Mutter das »Gedudel« wieder anstellte, das mein Vater gerade abgeschaltet hatte. Hier schieden sich die Geister. Bei den Nachrichten war man wieder auf der gleichen Wellenlänge.

Die ersten Fernsehprogramme strahlte 1952 der NWDR aus. Das war aber von begrenzter Bedeutung, denn wer konnte sich einen Apparat dafür leisten? Noch 1953, als weltweit die Krönung Elisabeths II. als Direktübertragung gezeigt wurde, musste ich ins Kino gehen, um in der Wochenschau Ausschnitte davon anstaunen zu können.

In Gaststätten, Kneipen und Cafés gab es hoch oben in einer Ecke ein Fernsehgerät, das Kundschaft anzog. Bei weltbewegenden Fußballspielen setzte man sich in einem Lokal Schulter an Schulter vor ein bescheidenes Getränk, guckte hinauf und autschte und jubelte gemeinsam. Zum Straßenbild gehörten bei großen Ereignissen drängelnde Menschentrauben, Hundertschaften von Schaubegierigen vor den Auslagen von Radio-Fernsehgeschäften, wo das Spektakel gezeigt wurde. Mit der Zeit erfuhren Leute, die einen Apparat in ihren Besitz bringen konnten, wie viele Freunde sie hatten. Als Knabbergesellschaft mit Salzstangen auf dem Couchtisch hockte man beisammen.

Auf den Hanauer und Frankfurter Bühnen bekamen wir zum ersten Mal die Shakespearestücke zusehen; neben den Klassikern habe ich Bertolt Brecht, Carl Zuckmayer, Friedrich Dürrenmatt und andere etablierte Dramatiker kennen gelernt. Die Theater waren so überfüllt wie die Konzertsäle.

Allgemein stillte die Operette eine natürliche Sehnsucht nach Schönem, Fröhlichem, einer Welt, die von den trüben Gedanken an die Vergangenheit ablenkte.

Aber da boomte noch ein anderes Medium, das in den kommenden Jahren zu einem großen Kapitel der Kultur und Unkultur wurde: das Kino! Die Filmwelt war einer der beliebtesten Zufluchtsorte der gebeutelten deutschen Menschheit. Filmpaläste schossen in allen Städten aus der Erde, bei uns das Gloria-Lichtspieltheater.

Das Gloria-Filmtheater am Westbahnhof im Rohbau und nach der Fertigstellung 1949.

Das 1949 von meinem Vater mit seinem Kollegen Carl Cost erbaute ovale Gebäude neben dem Westbahnhof war ein Gewinn für uns. Es dient längst neuen Zwecken. Damals betrat man zunächst ein geräumiges Vestibül, aus dem eine Treppe nach oben zu dem schicken Café Schien führte. Wenn man sich etwas Besonderes gönnen wollte und es bezahlen konnte, nahm man dort nach der Vorstellung eine Delikatesse zu sich: Mayonnaisenwurstsalat.

Der *Hanauer Anzeiger* schrieb am 13. September 1949 anläßlich der Eröffnung: »Der kühne Schwung der Eingangshalle, die ruhigen, vornehm gegliederten Außenflächen und die klare Linienführung unter geschickter Ausnutzung der Straßenfronten betonen den Zweck des Gebäudes, das ein geistiges Erholungszentrum für Hanau sein will. Das Stadtbild beherrschend, steht es in festliches Weiß getaucht, als wahres Schmuckstück der Nachkriegszeit in unserer zerstörten Stadt. Vermieden ist billige 'Plakat-Romantik' und dafür eine klare sichtbare Architektur geboten. Die Architekten: Arbeitsgemeinschaft Clormann und Cost, haben ein Werk geschaffen, dessen Einmaligkeit von jedermann anerkannt werden muß. Das Gloria-Theater kann jeden Vergleich mit den Großstadttheatern im weiten Umkreis – einschließlich Frankfurt – aushalten. Für Hanau aber ist es heute der schönste Festbau, den die Stadt besitzt. Daß es gelang, so kurz nach dem Zusammenbruch in einer solch zerbombten Stadt ein Theater dieser Größe und ästhetischer Schönheit zu schaffen, das gibt Hoffnung, daß wir dereinst wieder von einem schönen Hanau sprechen können. Der Gloria-Bau wird immer zu den Sehenswürdigkeiten der Stadt zählen.«

Im weitläufigen Zuschauerraum für 850 Personen war die Bestuhlung in großen Bögen angeordnet, und zwischen den Reihen konnte man kommen und gehen, ohne dass jemand aufstehen oder um seine Zehen bangen musste. Durch die Anordnung der Sitze und das Gefälle des Bodens sah man auf jedem Platz über die haarreichsten Köpfe hinweg.

Die Kinos waren voll von Süchtigen mit aufgerissenen Augen und in gehobener Stimmung. Man leistete sich diesen Luxus und traf dabei in einer Stadt wie Hanau alle Leute, die man kannte. Man bot sich in den Reihen gegenseitig das Feinste vom Feinen an, Schokolinsen mit rosa oder weißem Zuckerüberzug, Kokosmakrönchen, ebenfalls rosa und weiß, oder Erfrischungsstäbchen mit Orangensaftfüllung. Allein die jeder Vorstellung vorausgehende Wochenschau »Welt im Film« oder »Fox, tönende Wochenschau« war Grund genug, alle acht Tage ins Kino zu gehen. Schließlich hatte man in der Vergangenheit keine freien Filmberichte gekannt.

Die Kontraste des Zeitgeists haben sich da vielleicht am stärksten ausgedrückt. Es flimmerte uns vor den Augen bei der Flut von Filmen extrem gegensätzlicher Art, die vor uns über die Leinwand liefen. Aber unser aller Verlangen nach Werten, an denen man sich orientieren konnte, zog uns zu diesen Kultstätten hin. Das Angebot war natürlich übergroß nach Jahren des Filmschaffens in aller Welt. Zunächst wurden nur amerikanische Produktionen gezeigt, die wir für Ausschussware hielten und doch begierig anguckten. Als aber die Farbfilme aus Hollywood kamen, sah man zum ersten Mal die Sonne über dem prächtigen Kalifornien, und die seichteste Handlung war Nebensache. Uns Graugewohnten gingen die Augen über bei den Revue- und Ausstattungsfilmen. Die großen amerikanischen Werke wie die Hitchcock-Filme erschienen erst Ende der fünfziger Jahre. Daneben wollte man die deutschen Aufarbeitungsfilme nicht versäumen. Der erste nach Gründung der Defa (in Ostberlin) war Wolfgang Staudtes »Die Mörder sind unter uns«. Eine Hoffnungsträgerin war die ganz junge Hildegard Knef: Wie eine Blume, die unberührt vom Schmutz auf den Schutthalden wächst.

Den dringendsten Bedürfnissen der Deutschen kam jetzt eine Fülle von Filmen entgegen, die, ganz unglaublich, noch unmittelbar vor dem Kriegsende im NS-Deutschland gedreht worden waren. Unterhaltung, die wir heute oft als Klamauk empfinden (während wir doch lachen müssen). Was der Ablenkung vom Kriegsgeschehen hatte dienen sollen, war jetzt Balsam für die kranken Seelen. Die großen Ufa-Schauspieler konnten anscheinend problemlos den Sprung von der Nazi- zur Nachkriegszeit machen. Mit den Jahren erwärmten sich unsere zunehmend etablierten Bürger an den Heimatfilmen. Als Mitte der Fünfziger James Dean unsere jugendlichen Gemüter erschütterte, zeichnete sich eine Rebellion gegen die Wohlstandsgesellschaft ab. Das Aufbegehren der Jugend fing an.

Schritte ins Leben mit Hindernissen

Zunächst hatten wir aber ganz andere Maßstäbe. In unserer Schulzeit gab es einen ersten großen Lichtblick, als wir sechzehn Jahre alt waren: die Initiative des Studienrats der Hohen Landesschule Mikasinovic. Unter seiner Regie führte die Unterprima Franz Grillparzers »Der Traum, ein Leben« in der Sport- und Kulturhalle auf. Und wir, ein paar Mädchen aus meiner Klasse, durften mitspielen: Annemarie Schäfer, Maria Kämmerer, Erika Kroegel und ich. Als Gülnare, die Königstochter von Samarkand, wurde ich zwar bei der Besprechung im *Hanauer Anzeiger* wohlwollend erwähnt; ich kann aber versichern, dass ich, als es zur Aufführung in den Kostümen kam, nur noch darauf konzentriert war, meinen Kopf kerzengerade auf dem Rückgrat zu tragen. Mein Diadem machte unentwegte Fluchtversuche, obwohl es an langen Schnüren befestigt war, die unter meiner Moskitorobe Brust und Rücken kreisförmig und kreuzweise umschlangen. Das Schmuckstück bestand aus schweren geflochtenen Metallnudeln und war mit edlem bunten Glas besetzt. Die Leistungen einiger Jungen waren großartig. Auch Ausstattung, Beleuchtung, alles Technische hatten sie selbst gemacht.

1949, zu Goethes 200. Geburtstag, haben wir, nur Mädchen, eine Schulaufführung mit Szenen aus den Werken des Jubilars gemacht. Wir hatten schöne Kostüme aus einem Frankfurter – glaube ich – Fundus. Iphigenie, Tasso, Faust und Götz von Berlichingen gab es da. Als Egmont musste ich mit Klärchen, von

Im Garten bei der (Schul-)Wohnung unserer Direktorin Fräulein Burchard in der Burgallee: meine Klasse mit Fräulein Dr. Schmitz beim Abgang des größten Teils der Mädchen mit der Mittleren Reife

200. Geburtstag von Johann Wolfgang Goethe: Wir führten Szenen aus seinen Werken auf.

Lieselotte Thiele reizend dargestellt, die Liebesszene spielen und fand das ganz grässlich. Fabelhaft machte sich Gertrud Schwind als Mephisto. Sie war jetzt, ursprünglich eine von uns, schon eine Klasse weiter – denn Gertrud war bis zur Mittleren Reife bei den Auheimer Schwestern geblieben und glatt an uns vorbeigezogen. Aber sie war auch ein gescheites Mädchen. Im Übrigen sah es traurig aus in unserer Schule. Anfangs hielt vor allem der hervorragende Lateinlehrer Dr. Rasch uns bei Laune. Er hatte ein Nummernsystem für Fälle, Zeiten usw. ausgearbeitet, das aus dem Lernen ein Sportspiel machte. Mit Begeisterung waren wir dabei. Aber die meisten Lehrer waren leergelitten wie alle; junge, selbstverständlich, gab es überhaupt nicht. Experimente in Physik und Chemie waren nicht möglich, und keiner konnte mit uns die moderne Fremdsprache sprechen, die er lehrte. Wir nahmen die Schule hin, wie sie war. Aber als die Jahre dahinschwanden, wurde es zum Verzweifeln. Die Zeit war noch fern, in der man auf unserem Gymnasium eine reiche Mitgift erhielt.

Ehe sie um 1951 in der ehemaligen Eberhardschule eine Bleibe fand, zog unsere Lehranstalt in Baracken ein, die im Pedro-Jung-Park aufgestellt worden waren. Die Räume dort waren recht freundlich. Doch hatte diese Schule einen beträchtlichen Mangel. Sie lag unmittelbar hinter der Bahnlinie zwischen Haupt- und Westbahnhof, und man gelangte zu ihr über einen Bahnübergang, den es jetzt nicht mehr gibt. Wenn ich auf meinem Fahrrad eine Sekunde zu spät angeflitzt kam, ging die Schranke gerade herunter. Einem Personen- folgte ein Güterzug, ich kam zehn Minuten zu spät und wurde von der Lehrkraft freudig empfangen. Ein Rätsel blieb es ja, wieso die anderen Mädchen immer schon da waren. Aber »sowas scheniert 'en große Geist net«. Diese Weisheit habe ich dem Darmstädter Dialektdichter Ernst Elias Niebergall zu verdanken. In dieser Zeit hat unsere Klasse sein Bühnenstück, die Lokalposse »Datterich« in der Stadthalle aufgeführt. Alle Mädchen waren beteiligt an dem spaßigen Spektakel, das doch auch hintergründig ist. Ich versuchte mich, Zylinder auf dem Kopf, als Datterich. Ganz schlecht können wir nicht gewesen sein. Jedenfalls habe ich da zum einzigen Mal miterlebt, dass ein begeistertes Publikum in der großen Pause geklatscht hat, bis es weiterging. Waren wir nicht ganz groß? An dieser erfreulich klingenden Stelle sollte ich einen Schlussstrich ziehen. Ich fürchte nämlich, dass ich wenig später unter ausdrücklichem Protest gegen die tödliche Langeweile von der Schule abgegangen bin.

Ich möchte aber doch einiges erzählen über das, was für diese Jahre bezeichnend gewesen ist. Abitur oder nicht – das war nicht sehr bedeutend. Der weitaus größte Teil meiner Mitschülerinnen war bereits mit der Mittleren Reife abgegangen, denn: Während einem Jungen, wenn es irgend ging, ein Universitätsstudium ermöglicht wurde, erwartete man, dass ein Mädchen eine Lehrstelle annahm oder ein Schmalspurstudium, wie wir das nannten, machte. Im Übrigen sollte sie schauen, dass sie einen Mann (und Alleinernährer) bekam. Wenn ein Mädchen auf die Universität ging, wurde es höhnisch als »Stud. masc.« bezeichnet – als eine, die sich einen Akademiker angeln will. Wie immer freilich: Wo ein Wille ist,

Schule für Krankengymnastik in der Orthopädischen Universitätsklinik Friedrichsheim/Frankfurt. Pausenstimmung

ist auch ein Weg. So hat Erdmute zum Beispiel noch den Absprung von der Sprachschule geschafft und ein Jurastudium durchgesetzt. Aber unter was für Umständen hat man seine Ausbildung, welcher Art auch immer, gemacht! Ich entschied mich für die Schule für Krankengymnastik in der Frankfurter Orthopädischen Universitätsklinik Friedrichsheim. Endlich konnte man etwas tun! Außer meinem späteren Medizinstudium habe ich nie etwas mit so viel Begeisterung gemacht. Der Ablauf war so:

Morgens um Viertel vor Fünf aufstehen. Mit dem Fahrrad Nummer eins zum Wilhelmsbader Bahnhof. Mit Zug Nummer eins nach Frankfurt Süd. Mit Zug Nummer zwei nach Niederrad. Mit Fahrrad Nummer zwei zum Friedrichsheim, mehr als acht Minuten durfte das nicht dauern. Zwei bis drei Minuten zum Umziehen. Im Spurt mit Turnzeug unter dem hinten zugehaltenen Kittel zum Turnsaal. Sieben Uhr Beginn des Schulprogramms mit Lauf durch den Klinikgarten. Im Turnsaal orthopädisches Lehrturnen, eine Stunde nur Rückenmuskelübungen, nur Bauchmuskelübungen, nur Ausfallschritte (drei Tage Muskelkater). Bis Mittag Vorlesungen, praktischer Unterricht, Arbeiten im Turnsaal und auf Station mit Patienten. Eine halbe Stunde Pause (dreißig Mädchen, ein Tisch, eine Behandlungsbank in einem normal großen Raum). Vorlesungen und praktisches Arbeiten in den anderen Fachkliniken. Zurück nach Hanau mit zwei, zwei, eins, eins – man weiß schon. Gegen 19 oder 20 Uhr war ich zu Hause. Ausarbeiten des Lehrstoffs. Um Viertel vor Fünf Uhr früh ...

Im Verlauf des zweiten Semesters fand sich ein billiger Unterschlupf in Niederrad in einem Altenheim der »Armen Dienstmägde Christi«: Zusammenwohnen in einem Zimmer mit drei alten Damen, die nur noch lallen konnten. Eines Tages hatten die Schwestern für mich eine Dachkammer samt dem ganzen Mobiliar weiß anstreichen lassen.

Mein Hindernisrennen war ganz und gar keine Ausnahme. Das eben will ich mit meinem Beispiel in recht klaren Farben malen: Mit wie viel Lust und Energie wir Stolpersteine außer Acht gelassen haben, alle losgerannt sind zum gemeinsamen Ziel, etwas zu werden und – etwas zu haben, aus der Misere heraus zu kommen. Bekanntlich haben wir's mit Tempo geschafft!

Mein erstes Wirkungsfeld war unser St. Vincenz-Krankenhaus. Mein Beruf war damals eine ziemliche Novität. So war ich dort die erste meiner Art und habe 1954 die Abteilung für Krankengymnastik gegründet. Chefarzt war damals Dr. Stenger, der mit seiner Familie im schönen Haus nebenan wohnte. Er war Chirurg und ein hochbeschäftigter Mann mit der großen Verantwortung, die zu seiner Position gehörte. Die Ordensschwestern erzählten mir aber gern, dass er nicht wiederzuerkennen sei: »Als er noch Oberarzt war, ist er hier im Haus auf dem Treppengeländer heruntergerutscht.« Jedenfalls war er sehr aufgeschlossen für meine neuen Pläne. Mein Behandlungsraum lag im Souterrain des Hauptgebäudes und hatte bis dahin zur Bäderabteilung gehört. Diese war das Reich von Schwester Wally, einer Laienschwester in adretter Kluft mit der gestärkten Haube, die damals noch für Krankenschwestern aller Art vorgeschrieben war. Sie meinte wohlwollend, so wie ich aussähe, könne ich in einem Ordenshaus nicht herumlaufen. Nun hatte mir aber die Oberin gerade gesagt, dass sie alle Freude an meinem Mädchenzivil hätten. Und da sollte man sich nicht wohlfühlen? Die Krankenpflege war damals, mehr als heute, in den Händen der Vincentinerinnen. Alles lief in einer gelösten, heiteren Atmosphäre ab, wie ich sie in anderen Kliniken nicht wiedergefunden habe.

Außer den älteren Gebäuden gab es zu dieser Zeit noch den schon erwähnten Isolierbau. Für Infektionskrankheiten wurde aber zum Glück allenfalls noch gelegentlich ein Zimmer gebraucht. Schutzimpfungen und Antibiotika hatten inzwischen eine große Veränderung – vor allem für die Kinder – gebracht. Mein Bruder Hans hatte als Junge noch die vorgeschriebenen sechs Wochen »hinter Gittern« abliegen müssen, bis er von seiner Scharlacherkrankung genesen und die Ansteckungsgefahr vorbei war. Wir hatten da nur im Hof stehen, ihm zuwinken und Grimassen schneiden können. Er kam ganz kindisch nach Hause zurück, mit dem Wort- und Liederschatz des dreijährigen Scharlachgefährten, mit dem er seinen Arrest geteilt hatte.

Ich war sehr fleißig, voller Begeisterung und hatte jeden Tag vierzig und mehr Patienten zu traktieren, bei einer umfangreichen Ambulanz und den Patienten auf Station. Die Wochenbettgymnastik, beispielsweise, war bis dahin etwas ganz Unbekanntes gewesen. Und abends war ich glücklich, aber schlagkaputt und unbrauchbar für ein Privatleben. Die jungen Assistenzärzte luden mich gelegentlich zu einem Ball ein, das war alles. Meine alten Gefährten hatten fast alle die Stadt unserer Jugendfreuden und -nöte für ihre Ausbildung verlassen. Auch ich wollte noch einen Blick über unsere Mauern hinaus werfen. So habe ich 1956 meine schöne Tätigkeit im St. Vincenz-Krankenhaus aufgegeben, um nach Zürich zu gehen. Dass ich weiterhin dort in der Orthopädischen Universitätsklinik und danach noch in einem Zentrum für Herz- und Lungenchirurgie bei London gearbeitet habe, hat wiederum einen Grund, der zeittypisch war.

Ich flog in einer Warteschleife. Ich war nämlich verlobt. In dieser Zeit gehörte es sich, dass eine Heirat nicht eher stattfand, als bis der glückliche werdende Ehemann in der Lage war, als Alleinverdiener Frau und Kinder zu ernähren. Und ein voreheliches Zusammenleben war jenseits des Vorstellbaren. »Ich hab es getragen sieben Jahr...« – *Archibald Douglas* von Theodor Fontane. Solche Gedichte waren bei uns so wohlbekannt, dass man von einem »Douglashemd« sprach.

Zu meiner Tätigkeit in Zürich möchte ich etwas erwähnen, was wir heute nahezu vergessen haben. Fast alle unsere Patienten waren Kinder und Jugendliche mit Kinderlähmung, dort aus vielen Ländern der Welt. Die Polio-Schluckimpfung gab es noch nicht. – Von meinen ersten beiden Gehältern, wir bekamen 450 bis 500 DM, habe ich mir eine elektrische Nähmaschine gekauft. So konnte ich über viele Jahre meine Blößen bedecken und mein bisschen Geld für Gescheiteres als Klamotten ausgeben.

Wenn ich die ganze Nachkriegsära betrachte, fällt mir auf, dass ich zu einem Jahrgang gehört habe, der besonderes Glück hatte. Wir haben erfahren, wie schlimm es einem gehen kann, haben zusehen können, wie die Karre aus dem Dreck gezogen wurde, haben gelernt, ordentlich mitzuziehen, und wir haben erfahren, dass aus dem Ziehen, der Arbeit und ihren Belohnungen, eine besondere Qualität von Glücksgefühl kommt. Wir konnten mit dem ganzen Schwung der Jugend aus einer dunklen in eine umso lichtere Welt mitlaufen. Das war eine genussreiche Zeit, in der für den Hunger nach Freude eine Brotkruste ein Festmahl war und schließlich ein Festmahl eine schwindelerregende Lust.

Das gilt für uns, die wir im Westen lebten. Wir sahen die Bilder von Ostberlin, wo übergreifend auf die ganze DDR am 17. Juni 1953 die Bevölkerung sich gegen menschenunwürdige Beeinträchtigung des Lebensstandards auflehnte. Man forderte außerdem freie Wahlen. Für alle Deutschen war es ein Schock, als russisches Militär mit Panzern, mit Blutvergießen, den Volksaufstand niederschlug und die Repressalien danach schwerer wurden als zuvor. Das von den Sowjets diktierte Wirtschaftssystem führte zu dem Verfall, den wir kennen gelernt haben. – Dabei übersehe ich nicht, dass man sich im Verlauf der Jahre dort mehr als in unserem Wirtschaftswunderland, in dem wir uns von einem anderen Anspruchsdenken hinreißen ließen, an die kulturellen Werte gehalten hat. Ich hatte später viele Gelegenheiten, die Ostzone zu bereisen und das zu beobachten.

Aufwärtsfahrt

Trotz der tiefen Abneigung gegen das Vergangene wusste man allgemein nach Kriegsende nichts Besseres zu tun, als beim Wiederaufbau, bei der neuen Gestaltung der Städte und der Lebensformen, sich an Althergebrachtes zu halten. Aber in den mittleren fünfziger Jahren fing man in Deutschland an, über den Zaun zu gucken. Und kaum waren die Zeichen der Zukunft erkannt, so machten wir uns daran, mit gewohnter Zielstrebigkeit die Modernisierung zu betreiben, nach Wohnkomfort, nach Wohlstandsgütern zu verlangen.

Um den kolossalen Boom zu würdigen, der allenthalben folgte, muss man sich daran erinnern, wie beengt ein großer Teil der Stadtbewohner in den Jahren vor 1950 gelebt hatte: in Notunterkünften, in Ruinenecken. In aufgeteilten Wohnungen hauste Zimmer für Zimmer eine halberstickte Familie mit Kohlenofen, gemeinsamer Koch- (oft Kohlenherd) und Waschgelegenheit. Unsere Hanauer lebten zu Tausenden bei Verwandten auf dem Lande und warteten darauf, in ihre Stadt zurückkehren zu können. Der Wiederaufbau, der soziale Wohnungsbau, konnten nicht schnell genug angekurbelt werden.

Als nach der Zerstörung unsere Hanauer Trümmerstraßen geräumt waren, kamen in den Sockeln der abgehackten Häuser zunächst kleine Läden zum Vorschein, die mit einem Notdach aus Blech oder mit Dachpappe abgedeckt waren. Zum Bild vieler der langsam entstehenden Häuserzeilen gehörten noch für Jahre auf den Gehwegen die Vorsprünge, die mindestens einen halben Meter dicken Mauerklötze, die im Krieg vor die Kellerfenster gesetzt worden waren. Grabdeckel sozusagen. – Jetzt, bei der kletternden Wirtschaftskurve, wurden auch im Kern von Hanau höhere und individuellere Bauten, Geschäfte, Behörden- und Wohnhäuser aufgeführt. Ein Jahrzehnt nach der Vernichtung zeichnete sich das uns heute bekannte Stadtbild ab, die Wiederherstellung vieler historischer Gebäude konnte in Angriff genommen werden. Niemand hätte sich seinerzeit beim Anblick unserer Steinwüste eine solche Leistung vorstellen können.

Schon 1950 war unsere Stadthalle zur Bühne für kulturelles Leben geworden. Das 1949 erbaute Gloria-Lichtspieltheater war, wie man schon sehen konnte, ein Gewinn für uns. Neue Wohngebiete fingen an, sich um die Stadt herum auszubreiten (in denen ich mich bei meiner späten Rückkehr in meinen Heimatort gar nicht auskannte). Auch entstanden wieder Einfamilienhäuser; unter vielen anderen baute mein Vater im ehemaligen (Höhlen-) Gemüsegarten das Haus Gluckstraße 7, Nr. 3 erhielt einen Anbau. Gewirkt hat er auch bei umfangreichen Projekten zum Wiederaufbau unserer Industrie. Durch ihr Aufblühen nach fast restloser Zerstörung gab es gegen Ende der fünfziger Dekade bei uns keinen Mangel an Arbeitsplätzen mehr.

Es dauerte nicht lang, bis der emsige Deutsche Kühlschrank, Waschmaschine, Fernsehkommode, den »Nierentisch«, die raumgreifende Sitzgruppe hatte und natürlich ein Auto vor der Tür. Der Grundstein war gelegt zu den gutbestückten Lebensräumen, die uns heute wie selbstverständlich vorkommen.

Der Weg war schöner als das Ziel. Niemand ließ sich bei seiner Aufwärtsfahrt die Freude verderben durch einen Gedanken daran, dass Technisierung und Industrialisierung im Begriff waren, unser schönes Land in das Gewerbegebiet zu verwandeln, das es inzwischen weithin geworden ist.

Auch das war eine Errungenschaft der Nachkriegszeit: die bewusste Nutzung einer geregelten Freizeit, in der man sich nach Laune bewegen und seinen Lieblingsbeschäftigungen nachgehen konnte. Sport und Reisen wurden zur Bürgerlust. Als 1954 Deutschland Fußball-Weltmeister wurde, öffneten sich Tür und Tor für eine Volksbewegung, die nicht wieder zum Stillstand kommen sollte. Nicht zuletzt sind umwälzende soziale Neuerungen in Gang gekommen. Ich meine diejenigen, die mittlerweile leider im Rückwärtsgang laufen. – Wann hat es zuletzt in unserer Geschichte ein solches Aufblühen der Lebensform für alle gegeben wie in den Jahren nach dem Zweiten Weltkrieg?

Erwähnen muss ich auch eine besondere historische Novität, eine Sensation, eine einschneidende Veränderung im Leben der Menschen – jedenfalls der Hälfte von ihnen. Das »Frauenwunder« hat seine Wurzeln in der Kriegs- und Nachkriegszeit. Ich spreche weniger von meinem Jahrgang als von den Mädchen, in deren Dasein der Krieg erbarmungslos eingegriffen hat. Sie haben die Leiden aller anderen geteilt. Aber die Unglücksjahre waren die Mitte ihres Jugendlebens. Die glücklichste Zeit junger Menschen haben sie nicht erlebt. Sie waren gerade alt genug, um in den Fabriken, bei der Landarbeit oder im Kriegshilfsdienst männliche Arbeitskräfte zu ersetzen. Während ihre Brüder auf dem Schlachtfeld kämpften, standen sie an der Heimatfront. Freundschaften mit jungen Männern, erste Liebeserlebnisse blieben aus, verliefen sich oder endeten in einem Drama. Unsere armen jungen Soldaten sind jetzt nicht mein Thema, sondern eben die Mädchen. Aus den Nachkriegstagen waren Erscheinungen nicht wegzudenken, die zeigten, wie gewohnte Ideologien sich in den Köpfen festgesetzt hatten und dort unbemerkt weiterarbeiteten. Zum Zeitbild gehörten bei uns die »Amiliebchen«. Kein schlimmeres Schimpfwort konnte ein Mädchen sich einhandeln. Da hörte die Verbrüderung mit dem ehemaligen Gegner auf.

Festgesetzt hatte sich vor allem das Bild der Frau. Wir kennen die Tradition der Vergangenheit. Für eine bürgerliche Frau war es unfein, berufstätig zu werden, und man traute ihr da auch nicht viel zu. Selbst in Fragen der Kindererziehung hatte der Vater das Vorrecht. Erst das ausgehende 19. Jahrhundert brachte die Möglichkeit, eine höhere Schulbildung und eine Zulassung für die Universität zu erlangen. Man musste sich dann einen »Blaustrumpf« nennen lassen. Für den Dienstbotenberuf allerdings waren Frauen offenbar allzeit geeignet. Und gebraucht wurden sie schließlich in den Fabriken – gegen einen kleinen Lohn.

Ist es nicht unvorstellbar, dass es noch bis in das 20. Jahrhundert hinein für Frauen strafbar war, sich an politischen Aktivitäten zu beteiligen? Ab 1919 erhielten sie das Wahlrecht. Der Erste Weltkrieg hatte einen Anstoß gegeben: Auch da, wie später in unserer Zeit, waren die weiblichen Arbeitskräfte gebraucht worden. Das Äußere ist nichts Oberflächliches. Als Zeichen eines neuen Selbstbewusstseins hatten sich die jungen goldenen Zwanzigerinnen das lange Haar abschneiden lassen. Der »Bubikopf« kam groß in Mode, das Auftreten der Mädchen, frisch und zwanglos, strahlte ein Lebensgefühl aus, das in der Kaiserzeit unvorstellbar gewesen wäre. Immer mehr Berufsbereiche wurden für Frauen zugänglich, und Frauenbewegungen setzten zum Spurt an.

Unter Adolf Hitler wurde das Rad zurückgedreht. Frauen in höheren Positionen mussten ihren Platz räumen. Das weibliche Geschlecht wurde in erster Linie für den männlichen Nachwuchs gebraucht. Ich kenne Hitlerzitate, die das auf die peinlichste Weise belegen. Für die »Mädel« war nur eine verschwindende Zahl von Studienplätzen vorgesehen. Noch weit in die Nachkriegszeit hinein blieb für Mädchen die Sendung, ausschließlich Hausfrau und Mutter zu werden, eine Selbstverständlichkeit. Bei der Berufswahl, wie schon gezeigt, wurden die engen Grenzen bereits gezogen. Und wer »keinen Mann bekam«, wer »sitzen blieb« (viel gebrauchte Ausdrücke), hatte in den Augen der Mitwelt ein verpfuschtes Leben. »Alte Jungfer« war eine gängige Bezeichnung. Das war in der ersten Zeit besonders bitter, in der diese Kriegsmädchen sich ausrechnen konnten, wie viele von ihnen allein bleiben mussten.

Während wir tanzten, radelten, paddelten und nebenbei zur Schule gingen, standen unsere älteren Schwestern, bestenfalls mit einem Notabitur in der Tasche, vor ihrer Berufsausbildung. Für Kriegsheimkehrer wurden Sonderkurse eingerichtet, die zu einem vollwertigen Abitur führten. In Hanau gab es keinen Raum für so etwas, und so fuhr mein Bruder Hans jeden Tag nach Friedberg. Es stand außer Frage, dass er anschließend zum Studium auf die Technische Hochschule ging.

Ganz anders war das bei meiner Schwester. Ihre Bildhauerei am Frankfurter Städel musste sie aufgeben, weil die »brotlose Kunst« im Notfall eine Frau nicht ernähren konnte. Nicht auf der Universität, sondern auf der Staatsbauschule in Frankfurt machte sie dann ihr Studium. Denn dieses musste bei einem Mädchen so kurz sein, dass sie im »Glücksfall«, als Ehefrau, eine abgeschlossene Ausbildung hatte. Es wurde bei Lotte ein Glücksfall, wie man schon erkennen konnte. Ich weiß noch sehr gut, was für eine große Rolle damals der Gedanke gespielt hat: »Wer weiß, was für Zeiten kommen.« Nur darum war der berufliche Abschluss erforderlich. –

Aber diese Mädchen sollten unsere Schrittmacherinnen werden. Sie setzten fort, was die Pionierinnen aus der Zeit der Weimarer Republik begonnen hatten, gingen Schritt für Schritt auf dem Weg zu ihrer Freiheit. 1958 war die gesetzliche Gleichsetzung des Rechts für Mann und Frau erreicht.

Weltweit ging nach dem Krieg eine Veränderung vor. Schließlich lag ein WELTkrieg hinter uns. Wieder fing es mit dem Kopf an! Als 1948 Ingrid Bergmann sich für ihre Filmrolle der Johanna von Orleans einen Pagenkopf schneiden ließ, war es um die letzten die Schultern umspielenden Löckchendauerwellen der westlichen Welt geschehen. Wir ließen uns mitreißen beim großen Wettlauf. Wer hätte gedacht, dass es einmal Semester mit mehr Medizinstudentinnen als -studenten geben würde? Dass wir einmal nicht mehr unsere Unabhängigkeit als Opfergabe auf den Traualtar legen müssten?

Wir wollen also nicht nur jammern, wenn wir an die vergangene schwere Prüfungszeit denken. Eine Frauengeneration hat eine Explosion gezündet, der wir die Freiheit verdanken, die wir heute genießen, ganz wie unseren Wohlstand. Eine Gesellschaft mit wachsender Chancengleichheit sind wir geworden, die in der Geschichte ganz groß dasteht.

Ich denke an die Anfänge zurück. Unmittelbar nach dem Krieg brachten uns die von Hitlers Biederkeit verschonten Frauen Amerikas den »New Look«. Ein ganz neues Lebensgefühl fing mit dieser Äußerlichkeit an. Wer bei der Bergmann-Epidemie sein Haar nicht abschneiden wollte, band es hoch auf dem Hinterkopf zu einem Pferdeschwanz zusammen und wippte selbstbewusst daher. – Nicht nur die Flöhe waren Kriegsgewinnler.

Das überschäumende Vergnügen, mit dem der Rock n' Roll aufs Parkett gelegt wurde, gab es erst, als die Jungen und Mädchen groß wurden, die, vom Krieg wenig berührt, auf eine ganz neue Art glücklich waren, unabhängig und – rebellisch.

Wir haben es gut

Wir haben es gut. Wir sind in unserem Land auf dem Weg des friedlichen Zusammenlebens geblieben, und das ist ein großes Verdienst. Dankbar lebe ich mit meinen Mitmenschen in meiner Zeit. Ich würde glauben, in einem Garten Eden zu sein, wenn ich nicht Zweifel daran hätte, dass Adam und Eva glücklich gewesen wären, wenn es nicht allen Lebewesen um sie her gutgegangen wäre. Dass sie sich paradiesisch gefühlt hätten, wenn sie im Nachbargarten Schüsse gehört hätten.

Grob vergleichend möchte ich sagen, dass man in der Nachkriegszeit besser als in der Gegenwart verstand, das Wichtige vom Unwichtigen zu unterscheiden. Man wusste um die Grenzen, die unserem Dasein gesetzt sind, man griff begierig und ohne Mühen und Opfer zu scheuen nach ethischen, kulturellen und gesellschaftlichen Werten. Heute bringt ein unbequemer Weg mich leicht von der Richtung ab. Das fatale Haben lenkt vom wichtigsten Tun ab, vom Nachdenken, von der Notwendigkeit, die großen Zusammenhänge über das Nächstliegende zu stellen.

Ein Paradies ist kein Geschenk. Es will erworben sein, es will erhalten werden. Der Krieg ist ein höllisches Mittel, über das Wesentliche belehrt zu werden. Das kann ich bezeugen.